河南省文物考古研究院 编著

# 淅川杨河与郭庄楚墓出土青铜文物保护修复报告

赵晟伟 主编

刘欣 陈阵 副主编

中州古籍出版社

·郑州·

**图书在版编目（CIP）数据**

淅川杨河与郭庄楚墓出土青铜文物保护修复报告 / 河南省文物考古研究院编著；赵晟伟主编；刘欣，陈阵副主编. -- 郑州：中州古籍出版社，2024.8. -- ISBN 978-7-5738-1461-6

Ⅰ．K876.41

中国国家版本馆CIP数据核字第2024VP0973号

**淅川杨河与郭庄楚墓出土青铜文物保护修复报告**

| 责任编辑 | 刘　琳 |
| 责任校对 | 吴胜蕊 |
| 美术编辑 | 曾晶晶 |

| 出版社 | 中州古籍出版社（地址：郑州市郑东新区祥盛街27号6层 邮编：450016 电话：0371-65788693） |
| 承印单位 | 河南瑞之光印刷股份有限公司 |
| 开　本 | 889mm×1194mm 1/16 |
| 印　张 | 25.5 |
| 字　数 | 500千字 |
| 印　数 | 1—1000册 |
| 版　次 | 2024年8月第1版 |
| 印　次 | 2024年8月第1次印刷 |
| 定　价 | 368.00元 |

本书如有印装质量问题，请联系出版社调换。

# 前言

自2011年从事一线文物修复工作至今，已10年有余。现在想来，人生轨迹的改变，源于和马新民、郭移洪两位恩师的结缘。后来，我参加了国家文物局青铜器修复培训班，在这里结识了来自全国各地的业内年轻人，他们和我一样，对文物修复事业有着一腔热忱，都希望能够在文物修复工作中赓续文脉、明体达用。之后，我不断积累工作经验，逐渐能够独立承担修复项目。我的这10余年，亦是河南省文物保护修复快速发展的10年。我常常思考，作为河南文物保护修复团队中的一员，未来应该朝着哪个方向继续前进。经过不断实践与反思，我得出的结论是——继往开来。

继往，是继承和发扬优秀的传统修复工艺。

文物修复技术古已有之，部分传统技艺传承至今。恩师马新民、郭移洪等老一辈修复师自20世纪70年代起从事一线修复工作，积累了十分丰富的实操经验，并将其总结成一套完整的修复操作流程，传授给下一代修复师。这是我们开展文物修复工作的基石。在此基础之上，我和我的同事精益求精，仔细揣摩每个修复步骤，力求将前人的智慧与经验融入自己的工作过程当中。与此同时，在河南省文物局的支持下，河南省文物考古研究院开办了河南省青铜文物保护修复技术培训班，至今已有12期，培养了260余名专业技术人才，为河南省文物保护修复事业源源不断地输送新鲜血液，始终牢记青年人才接续传承的使命。

开来，是在新时代创新中开新局。

党的十八大以来，在以习近平同志为核心的党中央坚强领导下，经过广大文物科研工作者的不懈努力，文物科技水平不断提升，也为传统文物保护修复提出了新课题，即如何将传统修复技术与前沿科技创新相结合。近年来，河南省文物科技保护中心扎根文物保护关键技术研究与突破，在材料研发和技术升级等方面都有了亮眼成果。本次淅川杨河与郭庄楚墓青铜文物保护修复工作中就应用了我院牵头承担的"十三五"国家重点研发计划"馆藏脆弱青铜器保护关键技术研究"中高精度锥束CT成像病害智能识别评估技术、自剥离智能水凝胶除锈脱氯技术、粉状锈等离子转化稳定处理技术等科技成果，并取得了良好成效，为后续青铜文物保护修复项目的实施提供了新方法和新经验。

此外，在青铜文物修复过程中，矫形一直是其中的一个关键步骤，不同形制器物的矫形需要使用不同的方法和工具。本次修复项目数量多，文物变形严重，修复难度大。因此在修复过程中，我与修复团队不断实践，反复探索，在不同器物中寻找相同规律，改良已有工具，根据新问题发明新装备，最后成功研制出多项文物矫形设备，并申请一项国家发明专利（一种全自动青铜文物矫形及矫形后检测装置）和四项实用新型专利（一种青铜文物矫形工具、一种青铜文物多点固定支撑修复整形装置、一种青铜文物变形弧度修复装置、一种G字夹），极大地提升了青铜文物矫形的精准程度与工作效率。

我深知文物保护修复的传承与发展还有很长的路要走，但为者常成，行者常至，我们与行业同仁一道，脚踏实地、与时俱进，一定能使文物保护修复事业在我们这一代人手中焕发新活力，开启新篇章。

赵晟伟<br>
2024 年 7 月

# 目录

| 壹 | 第一章 | 概况 | 1 |

| 贰 | 第二章 | 出土青铜器基本信息与价值评估 | 5 |
|   | 第一节 | 基本信息 | 6 |
|   | 第二节 | 文物价值评估 | 18 |

| 叁 | 第三章 | 青铜器腐蚀现状与检测分析 | 19 |
|   | 第一节 | 锈蚀产物分析 | 20 |
|   | 第二节 | 基体合金成分与腐蚀程度分析 | 23 |
|   | 第三节 | X射线成像 | 37 |
|   | 第四节 | 结论 | 54 |

| 肆 | 第四章 | 修复保护工作目标及修复技术路线 | 57 |
|   | 第一节 | 修复保护的工作目标 | 58 |
|   | 第二节 | 修复保护的技术路线 | 60 |
|   | 第三节 | 修复保护的技术步骤 | 61 |
|   | 第四节 | 修复保护的具体方法 | 62 |

| 伍 | 第五章 | 青铜器的修复保护 | 65 |
|   | 第一节 | M3∶49铜鼎的修复保护 | 66 |
|   | 第二节 | M3∶52铜壶的修复保护 | 76 |
|   | 第三节 | M3∶55铜鼎的修复保护 | 85 |
|   | 第四节 | M6∶31铜壶的修复保护 | 91 |
|   | 第五节 | M6∶32铜壶的修复保护 | 96 |

| 第六节 | M6∶34 铜壶的修复保护 | 101 |
| 第七节 | M6∶36 铜鼎的修复保护 | 107 |
| 第八节 | M6∶37 铜鼎的修复保护 | 113 |
| 第九节 | M6∶39 铜鼎的修复保护 | 123 |
| 第十节 | M6∶43 铜鐎壶的修复保护 | 128 |
| 第十一节 | M6∶45 铜浴缶的修复保护 | 133 |
| 第十二节 | M6∶48 铜卣的修复保护 | 143 |
| 第十三节 | M6∶51 铜鼎的修复保护 | 150 |
| 第十四节 | M6∶52 铜鼎的修复保护 | 156 |
| 第十五节 | M6∶56 铜簠的修复保护 | 162 |
| 第十六节 | M6∶58 铜敦的修复保护 | 173 |
| 第十七节 | M6∶59 铜豆的修复保护 | 180 |
| 第十八节 | 环境安全控制及修复后的保存条件 | 186 |

## 陆 第六章 青铜器铸造特征分析　　189

## 柒 第七章 青铜器保护修复的思考与创新　　197

## 捌 第八章 青铜器修复保护效果评价及保存环境、安全控制建议　　201

| 第一节 | 修复后的保存环境 | 202 |
| 第二节 | 文物安全控制建议 | 203 |

**附录　文物保护修复档案　　205**

**附图　　377**

**后记　　401**

第一章 概况

淅川县，属河南省南阳市，位于豫西南边陲，豫、鄂、陕三省交界处，因淅水纵贯境内形成百里冲积平川而得名。淅川县地处秦岭山系东南余脉的延伸地段，东北两面与邓州市、内乡县、西峡县毗邻。境内北、西、南三面环山，地势西北高、东南低，由西北向东南倾斜。全境山脉绵延，河川交错，坡陡谷深，地多险阻，古代战乱时期易守难攻，有"中原未战，淅境兵动"之称。

淅川古称丹阳，西周时为楚族熊绎的封地，春秋时为楚国始都丹阳所在地，楚国800多年历史中有300多年定都丹阳，为战国时期秦、楚主要交锋前沿之地。

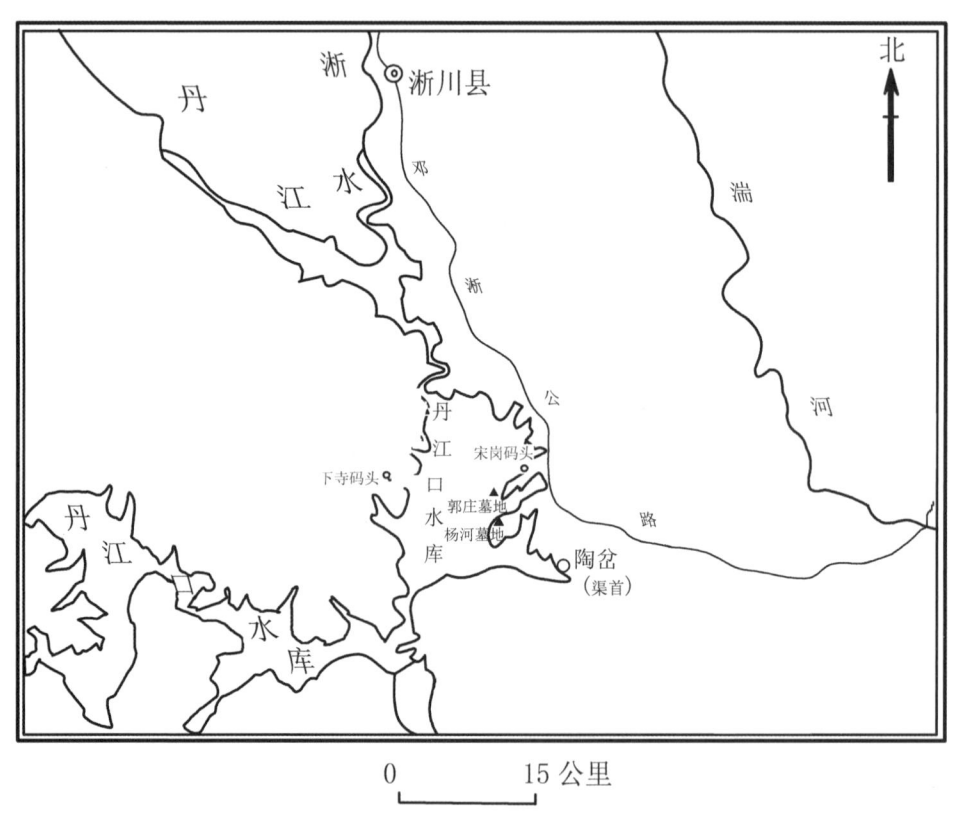

图一 淅川杨河与郭庄墓地位置示意图

# 杨河楚墓

杨河楚墓位于河南省淅川县香花镇杨河村北坡组北0.5公里处，丹江口水库的东岸。1976年5月，淅川县文化馆文物队在文物调查时发现此墓。1986年，河南省人民政府公布其为第二批文物保护单位。由于杨河墓地距丹江口水库淹没区较近，又远离村庄，多年来数次被盗。为保护地下文物，经上级主管部门批准，1994年10月—1995年5月，河南省文物考古研究所（今河南省文物考古研究院）、南阳地区文物工作队（今南阳文物保护研究院）、淅川县博物馆组成联合考古队，对两座大型楚国墓葬进行了抢救性发掘。两座墓为夫妻异穴合葬墓，M1居南，M2居北，均为甲字形竖穴土坑墓。时代为战国中期。

M1由封土、墓道和墓室三部分组成。封土冢现存高度8.5米，由于周围群众常年取土，目前仅剩一小半。斜坡墓道向东，方向103°。墓口呈长方形，东西长40.4米，南北宽38.4米，墓深14.2米。墓室四壁有十四级生土台阶。葬具为棺椁，均已朽。从朽痕看，椁室是用0.4米见方的方木叠砌而成。椁室东西长10.7米，南北宽9.3米，高3.7米。椁室底部用三根垫木槽的方木以承托椁底。椁室正中放置棺木。由于该墓多次被盗，随葬品所剩无几。从出土的随葬品看，青铜兵器和车马器置于椁室南部，东部放置陶器及殉人。该墓出土随葬品160余件，其中铜器有戈、矛、镞、车马饰和带钩等，陶器有壶、豆、盒等。

M2由墓道和墓室两部分组成，封土冢已不存。斜坡墓道向东，东西长10.4米，前端宽4.2米，后端宽3米。墓口平面呈长方形，东西长19.2米，南北宽15.9米，墓深14.2米。墓室四壁有七级生土台阶。墓底未发现棺椁痕迹，随葬品被盗一空，仅在盗洞中发现一件龙凤玉佩。

# 郭庄墓地

郭庄墓地（又称九女冢墓地。因当地分布着九个封土冢，故名）位于淅川县香花镇杨河村西南的老龙岗上，丹江口水库东岸淹没区。在丹江口水库蓄水前，这里隶属于郭庄村，故名郭庄墓地。1977年，河南省文物工作队丹江口水库考古队曾对该墓地进行了发掘，但由于库水上涨而没有发掘到底。由于丹江口水库水位下降，郭庄墓地的墓葬裸露于水面之上，不法分子趁机对该墓地进行盗掘。为保护地下文物，经上级主管部门批准，1998年3月—4月，河南省文物考古研究所（今河南省文物考古研究院）、南阳地区文物工作队（今南阳文物保护研究院）、淅川县博物馆组成联合考古队，对郭庄墓地进行了抢救性发掘。此次发掘共计清理10座墓葬，另外3座墓葬（M7、M10、M12）由于在发掘过程中库水上涨而没有清理彻底。

在发掘的10座墓葬中，除M1、M2、M11为长方形竖穴土坑墓外，其余均为甲字形竖穴土坑墓。墓葬规模大小不一，墓室四壁有多少不一的生土台阶，葬具为棺椁，人骨架保存较差。出土器类也不尽相同，有的墓葬仅有随葬仿铜陶礼器；有的随葬有铜车马器、兵器以及陶器；相对大的墓葬，不仅随葬有铜礼器、车马器、兵器，而且还有大量玉器和陶器。其中M8、M13被盗掘一空。从墓葬形制、随葬品组合和基本特征上，可以认定这是一处战国中期的楚国贵族墓地。

杨河与郭庄楚墓出土的这批青铜器由于长期处在黏土中，地下水位反复升降，填土不断在潮湿的状况下变化，受到地下酸、碱、盐等化学元素及微量气体的侵蚀，腐蚀速度加快。另外，受墓室坍塌造成的长期挤压破坏，部分青铜器破损严重，出土后随着保存环境的改变，有害气体及水汽带来的氧化锈蚀日益增加，有些器物甚至出现了发展迅速的有害锈，这些有害锈未及时有效处理，直接入藏库房或展览，会给文物的长久保存带来严重威胁，因此亟待开展科学的保护修复工作。

2021年，河南省文物考古研究院对淅川杨河与郭庄楚墓出土青铜文物进行了整理研究，编制了《淅川杨河与郭庄楚墓出土青铜文物保护修复方案》并呈报河南省文物局，于2022年获得立项批准，本报告是对该项目工作的总结。

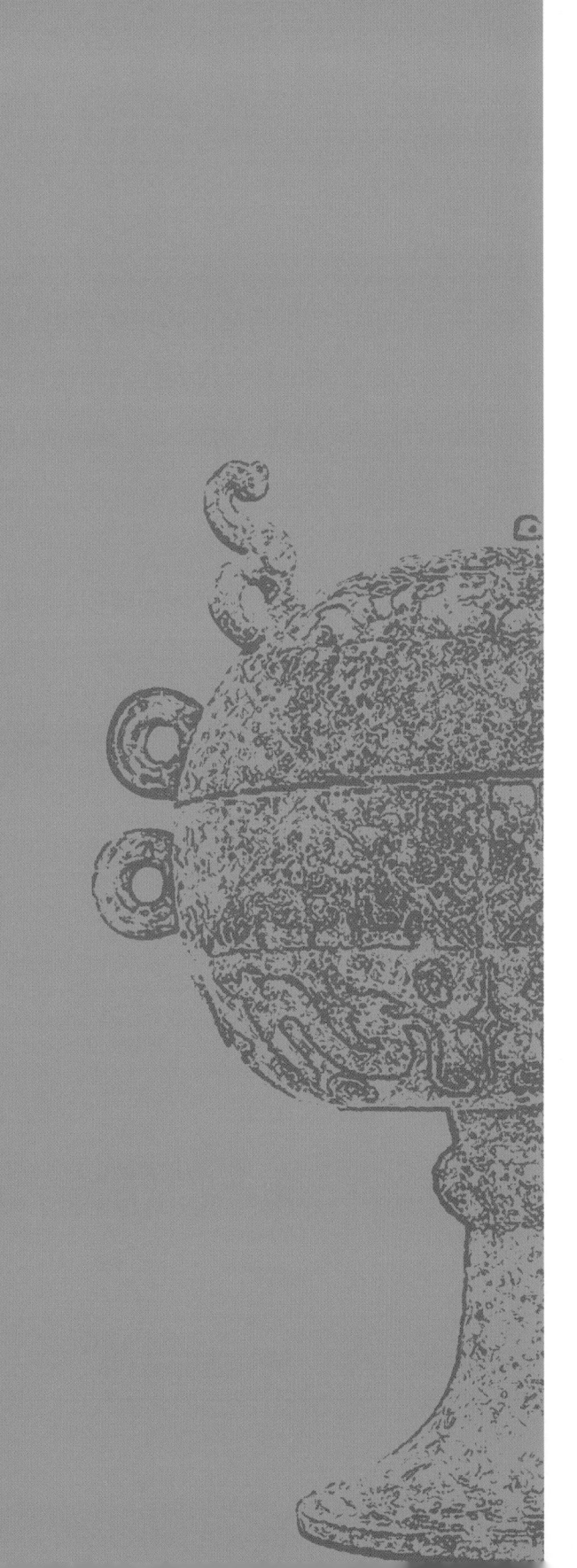

第二章 出土青铜器基本信息与价值评估

# 第一节 基本信息

此次修复项目完成了淅川杨河与郭庄楚墓出土的亟待修复的242件（套）文物的修复工作，本书选择了其中具有代表性的青铜文物共17件，详细介绍其修复保护过程。分别为铜鼎7件、铜壶4件、铜簠1件、铜鐎壶1件、铜浴缶1件、铜卣1件、铜敦1件、铜豆1件，均未定级，器物的基本信息见表一。完整的文物保护修复档案见附录。

表一 文物简要信息统计表

| 序号 | 器物编号 | 名称 | 质地 | 年代 | 尺寸（厘米） | 重量（千克） | 级别 | 残损状况 |
|---|---|---|---|---|---|---|---|---|
| 1 | M6:56 | 铜簠 | 铜 | 战国 | 长30、宽21.5、高20 | 4.2 | 未定级 | 残断、缺失 |
| 2 | M6:36 | 铜鼎 | 铜 | 战国 | 耳距39、口径29.8、残高14 | 3.72 | 未定级 | 破碎、变形、缺失、残断 |
| 3 | M6:37 | 铜鼎 | 铜 | 战国 | 口径30、残高10 | 4.58 | 未定级 | 破碎、缺失、残断、变形 |
| 4 | M6:52 | 铜鼎 | 铜 | 战国 | 口径25、耳距29 | 2.96 | 未定级 | 破碎、缺失、残断、变形 |
| 5 | M6:43 | 铜鐎壶 | 铜 | 战国 | 直径11、残高11 | 1.72 | 未定级 | 残断、缺失、变形 |
| 6 | M6:31 | 铜壶 | 铜 | 战国 | 直径（盖）9.5、残高26 | 2.54 | 未定级 | 残断、缺失、严重变形 |
| 7 | M6:45 | 铜浴缶 | 铜 | 战国 | 口径19、残高22 | 5.5 | 未定级 | 残断、缺失、严重变形 |
| 8 | M3:52 | 铜壶 | 铜 | 战国 | 残高33.5、口径10.5 | 3 | 未定级 | 缺失、断裂、变形 |

续表

| 序号 | 器物编号 | 名称 | 质地 | 年代 | 尺寸（厘米） | 重量（千克） | 级别 | 残损状况 |
|---|---|---|---|---|---|---|---|---|
| 9 | M3：49 | 铜鼎 | 铜 | 战国 | 口径21.5 | 2.9 | 未定级 | 破碎、缺失、残断、变形、裂缝 |
| 10 | M6：48 | 铜卣 | 铜 | 战国 | 口径7.9、残高11 | 1.54 | 未定级 | 破碎、缺失、残断、变形 |
| 11 | M6：32 | 铜壶 | 铜 | 战国 | 口径9.2 | 2.26 | 未定级 | 破碎、缺失、残断、变形 |
| 12 | M6：39 | 铜鼎 | 铜 | 战国 | 破损严重，无法测量 | 4.74 | 未定级 | 破碎、缺失、残断 |
| 13 | M3：55 | 铜鼎 | 铜 | 战国 | 残口径23 | 2.92 | 未定级 | 破碎、变形、缺失、残断 |
| 14 | M6：34 | 铜壶 | 铜 | 战国 | 口径11 | 2.44 | 未定级 | 破碎、变形、缺失、残断 |
| 15 | M6：58 | 铜敦 | 铜 | 战国 | 直径21、残高15.7 | 2.66 | 未定级 | 变形、缺失、残断 |
| 16 | M6：51 | 铜鼎 | 铜 | 战国 | 破损严重，无法测量 | 3.02 | 未定级 | 破碎、变形、缺失、残断 |
| 17 | M6：59 | 铜豆 | 铜 | 战国 | 残高29.3、口径17.7 | 3.74 | 未定级 | 豆柄与器身断裂 |

## M6：56 铜簠

铜簠为战国中期器，由形制相同的两个方盘扣合而成。以器身为例，敞口，内平折沿，尖唇，斜直壁下收，腹壁两侧有一对龙首耳，龙吐舌下弯呈半环形，龙兽双角仅以浅刻纹示意，平底。盖顶及器底附有曲尺圈足，盖和器身形状相同，大小一样，上下对称。盖沿还附六只兽面形小器扣，用于密合盖、体；器盖顶、腹部和器体腹部、足部均满饰蟠螭纹。出土后四只龙首耳一只上下不全，另外三只丢失。簠口沿有断裂和缺失，簠腹部和底部断裂分为两部分，簠腹和簠底四圈足都有缺失。铜簠下圈足两面缺失，口沿长8.5厘米×2.5厘米。铜簠口沿至腹部变形严重，碎片多达六块且有五处断开裂缝。簠的腹部和足部附着绿色锈蚀和铁锈，还有蓝色锈蚀，器体内上部有大片绿色锈蚀。片状分布，顶部有蓝色锈蚀凝结物，较致密。没有发现粉状锈等有损青铜文物健康的有害锈。铜簠器身有较深断裂的腐蚀层，部分残片断面两侧矿化，呈暗灰色和黑褐色。从残片断面观察，该器物矿化严重，铜质极差，部分铜器本体没有铜质（图二）。

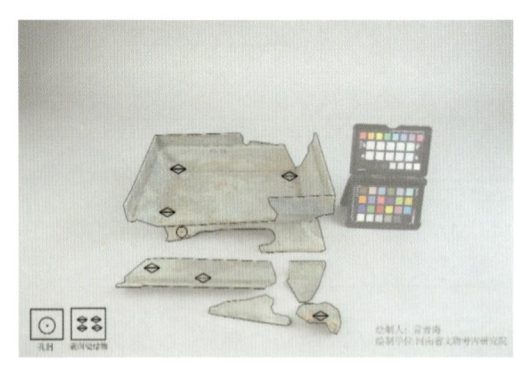

图二 M6∶56 铜簠病害图

## M6∶36 铜鼎

铜鼎圆口微敛，短折沿，方唇，沿面内斜，双附耳，浅腹微鼓，圜底近平，三足缺失。上腹部饰两周蟠螭纹，鼎身有绿褐色、蓝色、灰白色层状锈蚀，底部有黑色锈蚀与蓝色锈蚀，锈蚀严重。该器物为使用器，出土时破碎严重，鼎破碎为七块，部分缺失。鼎身口沿有8厘米缺失，鼎盖中部缺失较多。口径29.8厘米，腹深15.5厘米，残高14厘米，耳高8.5厘米，耳宽5厘米，耳厚1.4厘米，重3.72千克。

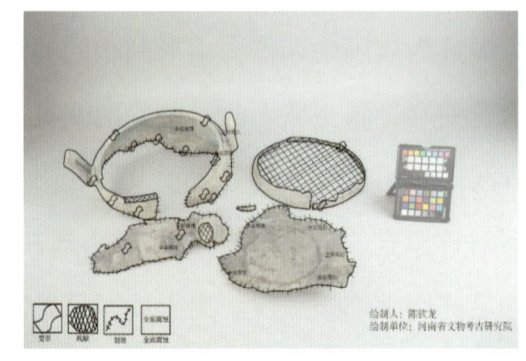

图三 M6∶36 铜鼎病害图

## M6:37 铜鼎

铜鼎有盖，盖隆起，中间有一桥形钮，钮的两端各有一兽头，钮内套一圆环，盖周边有三个牺兽钮。器为子口内敛，圆角长方形附耳外侈，鼓腹，平底，下承三兽蹄足（足下半部残缺）。盖正中饰交叉蟠螭纹，其外饰一周绹索纹、一周S状云纹，又一周绹索纹，再外饰两周凸弦纹；外周凸弦纹内外侧各饰一周蟠螭纹。鼎耳饰蟠螭纹，鼎腹饰一周凸弦纹，其上下侧饰一周蟠螭纹。铜鼎残高8.5厘米，口径29.5厘米，重4.75千克。

 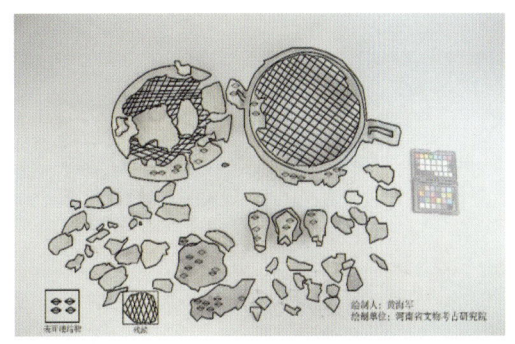

图四 M6:37 铜鼎病害图

## M6:52 铜鼎

铜鼎及鼎盖通体附着绿色、浅蓝色锈蚀，鼎盖的局部有类似铁锈的黄色锈蚀。鼎盖和器身破碎严重，有一侧鼎耳脱落，三条鼎腿均有不同程度的缺失。鼎口沿变形很严重。随M6:52铜鼎一同出土的还有一对"铉"，一只完整，一只断为两截。铜鼎口径25厘米，耳距29厘米，重2.96千克。

 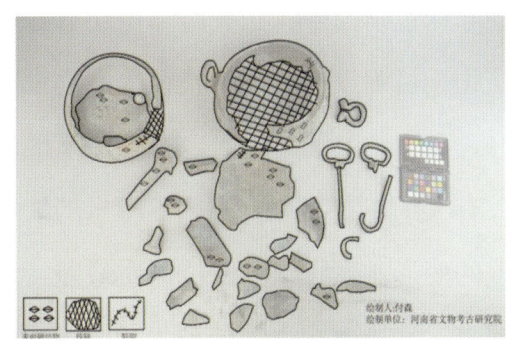

图五 M6:52 铜鼎病害图

## M6∶43 铜鐎壶

铜鐎壶直口，短颈，鼓腹较扁，圜底。腹前一侧有一动物首状流，颈曲而上扬，壶上覆盖圆形穹顶子母口盖，壶肩部有一提梁，鋬与器身呈榫卯结构连接，腹下设三条柱状形马蹄足。该件铜鐎壶通体素面，无纹饰，提梁处附着大片蓝色锈，壶盖上分布着少量致密的白色凝结物，腹部内外均附着绿色和天蓝色锈蚀，马蹄足上存有少量褐绿色锈蚀。目前暂未发现粉状锈等其他有害锈蚀物。残高11厘米，口径11厘米，腹径15厘米，足长10厘米，器重1.72千克。

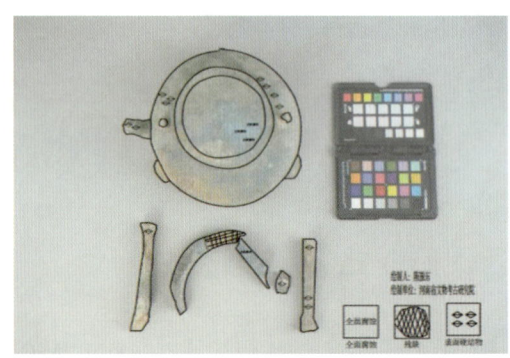

**图六 M6∶43 铜鐎壶病害图**

## M6∶31 铜壶

铜壶由于受墓葬封土挤压，整体破损为多个碎片，主体壶身变形严重。受水土侵蚀，壶身表面锈斑较多，有硬结物附着。青铜壶鼓腹，短颈，壶身饱满，两侧肩部有双衔环。腹部有云雷纹饰，壶盖铸有四钮，中间有刻涡纹。壶身通体附着绿色锈蚀，内壁除绿色锈蚀外，在壶腹部位还有深蓝色锈蚀，壶盖部位在漩涡纹的凹槽处有米色硬结物，目测没有发现粉状锈等有害锈蚀。壶颈部位变形较小，此处铜体较厚，铜质较好，有大约上下5厘米、左右3厘米的缺失。而壶腹部位云雷纹处残断严重，铜质较差，有大约左右7厘米、上下3厘米的缺失。由于受封土挤压，壶腹部位整体处于较为严重的变形。壶腹下方部位铜质最差，此处铜体最薄，矿化比较严重，有两处呈三角状缺失，缺失面积大约分别为12平方厘米和15平方厘米。整体通高26厘米，口径10.5厘米，底径15.5厘米，器重2.54千克。

 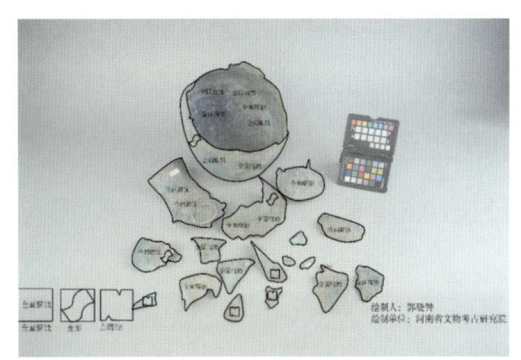

图七 M6:31 铜壶病害图

### M6:45 铜浴缶

铜浴缶有盖，折沿，直领，广肩，肩上两侧有竖环耳一对，耳内套铜环，腹向下内收成平底。盖顶部微向下凹，正中有平环握手，握手下有六个向外弯曲的铜柱支撑。握手上与支撑柱饰窃曲纹。盖正中及盖沿处饰以圆点纹为底纹的T形勾连纹，其间有凸起圆饼四个，上饰羽翅纹。铜浴缶肩上有羽翅纹带一周，其间有凸起的羽翅纹圆饼六个。浴缶耳浮雕兽头，耳内套有环，一面饰窃曲纹。铜浴缶口径19厘米，残高22厘米，重5.5千克。

 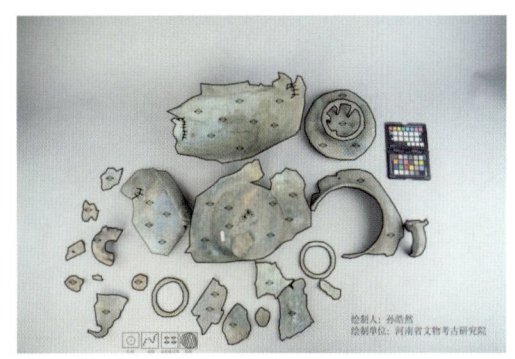

图八 M6:45 铜浴缶病害图

### M3:52 铜壶

铜壶为战国中期器，出土后壶盖上有一捉手断裂，壶口沿有断裂和缺失，壶腹部和底部断裂为两部分，壶腹和壶底圈足都有缺失，壶腹器形变形严重，碎片多达二十来块。壶的颈、腹部附着绿色锈蚀和暗红色疑似铁锈，器体内上部有大片绿色锈蚀。

腹部有浅绿色锈蚀，片状分布，底部有白色凝结物，较致密。没有发现粉状锈等有损青铜文物健康的有害锈。铜壶器身有较深的腐蚀层，部分残片断面两侧矿化，呈暗灰色和黑褐色。从残片断面观察，该器矿化严重，铜质极差，部分铜器本体没有铜质。口径长10.5厘米，高33.5厘米，重3千克。

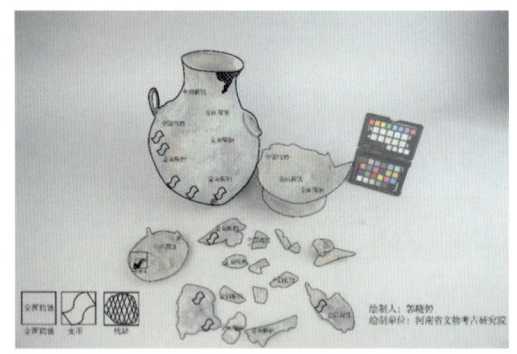

图九 M3∶52 铜壶病害图

## M3∶49 铜鼎

　　铜鼎有盖，盖隆起，中间有一桥形钮，钮的两端各有一兽头，钮内套一圆环，盖周边有三个牺兽钮。器为子口内敛，圆角长方形附耳外侈，鼓腹，平底，下承三兽蹄足（足下半部残缺）。盖正中饰交叉蟠螭纹，其外饰一周绹索纹，一周S状云纹，又一周绹索纹，再外饰两周凸弦纹；外周凸弦纹内外侧各饰一周蟠螭纹。鼎耳饰蟠螭纹，鼎腹饰一周凸弦纹，其上下侧饰一周蟠螭纹。铜鼎残高12厘米，口径长21.5厘米，重2.9千克。

图十 M3∶49 铜鼎病害图

## M6∶48 铜卣

铜卣直口，短颈，鼓腹，圜底，矮圈足，卣盖表面有一约5厘米的圆环，环内布满乳钉纹，环外两侧边缘处有一组对称的"n"形錾，其中一侧的錾与一条半镂空提手链相连，链的两端连接在铜卣颈部中段对称的兽首錾上。铜卣颈部刻画着对称的三角形蟠螭纹，数量共八个，围绕着颈部一周整齐排列，蟠螭纹下方环绕一圈绳纹。肩腹部依次交错排列五条弦纹和四组以回形纹为底纹的乳钉纹。圈足高1厘米，表面饰以两条平行的绳纹。铜卣底部有浇铸痕迹，其形为一条长约7厘米的横线上交错着六条长约2厘米的等距纵线。铜卣颈部有多处补铸痕迹，如铜卣底部浇铸痕迹旁有四处分布不均的不规则补铸痕迹。在圈足上方存有多处垫片。铜卣口径长7.9厘米，残高11厘米，重1.54千克。

图十一　M6∶48 铜卣病害图

## M6∶32 铜壶

铜壶整体破损，变形严重，壶口沿、颈部、腹部均有不同程度的缺失，变形主要集中在腹部和接近底部周围。壶盖基本完整。铜壶长9.2厘米，重2.26千克。

图十二　M6∶32 铜壶病害图

## M6：39 铜鼎

铜鼎有子母口盖，鼎身有双附耳，圜底，三蹄形足。鼎盖顶略凸，三立牛形钮鼎立。盖中心为一蛇形钮，钮上套环，环的一面饰斜线纹，另一面饰三角雷纹；盖面纹饰由三条凸弦纹分为四层，内层以钮为中心，紧贴第一道弦纹内侧饰有一圈卷云纹，每两道弦纹和鼎盖口沿上方分别饰有一周夔纹。鼎腹口沿下分别饰有两周夔纹，中间用一道凸起弦纹分隔。鼎破损严重，尺寸无法测量，重4.74千克。

图十三 M6：39 铜鼎病害图

## M3：55 铜鼎

铜鼎由于受墓葬封土挤压，整体破损为多个碎片，主体鼎身变形严重。鼎身受水土侵蚀，表面锈斑较多，有硬结物附着。铜鼎敞口微敛，半球形腹，腹壁圆曲向底部内收，两侧残耳，底部三足残缺。盖顶有三个卧牛，中间有一套环，以套环为中心，外侧有突出的弦纹。铜鼎残口径23厘米，重2.93千克。

图十四 M3：55 铜鼎病害图

## M6:34 铜壶

青铜壶由于受墓葬封土挤压，整体破损为多个碎片，主体壶身变形严重。壶身受水土侵蚀，表面锈斑较多，有硬结物附着。青铜壶鼓腹短颈，壶身饱满，两侧肩部有双衔环。壶身整体无纹饰，壶盖铸有四钮。整体残高40厘米，口径11.5厘米，底径15厘米，器重2.44千克。

 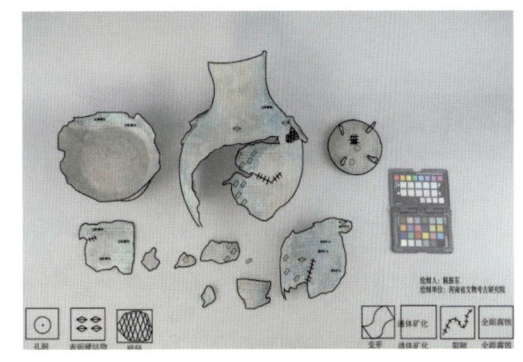

图十五 M6:34 铜壶病害图

## M6:58 铜敦

铜敦出土时通体附着较厚的黑褐色锈蚀物，身有黑褐色和灰白色层状锈蚀，灰白色锈蚀片状分布叠压在黑褐色锈蚀之下，器身和足均有瘤状物分布，器内壁附着较厚的黑色腐蚀物，未发现粉状锈及有害腐蚀物。出土时碎为多块，严重变形。残高15.7厘米，底口径18.5厘米，盖口径21厘米，底腹深11.5厘米，盖腹深10厘米，壁厚0.3厘米，重2.66千克。铜敦严重破碎，整件器物破碎为10余片，且严重变形，口部、腹部、底部附着较厚的层状锈蚀和瘤状物，夹杂有附着力较强的土垢。从残片断面观察，该器矿化严重，铜质极差。该铜敦为陶范法铸造而成，底部依稀可见打磨的范痕。据此初步推断，铜敦双环耳和足分铸，有补铸痕迹。器物外壁、内壁打磨光滑，金属氧化层表面呈褐绿色。

 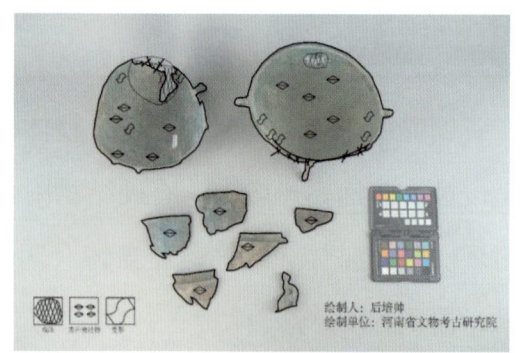

图十六 M6:58 铜敦病害图

## M6:51 铜鼎

鼎整器呈圆形，圆口微敛，短折沿，方唇，双立耳，腹微鼓，圜底，三柱状蹄足。鼎盖饰一周蟠虺纹，鼎腹部无纹饰。通体附着较厚的黑褐色锈蚀物，矿化严重。鼎耳有灰白色层状锈蚀，鼎身有黑褐色和灰白色层状锈蚀，灰白色锈蚀片状分布叠压在黑褐色锈蚀之下。器身和足均有瘤状物分布，器内壁附着较厚的黑色腐蚀物，未发现粉状锈及有害腐蚀物。出土时破损严重，鼎的一侧破碎为10余块，口部残破1/3，一对提鼎构件相对完整。鼎盖纵向破损为多块，部分缺失。三足由根部残断，其中两足缺失。通高32.5厘米，口径23厘米，耳距27厘米，残重3.02千克。

该铜鼎为陶范法铸造而成，底部依稀可见打磨的范痕。据此初步推断，外范垂直分为四扇，鼎耳和鼎腿分铸，未见补铸痕迹。器物外壁、内壁打磨光滑，金属氧化层表面呈褐绿色。

图十七 M6:51 铜鼎病害图

## M6 : 59 铜豆

铜豆由上下两部分组成，分别为豆盖和器身，其中豆盖的弧腹几何纹处、器身鼓腹几何纹处、豆的圈足处，附着绿色锈蚀和蓝色锈蚀。器体内壁上部有大片蓝色和绿色锈，没有发现粉状锈等有损青铜文物危害的锈蚀。

由于墓葬坍塌，受自然外力及环境干湿度作用的影响，青铜豆发掘出土时，豆身、豆盘底部与豆柱处断裂及残缺，分成两段。经过观察，此件铜豆铜质比较好，整件器物基本完整。铜豆盖整体呈圆形，盖面微隆，弧腹，平沿，有四组文饰带，由三个卷状龙形钮和两个圆形钮组成。盖面正中间为圆弧状涡形纹，由上向下是一圈变形勾连纹，再向下是一圈天禄纹。天禄纹每组之间各饰棱形纹，最后是一圈几何形纹饰。三个龙形钮各置于三组天禄纹之间，龙形钮上面均有细小形纹饰。两个圆形钮分别置于两侧，正侧两面各饰有三圈凹形纹。

豆盘平沿直壁，弧形，深腹，分别饰有两圈几何形纹和一圈天禄纹。有两个圆形钮，置于豆盘腹部两侧，豆盘和圈足之间由豆柱连接，豆柱上部有突起箍状，下部有一圈菱形纹饰与一圈天禄纹圈足。器物通高28.8厘米，豆盖口径19.5厘米，豆盘口径16.6厘米，重3.74千克。

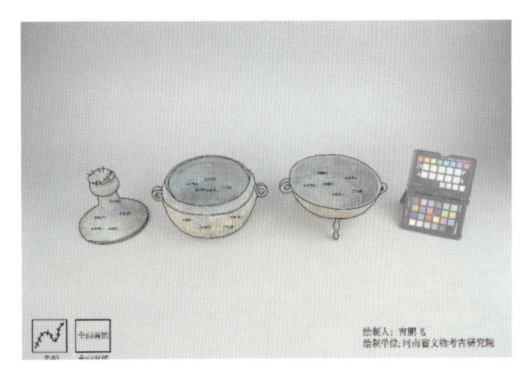

图十八 M6 : 59 铜豆病害图

## 第二节 文物价值评估

此次修复的杨河墓地与郭庄墓地出土的17件青铜文物种类较多，是研究和展示战国中期楚文化的重要实物资料。

**历史价值**　两处墓地均为战国楚中期贵族墓葬，对研究战国时期楚国墓葬的葬制、葬俗以及与各国的关系具有重要意义。

**艺术价值**　对研究战国时期楚国青铜器铸造工艺以及艺术风格具有重要价值。

**社会价值**　对研究战国时期楚国社会经济情况具有重要价值。保护修复后的青铜文物得以更完整的面貌展现在公众面前，具有很高的展览宣传价值。

淅川是目前楚国青铜器发现最多和最重要的地区之一，其中包括下寺、和尚岭、徐家岭、杨河、毛坪、吉岗、文坎、东沟长岭等，都出土了大量楚国铜器。这些铜器不仅种类繁多，器形优美，纹饰瑰丽，风格多样，而且铸造技巧娴熟，制作极为精致，许多器物上都带有铭文，在中国青铜艺术发展史上占据重要地位。

# 第三章 青铜器腐蚀现状与检测分析

在对该批器物保存环境和文物腐蚀特征考察基础上，为进一步了解这批青铜器保存状况，探讨青铜器的腐蚀特征及腐蚀机理，以便为铜器保护修复方案的制定提供依据，选择了这批青铜器部分典型锈蚀产物及器物残片作为样品，综合利用扫描电镜及能谱仪、金相显微镜和超景深显微镜等多种分析手段，对金属器物锈蚀产物成分、物相结构和合金成分等进行了分析检测。

# 第一节 锈蚀产物分析

为进一步揭示这批青铜器的保存状况，在严格遵守文物保护修复原则基础上，对青铜器表面典型锈蚀产物和部分铜器基体进行选择性取样，综合利用超景深显微镜、金相显微镜、激光拉曼光谱仪和环境扫描电镜及能谱仪（ESEM-EDAX）等，对典型锈蚀产物进行了外观形貌、元素成分、物相组成分析，对部分金属基体进行了金相组织、合金成分和腐蚀结构组成分析，从而对该批青铜器锈蚀状况做出科学的现状评估，为器物保护修复技术路线的制定和实施提供科学指导，并初步揭示其所蕴含的考古学信息。

**表二 锈蚀物样品简要信息表**

| 序号 | 器物名称 | 器物编号 | 时代 | 实验编号 | 样品简介（锈蚀颜色） |
|---|---|---|---|---|---|
| 1 | 铜鼎 | M6:36 | 战国 | XC5 | 蓝色锈蚀 |
| 2 | 铜壶 | M6:32 | 战国 | XC6 | 蓝色锈蚀 |
| 3 | 铜鐎壶 | M6:43 | 战国 | XC8 | 蓝色锈蚀 |

续表

| 序号 | 器物名称 | 器物编号 | 时代 | 实验编号 | 样品简介（锈蚀颜色） |
|---|---|---|---|---|---|
| 4 | 铜壶 | M6:34 | 战国 | XC9 | 蓝色锈蚀 |
| 5 | 铜浴缶 | M6:45 | 战国 | XC10 | 绿色锈蚀 |
| 6 | 铜卣 | M6:48 | 战国 | XC11 | 蓝色锈蚀 |
| 7 | 铜敦 | M6:58 | 战国 | XC16 | 蓝色锈蚀 |
| 8 | | M6:58 | 战国 | XC16-1 | 白色瘤状物 |
| 9 | 铜豆 | M6:59 | 战国 | XC17 | 蓝色锈蚀 |
| 10 | | M6:59 | 战国 | XC17-1 | 黄色锈蚀 |

肉眼观察青铜器表面锈蚀物发现：文物表面多附有少量土垢，外观主体以灰白色、蓝色、土黄色和白绿色锈蚀物为主，疏松多孔，部分考古发掘出土时进行过保护加固处理；部分器物局部表面以绿色或者墨绿致密锈蚀为主，次外层锈蚀为红褐色锈蚀底层。主要锈蚀现象如下图所示。

M6:36 铜鼎蓝色锈蚀

M6:32 铜壶蓝色锈蚀

M6:43 铜鐎壶蓝色锈蚀

M6:34 铜壶蓝色锈蚀

M6∶45 铜浴缶绿色锈蚀

M6∶48 铜卣蓝色锈蚀

M6∶58 铜敦蓝色锈蚀

M6∶58 铜敦白色瘤状物

M6∶59 铜豆蓝色锈蚀

M6∶59 铜豆黄色锈蚀

图十九 锈蚀现状

## 第二节 基体合金成分与腐蚀程度分析

为揭示这批出土青铜器的保存状况，探讨青铜器的腐蚀特征及腐蚀机理，以便为该批青铜器保护方案的制定提供依据，选择不影响器物形貌和后续修复工作的残块、残缺部位进行取样，利用金相组织分析与扫描电镜及X射线能谱分析等手段，对该批青铜器的基体合金成分与腐蚀程度进行了分析。

### 表三 金相与电镜能谱样品简要信息表

| 序号 | 器物名称 | 器物编号 | 时代 | 残损情况 |
| --- | --- | --- | --- | --- |
| 1 | 铜鼎 | M3:49 | 战国 | 破碎、缺失、残断、变形、裂缝 |
| 2 | 铜鼎 | M3:55 | 战国 | 破碎、缺失、断裂 |
| 3 | 铜壶 | M6:32 | 战国 | 破碎、缺失、残断、变形 |
| 4 | 铜壶 | M6:34 | 战国 | |
| 5 | 铜鼎 | M6:36 | 战国 | 破碎、变形、缺失、残断 |
| 6 | 铜鼎 | M6:37 | 战国 | 破碎、缺失、残断、变形 |
| 7 | 铜鼎 | M6:39 | 战国 | |
| 8 | 铜鐎壶 | M6:43 | 战国 | 残断、缺失、变形 |
| 9 | 铜浴缶 | M6:45 | 战国 | 残断、缺失、严重变形 |
| 10 | 铜卣 | M6:48 | 战国 | 破碎、缺失、残断、变形 |
| 11 | 铜鼎 | M6:51 | 战国 | 破碎、变形、缺失、残断 |

续表

| 序号 | 器物名称 | 器物编号 | 时代 | 残损情况 |
|---|---|---|---|---|
| 12 | 铜鼎 | M6:52 | 战国 | 破碎、缺失、残断、变形 |
| 13 | 铜簠 | M6:56 | 战国 | 残断、缺失 |
| 14 | 铜敦（器身） | M6:58 | 战国 | |
| 15 | 铜敦（器盖） | M6:58 | 战国 | |
| 16 | 铜豆 | M6:59 | 战国 | 豆柄与器身断裂 |

# 一、青铜器扫描电镜及X射线能谱分析

金相样品再次抛光，进行喷碳处理后，用扫描电子显微镜背散射观察细部组织形态，并用能谱分析仪对样品进行无标样定量成分测定。所使用仪器为FEI公司QUANTA-650型环境扫描电镜（ESEM）及EDAX公司的APOLLO-X型能谱仪。实验条件：工作电压为25千伏，工作距离10毫米，扫描时间50秒。16件青铜器基体样品能谱成分分析结果见表四，环境扫描电镜显微图片见图二十。

### 表四 青铜器SEM-EDS成分分析结果

| 器物名称 | 锈蚀程度评估 | 检测部位 | 主要元素含量（Wt%） | | | | | | | 合金材质及微区相 |
|---|---|---|---|---|---|---|---|---|---|---|
| | | | Cu | Sn | Pb | Cl | Fe | O | 其他 | |
| M3:49 铜鼎 | 完全腐蚀 | 基体微区相分析 | 0.72 | 1.84 | 68.12 | | | 13.66 | C=13.66 | 铅氧化物 |
| M3:55 铜鼎 | 基体严重腐蚀 | 基体微区相分析 | 78.57 | 11.08 | 3.37 | | | 1.88 | C=5.10 | α固溶体腐蚀物 |
| M6:32 铜壶 | 完全腐蚀 | 基体微区相分析 | 63.32 | 13.86 | 12.06 | | | 3.58 | C=6.17 Nb=1.01 | 铅氧化物 |
| M6:34 铜壶 | | 基体微区相分析 | 70.43 | 12.98 | 5.31 | | | 3.09 | C=8.20 | |
| M6:36 铜鼎 | 完全腐蚀 | 基体微区相分析 | 53.36 | 12.61 | 16.07 | | | 7.96 | C=9.37 S=0.63 | 铅氧化物 |
| M6:37 铜鼎 | 完全腐蚀 | 基体微区相分析 | 17.65 | 20.82 | 24.11 | | | 24.55 | C=9.59 Si=1.41 Fe=1.88 | 铅氧化物 |
| M6:39 铜鼎 | 完全腐蚀 | 基体微区相分析 | 24.34 | 23.24 | 7.03 | | 4.89 | 15.85 | C=23.02 Si=0.64 P=1.00 | α固溶体腐蚀物 |

续表

| 器物名称 | 锈蚀程度评估 | 检测部位 | 主要元素含量（Wt%） | | | | | | 合金材质及微区相 |
|---|---|---|---|---|---|---|---|---|---|
| | | | Cu | Sn | Pb | Cl | Fe | O | 其他 | |
| M6:45 铜浴缶 | 基体严重腐蚀 | 基体微区相分析 | 64.61 | 8.28 | 16.15 | | | 2.94 | C=7.52 S=0.50 | α 固溶体腐蚀物 |
| M6:48 铜卣 | 完全腐蚀 | 基体微区相分析 | 71.02 | 13.85 | 7.15 | | | 2.03 | C=5.95 | 铅氧化物 |
| M6:51 铜鼎 | 完全腐蚀 | 基体微区相分析 | 57.09 | 8.17 | 18.95 | | | 2.97 | C=12.82 | 铅氧化物 |
| M6:52 铜鼎 | 完全腐蚀 | 基体微区相分析 | 79.87 | 9.63 | 1.00 | | | 0.78 | C=8.72 | 完全腐蚀 |
| M6:56 铜簋 | 基体严重腐蚀 | 基体微区相分析 | 61.90 | 12.23 | 12.35 | | | 1.79 | C=11.15 Si=0.59 | α 固溶体腐蚀物 |
| M6:58 铜敦（器身） | 基体轻度腐蚀 | 基体微区相分析 | 68.21 | 8.97 | 9.51 | | | 2.21 | C=11.10 | α 固溶体 |
| M6:58 铜敦（器盖） | 基体轻度腐蚀 | 基体微区相分析 | 84.19 | 11.10 | 3.84 | | | 0.87 | | α 固溶体 |
| M6:59 铜豆 | 基体轻度腐蚀 | 基体微区相分析 | 76.76 | 13.84 | 1.47 | | | | C=7.93 | α 固溶体 |

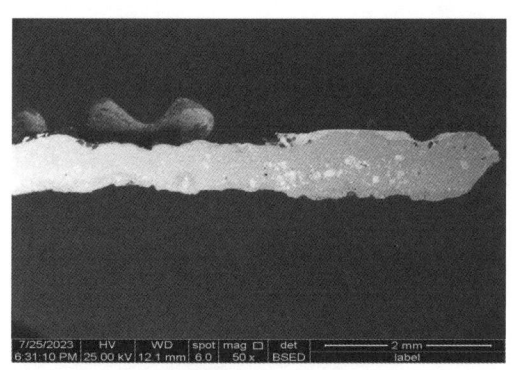 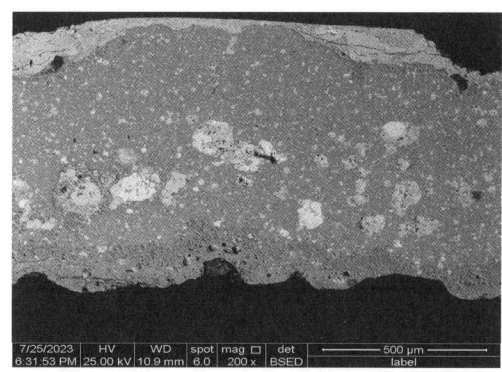

M3:49 铜鼎环境扫描电镜图片（SEM 背散射 50X&200X）

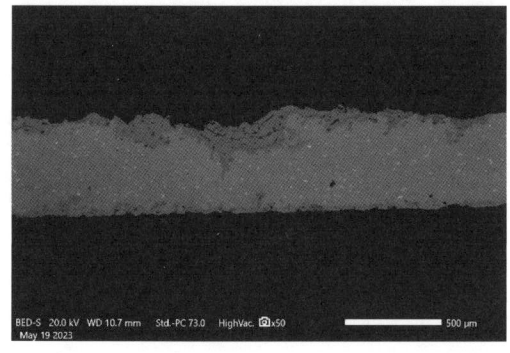 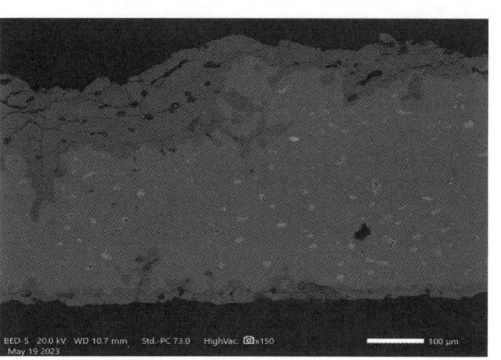

M3:55 铜鼎环境扫描电镜图片（SEM 背散射 50X&150X）

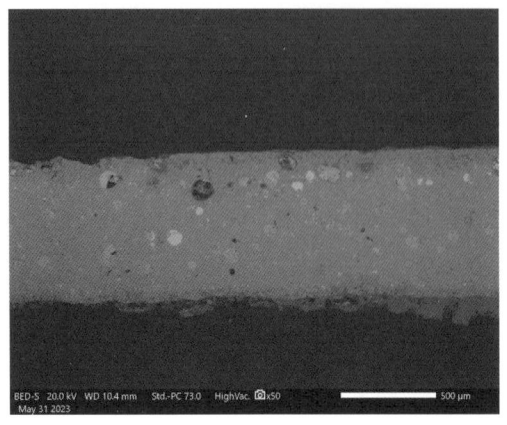 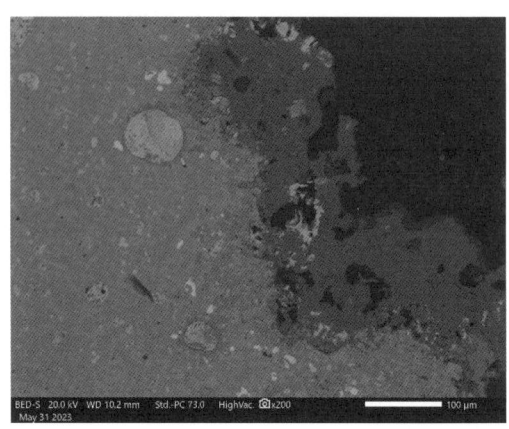

M6∶32 铜壶环境扫描电镜图片（SEM 背散射 50X&200X）

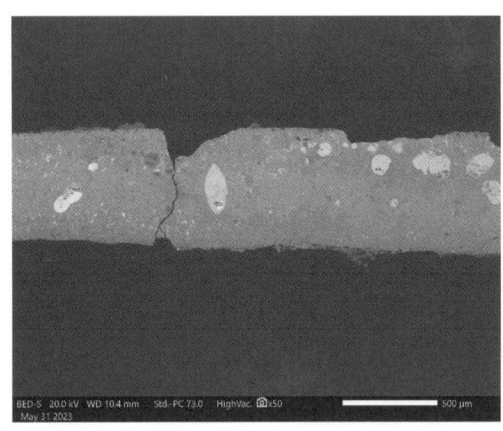 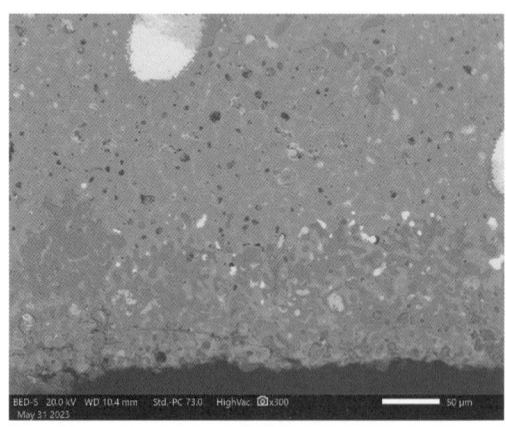

M6∶34 铜壶环境扫描电镜图片（SEM 背散射 50X&300X）

 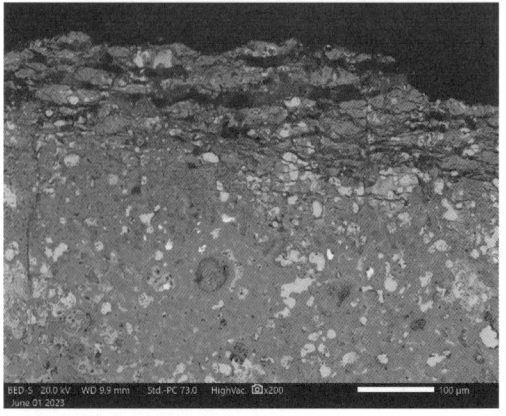

M6∶36 铜鼎环境扫描电镜图片（SEM 背散射 50X&200X）

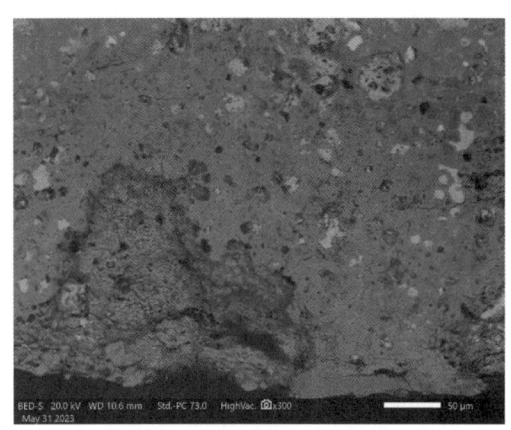

M6∶37 铜鼎环境扫描电镜图片（SEM 背散射 50X&300X）

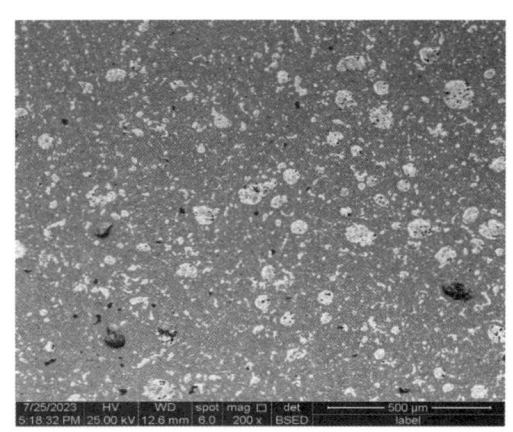

M6∶39 铜鼎环境扫描电镜图片（SEM 背散射 50X&200X）

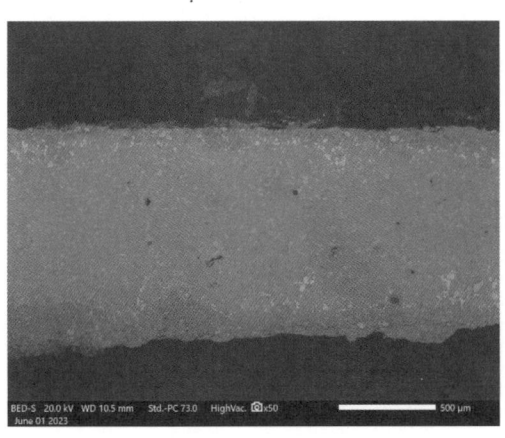

M6∶45 铜浴缶环境扫描电镜图片（SEM 背散射 50X&200X）

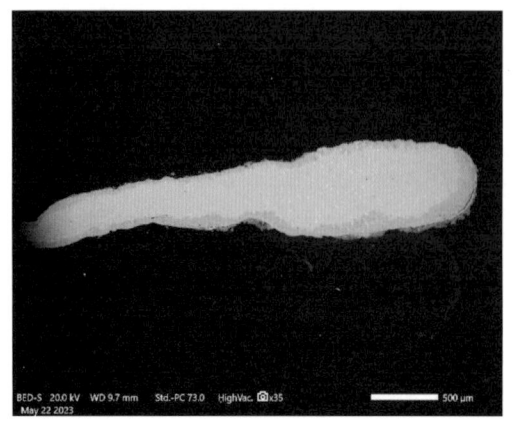 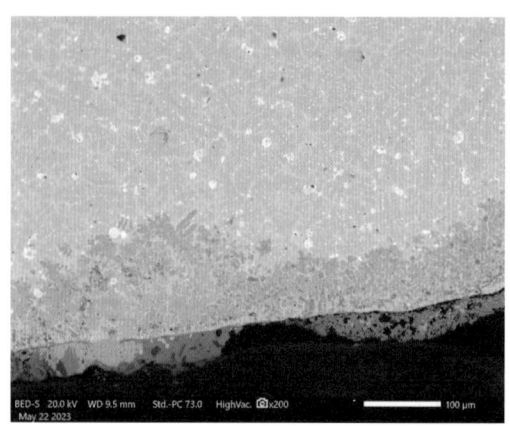

M6∶48 铜卣环境扫描电镜图片（SEM 背散射 35X&200X）

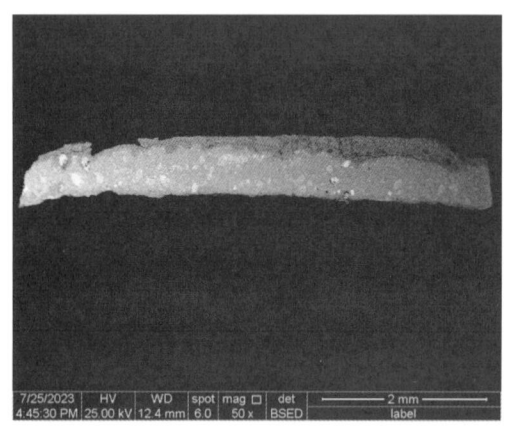 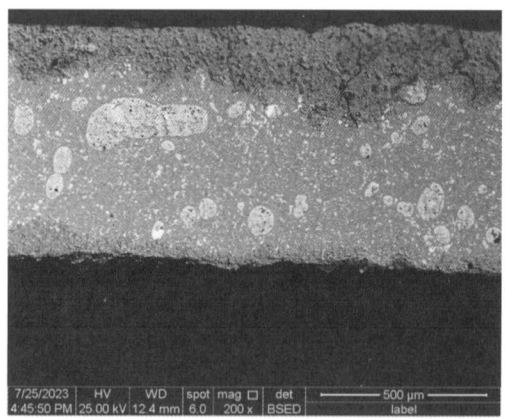

M6∶51 铜鼎环境扫描电镜图片（SEM 背散射 50X&200X）

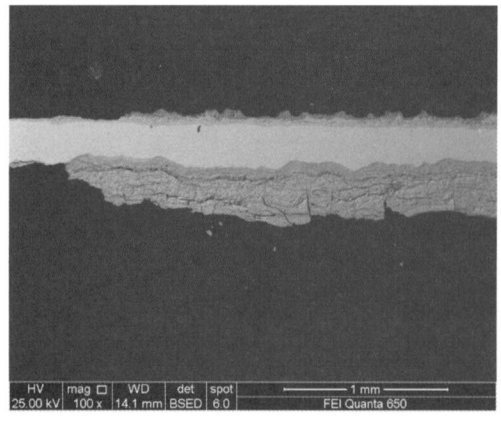 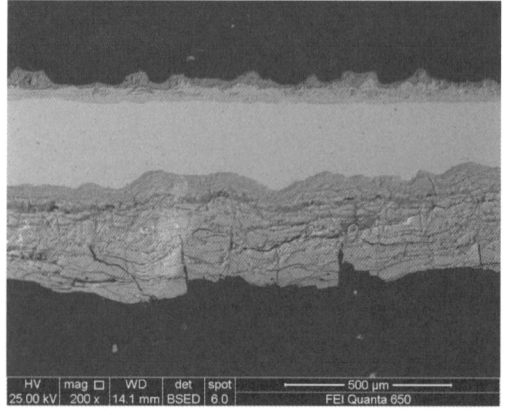

M6∶52 铜鼎环境扫描电镜图片（SEM 背散射 100X&200X）

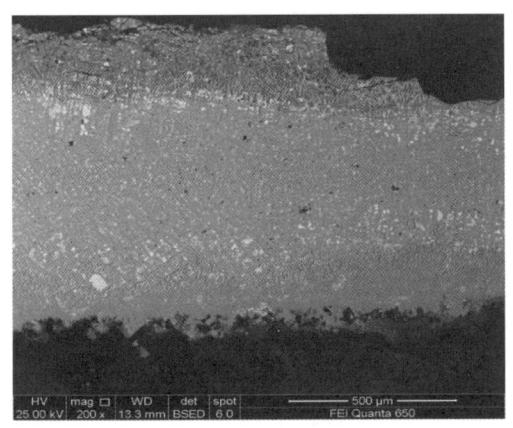 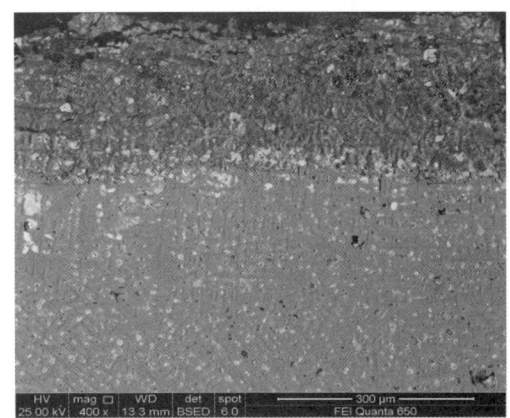

M6∶56 铜簋环境扫描电镜图片（SEM 背散射 200X&400X）

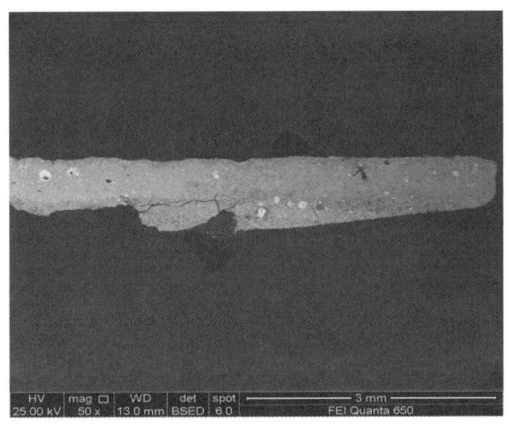

M6∶58 铜敦（器身）环境扫描电镜图片（SEM 背散射 50X）

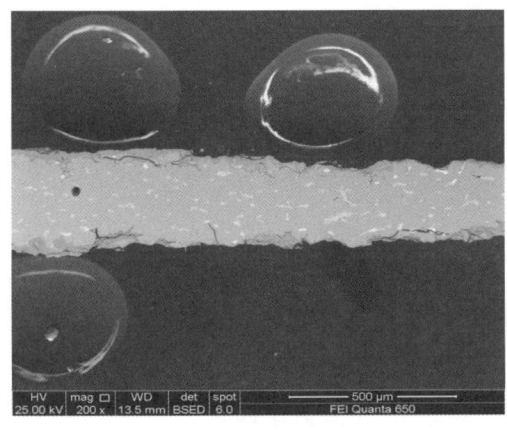 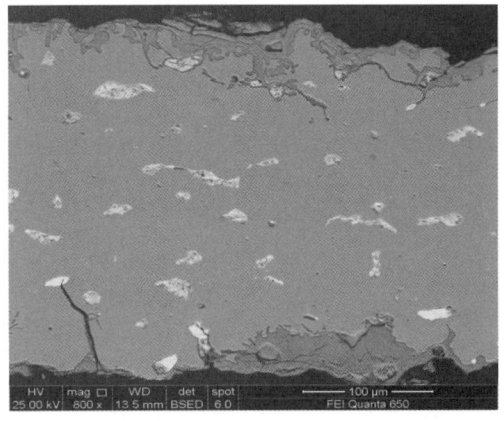

M6∶58 铜敦（器盖）环境扫描电镜图片（SEM 背散射 200X&600X）

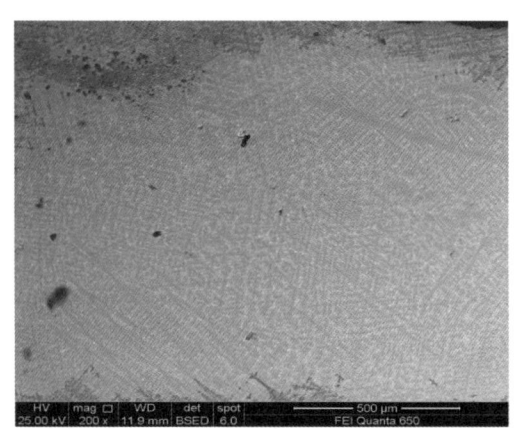

M6：59 铜豆环境扫描电镜图片（SEM 背散射 100X&200X）

图二十 环境扫描电镜图片

## 二、青铜器金相组织分析

先进行样品制备，用镶嵌机将样品嵌入，经400目、1000目、3000目和7000目颗粒度砂纸打磨和金丝绒布抛光。未浸蚀前，用金相显微镜先观察其夹杂物、铅的形态和锈蚀组织等信息。再次抛光后，采用3%三氯化铁盐酸酒精溶液进行浸蚀，观察记录其基体组织形态。所使用仪器为德国Leica公司DM6000型金相显微镜。16件青铜器基体样品金相组织分析结果见表五，金相组织显微图片见图二十一。

### 表五 青铜器金相显微组织分析

| 器物名称 | 取样部位 | 金相组织观察结果 | 制作方法 |
| --- | --- | --- | --- |
| M3：49 铜鼎 | 碎片 | 基体已完全锈蚀矿化，金属原具树枝晶结构已被腐蚀产物假相替代，局部残留未完全腐蚀岛屿状零星（α+δ）共析体和α固溶体，铅多已腐蚀迁移转变为碳酸铅，腐蚀产物内部均匀分布 | 铸造 |
| M3：55 铜鼎 | 碎片 | 基体严重锈蚀矿化，α相优先腐蚀，多数α相晶界已严重腐蚀交织成网状，残余α固溶体相和（α+δ）共析体相呈岛屿状分布 | 铸造 |
| M6：32 铜壶 | 碎片 | 基体已完全锈蚀矿化，金属原具树枝晶结构已被腐蚀产物假相替代，局部残留未完全腐蚀岛屿状零星（α+δ）共析体和α固溶体，铅多已腐蚀迁移转变为碳酸铅，腐蚀产物内部均匀分布 | 铸造 |

续表

| 器物名称 | 取样部位 | 金相组织观察结果 | 制作方法 |
|---|---|---|---|
| M6:34 铜壶 | 碎片 | α固溶体树枝晶偏析组织，大量（α+δ）共析体以岛屿状分布，铅呈细小颗粒状、大椭球状不均匀分布 | 铸造 |
| M6:36 铜鼎 | 碎片 | 基体已完全锈蚀矿化，金属原具树枝晶结构已被腐蚀产物假相替代，局部残留未完全腐蚀岛屿状零星（α+δ）共析体和α固溶体，铅多已腐蚀迁移转变为碳酸铅，腐蚀产物内部均匀分布 | 铸造 |
| M6:37 铜鼎 | 碎片 | 基体已完全锈蚀矿化，金属原具树枝晶结构已被腐蚀产物假相替代，局部残留未完全腐蚀岛屿状零星（α+δ）共析体和α固溶体，铅多已腐蚀迁移转变为碳酸铅，腐蚀产物内部均匀分布 | 铸造 |
| M6:39 铜鼎 | 碎片 | α固溶体树枝晶偏析组织，大量（α+δ）共析体以岛屿状分布，铅呈细小颗粒状、大椭球状不均匀分布 | 铸造 |
| M6:45 铜浴缶 | 碎片 | 基体严重锈蚀矿化，α相优先腐蚀，多数α相晶界已严重腐蚀交织成网状，残余α固溶体相和（α+δ）共析体相呈岛屿状分布 | 铸造 |
| M6:48 铜卣 | 碎片 | 基体已完全锈蚀矿化，金属原具树枝晶结构已被腐蚀产物假相替代，局部残留未完全腐蚀岛屿状零星（α+δ）共析体和α固溶体，铅多已腐蚀迁移转变为碳酸铅，腐蚀产物内部均匀分布 | 铸造 |
| M6:51 铜鼎 | 碎片 | 基体已完全锈蚀矿化，金属原具树枝晶结构已被腐蚀产物假相替代，局部残留未完全腐蚀岛屿状零星（α+δ）共析体和α固溶体，铅多已腐蚀迁移转变为碳酸铅，腐蚀产物内部均匀分布 | 铸造 |
| M6:52 铜鼎 | 碎片 | 基体已完全锈蚀矿化，金属原具树枝晶结构已被腐蚀产物假相替代，局部残留未完全腐蚀岛屿状零星（α+δ）共析体和α固溶体，铅多已腐蚀迁移转变为碳酸铅，腐蚀产物内部均匀分布 | 铸造 |
| M6:56 铜簠 | 碎片 | α固溶体树枝晶偏析组织，大量（α+δ）共析体以岛屿状分布，铅呈细小颗粒状、大椭球状不均匀分布 | 铸造 |
| M6:58 铜敦（器身） | 碎片 | α固溶体树枝晶偏析组织，大量（α+δ）共析体以岛屿状分布，铅呈细小颗粒状、大椭球状不均匀分布 | 铸造 |
| M6:58 铜敦（器盖） | 碎片 | α固溶体树枝晶偏析组织，大量（α+δ）共析体以岛屿状分布，铅呈细小颗粒状、大椭球状不均匀分布 | 铸造 |
| M6:59 铜豆 | 碎片 | α固溶体树枝晶偏析组织，大量（α+δ）共析体以岛屿状分布，铅呈细小颗粒状、大椭球状不均匀分布 | 铸造 |

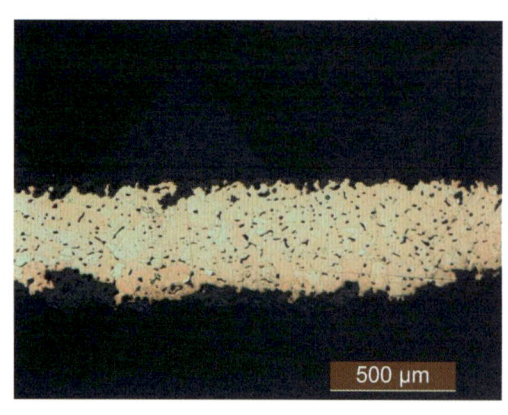 

M3 : 49 铜鼎金相组织显微图片

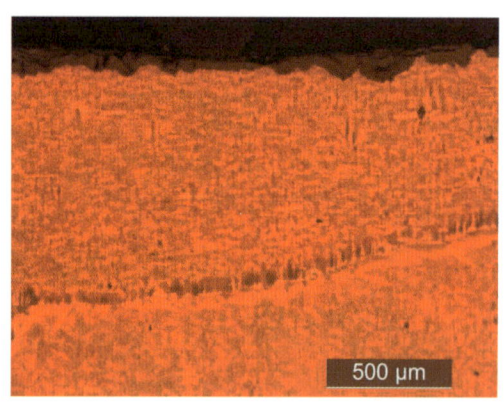 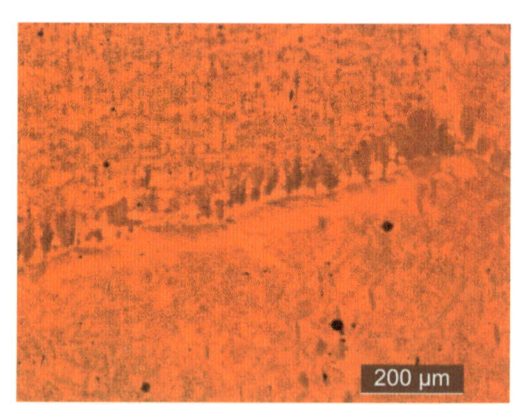

M3 : 55 铜鼎金相组织显微图片

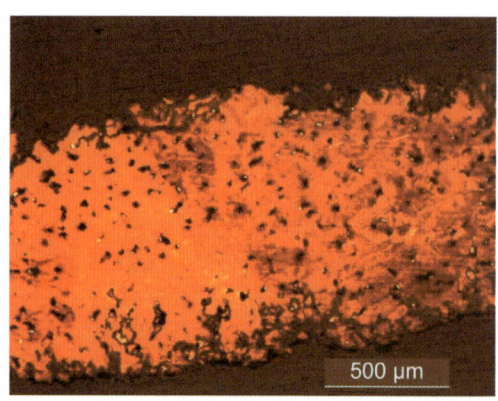 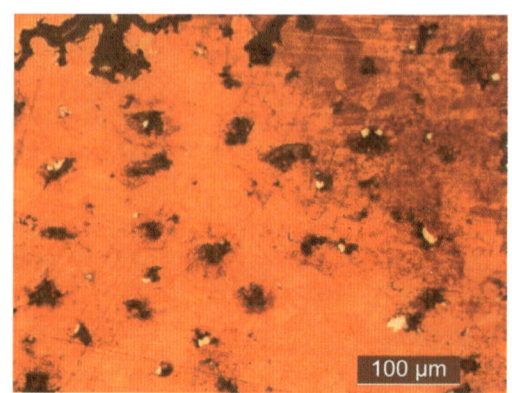

M6 : 32 铜壶金相组织显微图片

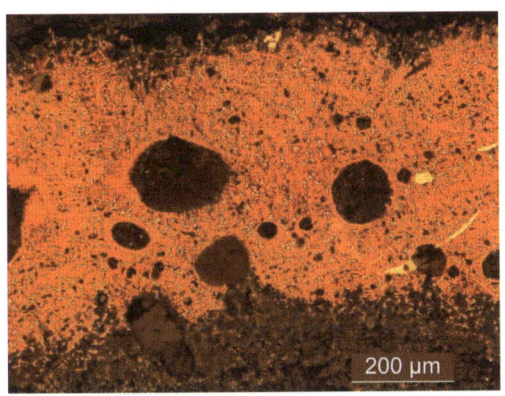 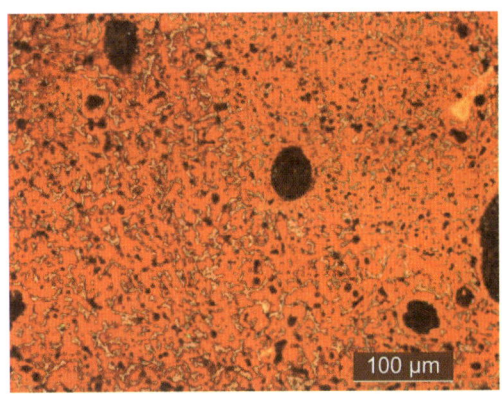

M6：34 铜壶金相组织显微图片

M6：36 铜鼎金相组织显微图片

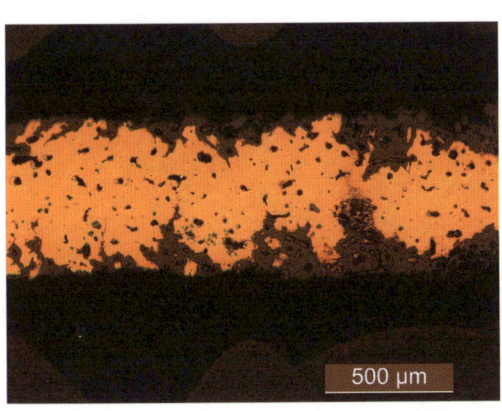 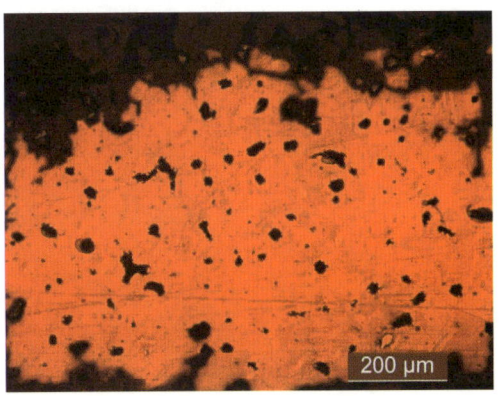

M6：37 铜鼎金相组织显微图片

 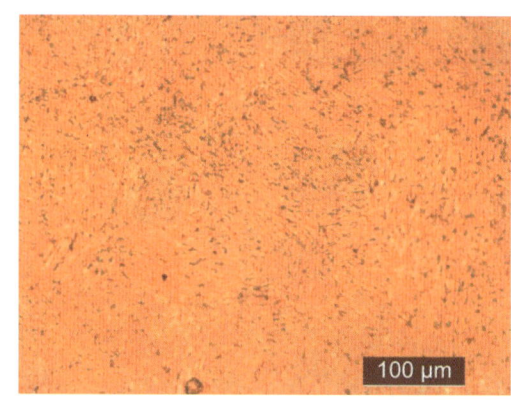

M6∶39 铜鼎金相组织显微图片

M6∶45 铜浴缶金相组织显微图片

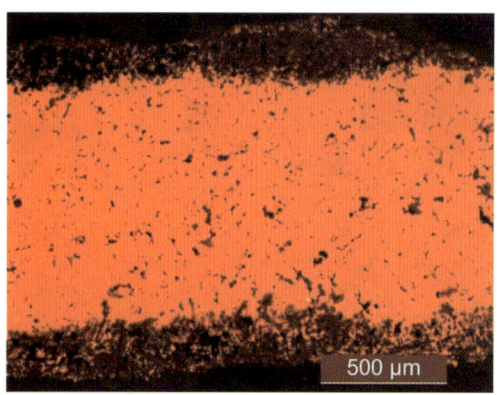 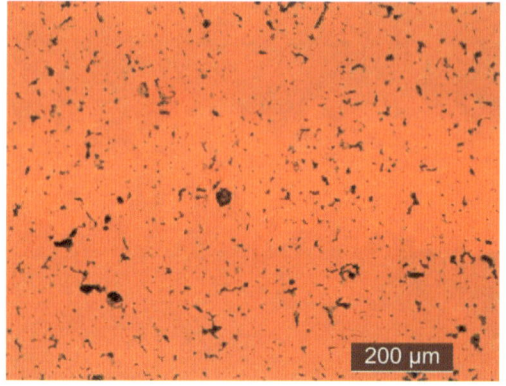

M6∶48 铜卣金相组织显微图片

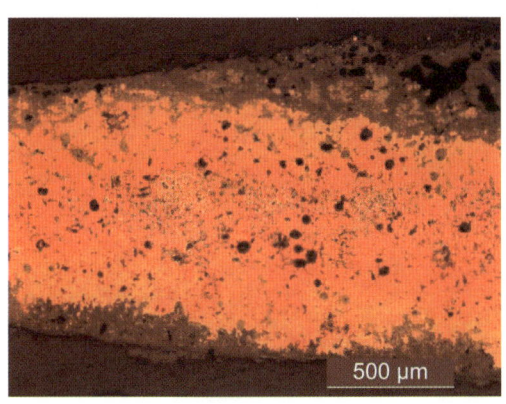 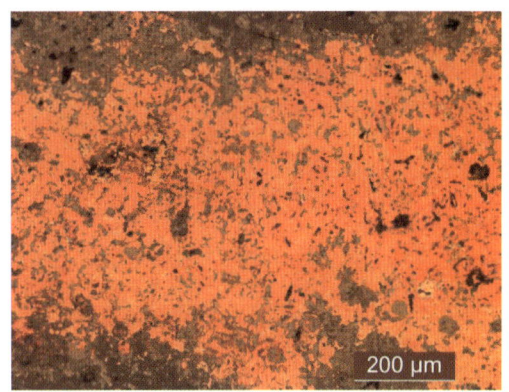

M6∶51 铜鼎金相组织显微图片

 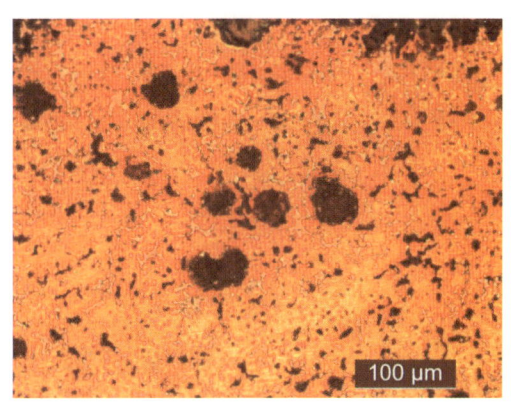

M6∶52 铜鼎金相组织显微图片

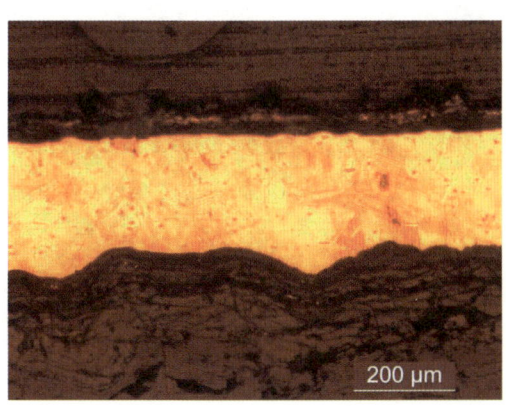 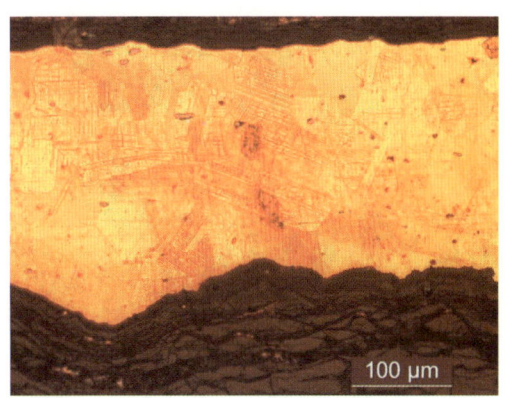

M6∶56 铜簋金相组织显微图片

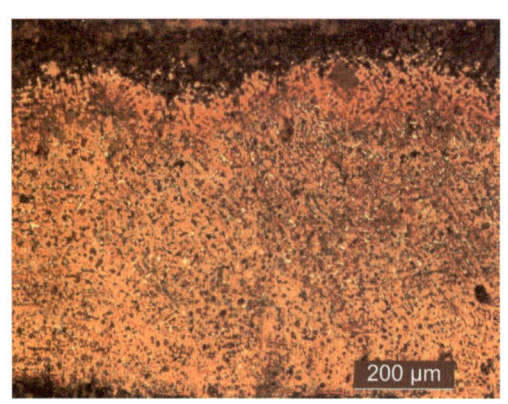 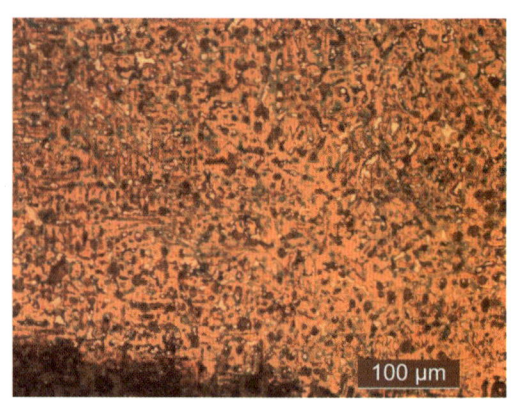

M6∶58 铜敦（器身）金相组织显微图片

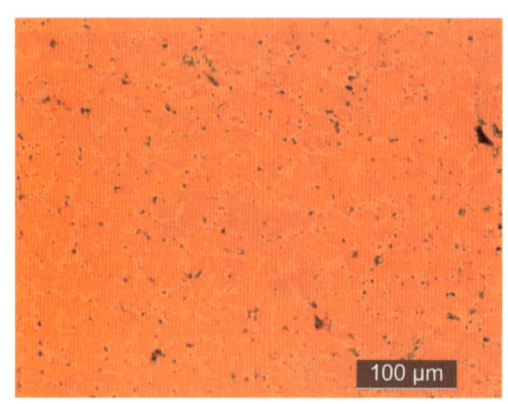 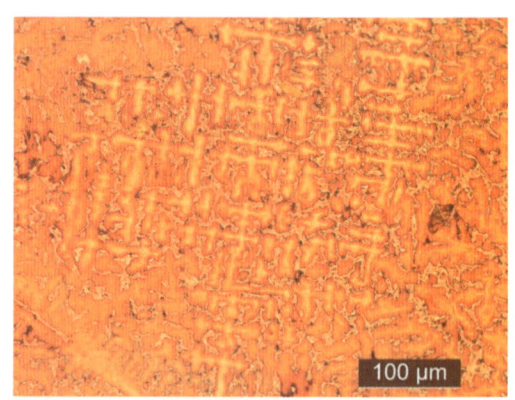

M6∶58 铜敦（器盖）金相组织显微图片

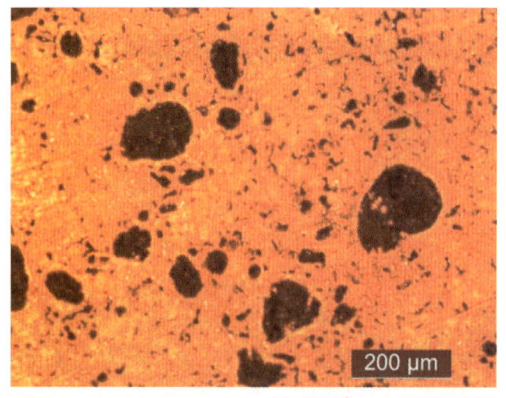 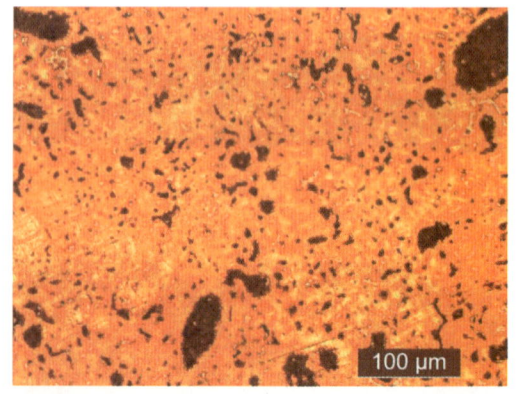

M6∶59 铜豆金相组织显微图片

图二十一　青铜器金相显微图片

## 第三节 X射线成像

文物的X射线成像是文物检测分析的主要方法之一，对研究文物的制作工艺、保存状况有着非常重要的意义。对于金属文物来说，通过X射线检测技术可以使研究者透视器物的内部，即从X射线成像底片上对其纹饰、铭文、铸造工艺特征（如芯撑、范线、盲芯、加强筋、补铸等）等方面的信息有更加清晰准确的辨识，从而获得不能直接观察到的重要信息，因此它是研究金属铸造、保存状况的有效方法。

X射线成像，除了可以帮助了解文物的内部构造外，还可以帮助了解文物的腐蚀状况、内部隐藏的裂隙、修复情况，如青铜器的焊接、修补、黏接等，可通过这种无损的检测分析方法了解文物的保存状况，为制定相应的保护方案提供依据。

通过X射线成像对淅川杨河与郭庄楚墓出土青铜文物标本进行检测，对其锈蚀状况、暗伤、错金银纹饰的分布有了全面了解，为修复保护工作提供了依据。铸造工艺方面：通过X光片对范线的分布情况、芯撑的分布、补铸的痕迹以及铸造缺陷有了直观的了解。X射线成像实验报告如下。

## X– RAY  TEST REPORT

| 委托单位 | 河南省文物考古研究院 | 合同号 |  | 报告编号 |  |
|---|---|---|---|---|---|
| 样品名称 | 青铜残片 | 样品工号 | XC15 | 样品编号 | XC15 |
| 工件材质 | 青铜 | 数量 | 1 | 重量 | 约1克 |
| 样品类型 | 铸件 | 检测部位 | 整体 | 样品尺寸 |  |
| 检验内容 | 检测物体内部裂隙、铸造缺陷、腐蚀程度及腐蚀规律 | | | | |

样品示意图：
Parts Schematic diagram:

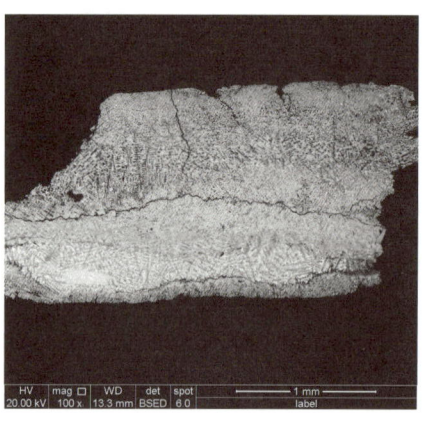 

检测结果：
Detection result:

器物严重腐蚀矿化，仅一侧有少量金属基体残余（亮白色区域）；器物内、外表面腐蚀程度差异较大；器物中间层存在明显严重腐蚀流失，有裂隙存在。

CT 技术检测中心
签发日期：2022 年 7 月 20 日

| 序号1 | 视图：☑正视图 ☑俯视图 ☑侧视图 ☑四视图 ☑3D 视图 | | |
|---|---|---|---|
| 样品编号 | XC15 | 备注 | |

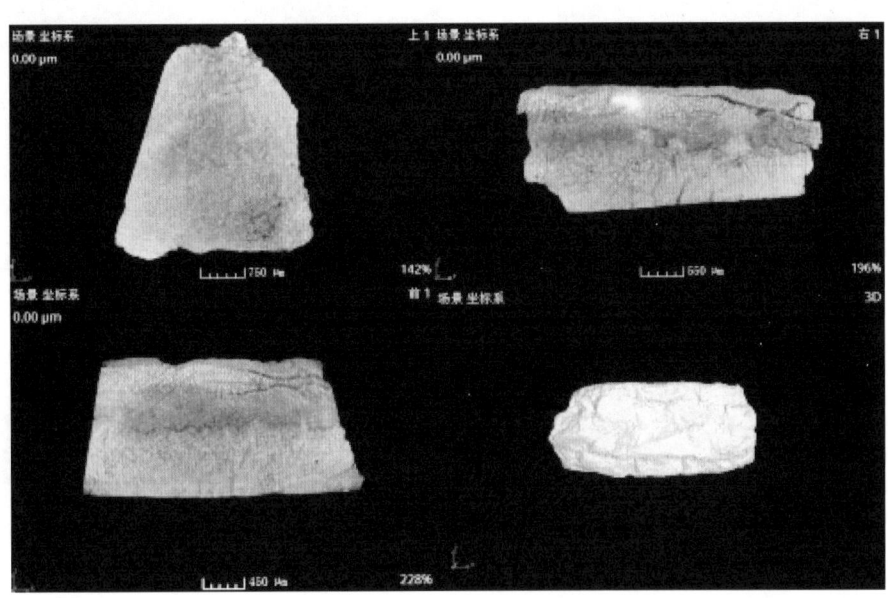

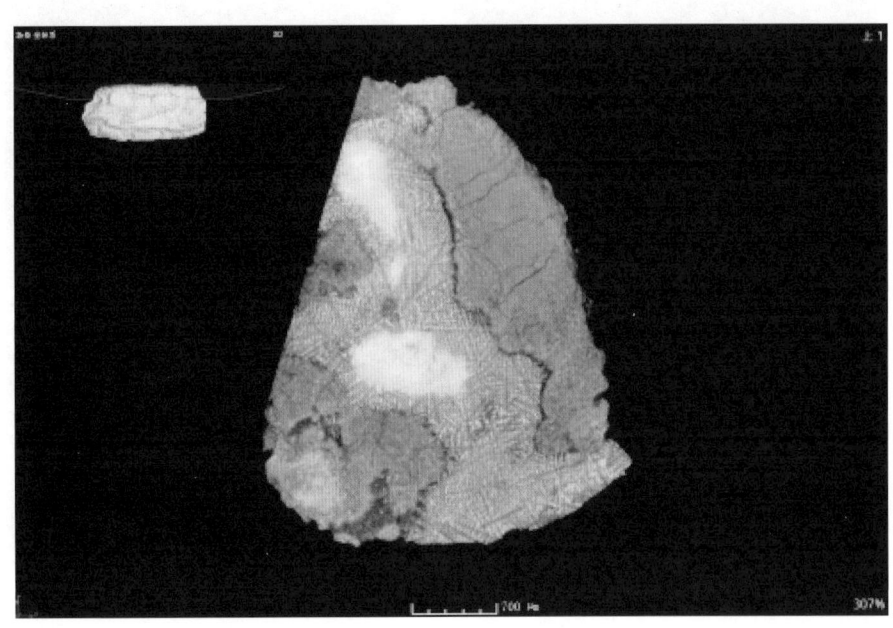

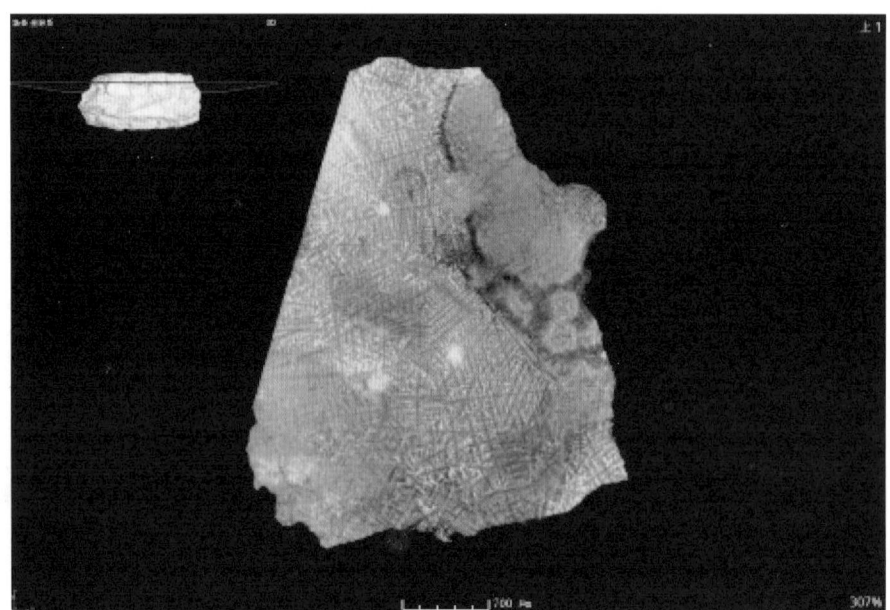

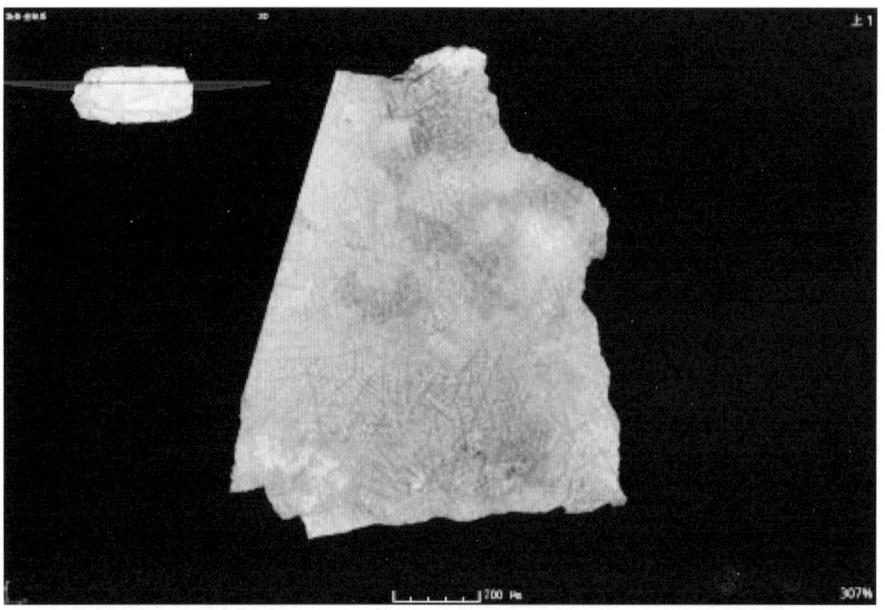

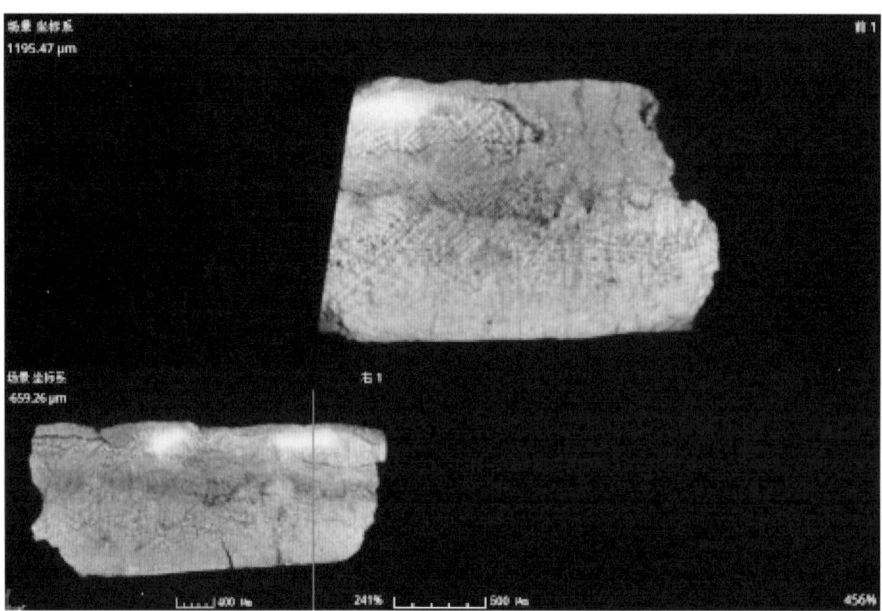

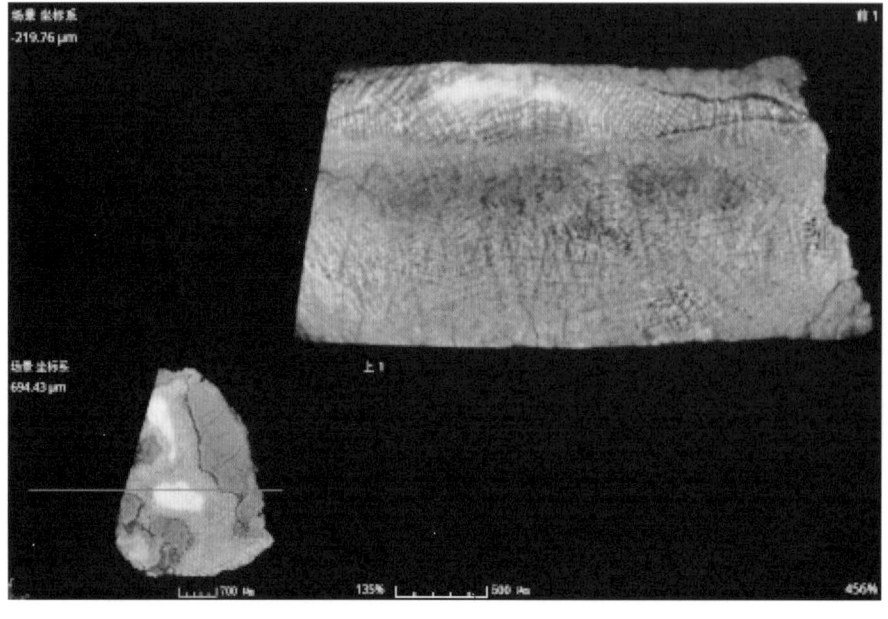

## X– RAY TEST REPORT

| 委托单位 | 河南省文物考古研究院 | 合同号 | | 报告编号 | |
|---|---|---|---|---|---|
| 样品名称 | 青铜残片 | 样品工号 | XC19 | 样品编号 | XC19 |
| 工件材质 | 青铜 | 数量 | 1 | 重量 | 约1克 |
| 样品类型 | 铸件 | 检测部位 | 整体 | 样品尺寸 | |
| 检验内容 | 检测物体内部裂隙、铸造缺陷、腐蚀程度及腐蚀规律 | | | | |

样品示意图：
Parts Schematic diagram:

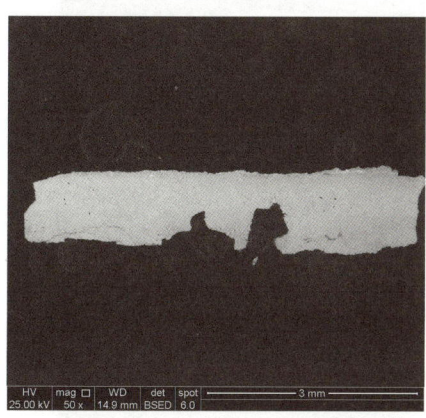

检测结果：
Detection result:

  器物严重腐蚀矿化，中间有少量金属基体残余（亮白色区域），器物外表面腐蚀更为严重，内表面尚有少量金属残余。

CT 技术检测中心
签发日期：2022 年 7 月 20 日

| 序号1 | 视图：☑正视图 ☑俯视图 ☑侧视图 ☑四视图 ☑3D 视图 | | |
|---|---|---|---|
| 样品编号 | XC19 | 备注 | |

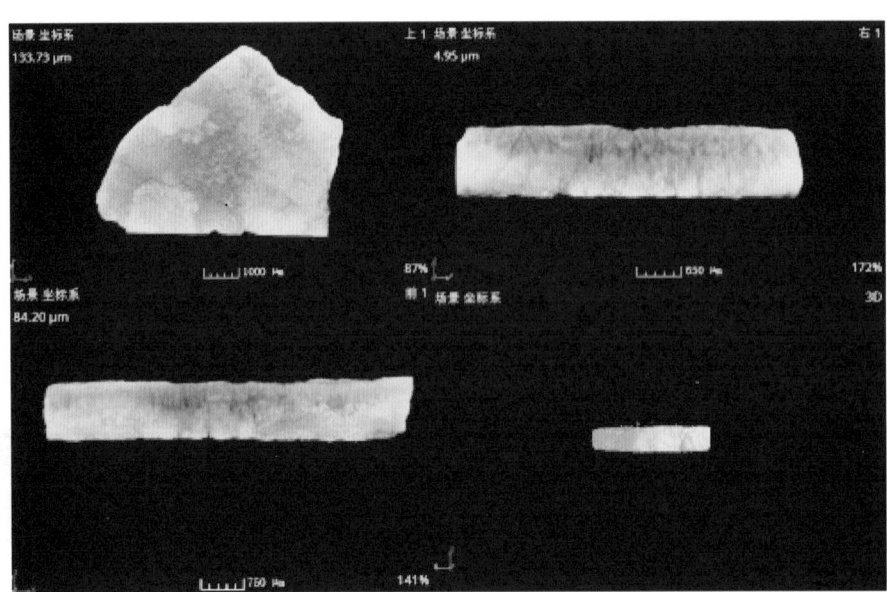

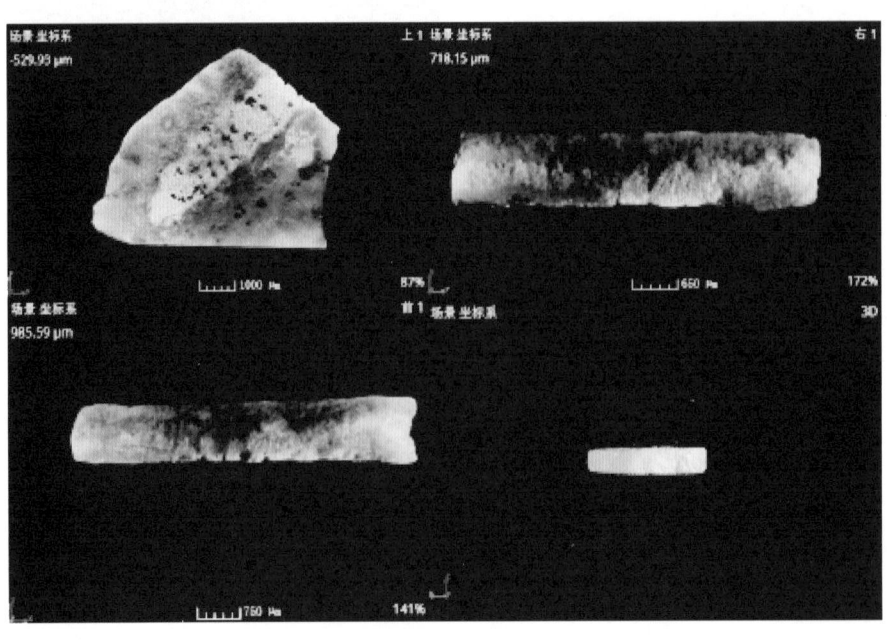

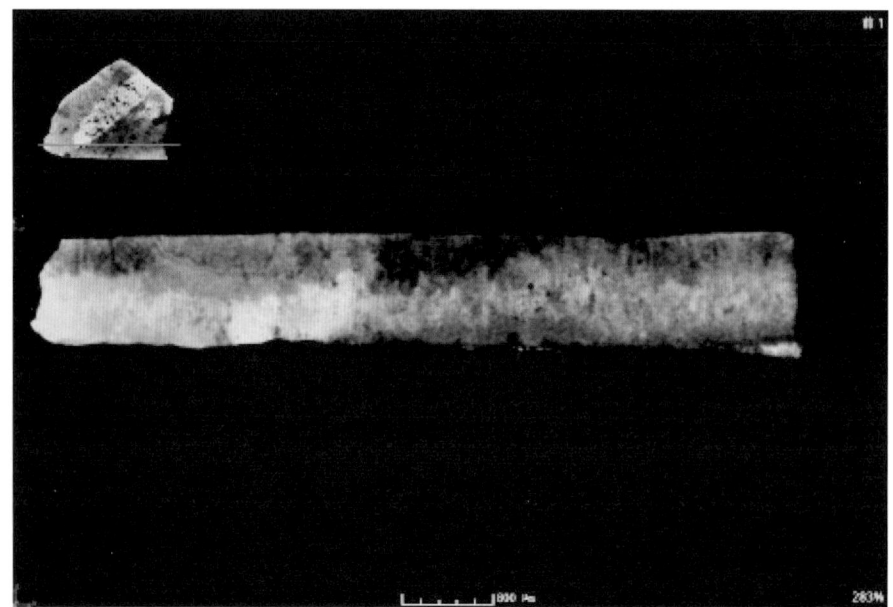

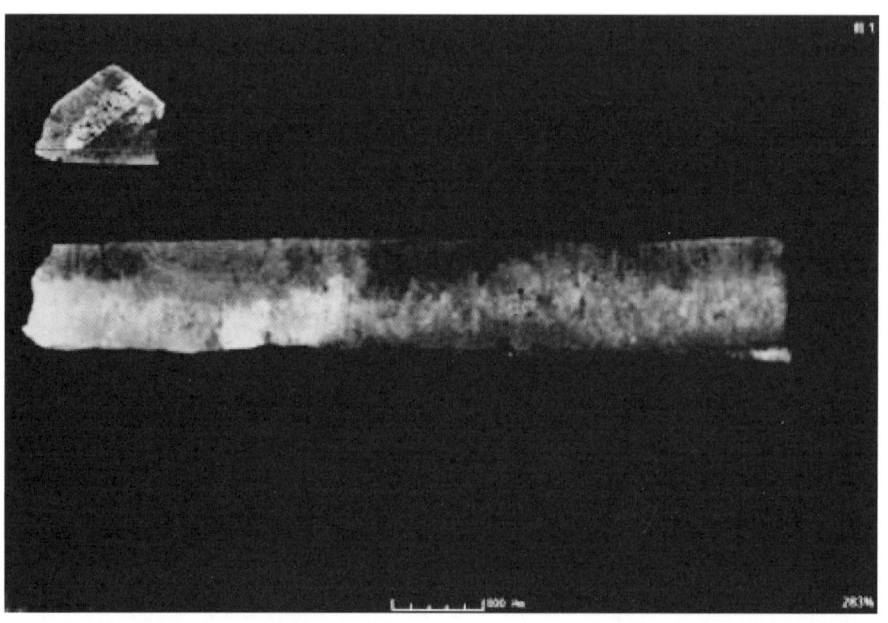

# X– RAY TEST REPORT

| 委托单位 | 河南省文物考古研究院 | 合同号 | | 报告编号 | |
|---|---|---|---|---|---|
| 样品名称 | 青铜残片 | 样品工号 | XC21 | 样品编号 | XC21 |
| 工件材质 | 青铜 | 数量 | 1 | 重量 | 约1克 |
| 样品类型 | 铸件 | 检测部位 | 整体 | 样品尺寸 | |
| 检验内容 | 检测物体内部裂隙、铸造缺陷、腐蚀程度及腐蚀规律 ||||||

**样品示意图:**
Parts Schematic diagram:

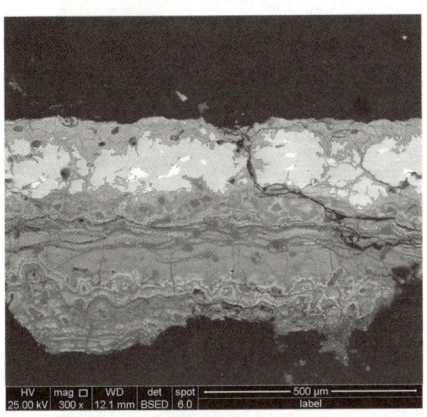 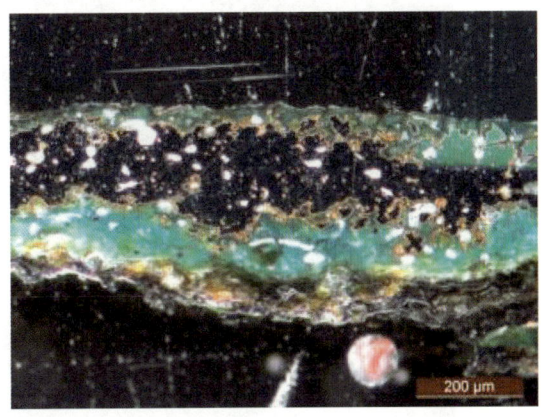

**检测结果:**
Detection result:

器物中度腐蚀矿化，中间有少量金属基体残余（亮白色区域），器物外表面腐蚀更为严重，外向型腐蚀物沉积。

CT技术检测中心
签发日期：2022年7月20日

| 序号1 | 视图：☑正视图 ☑俯视图 ☑侧视图 ☑四视图 ☑3D视图 | | |
|---|---|---|---|
| 样品编号 | XC21 | 备注 | |

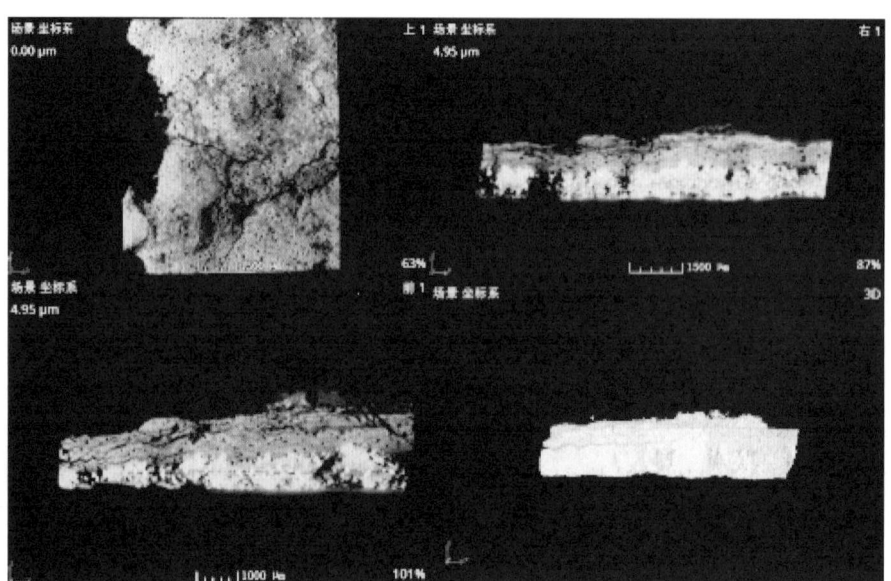

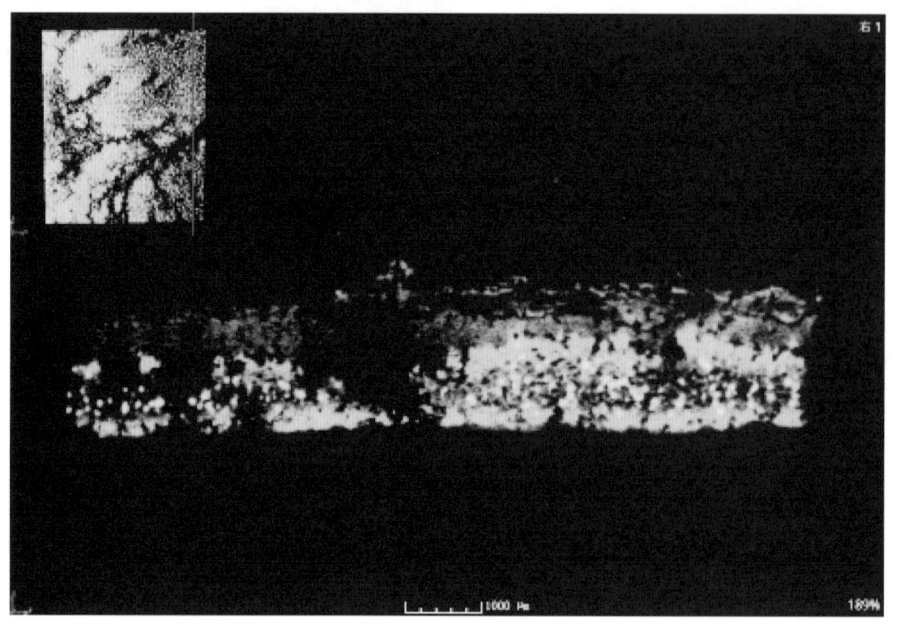

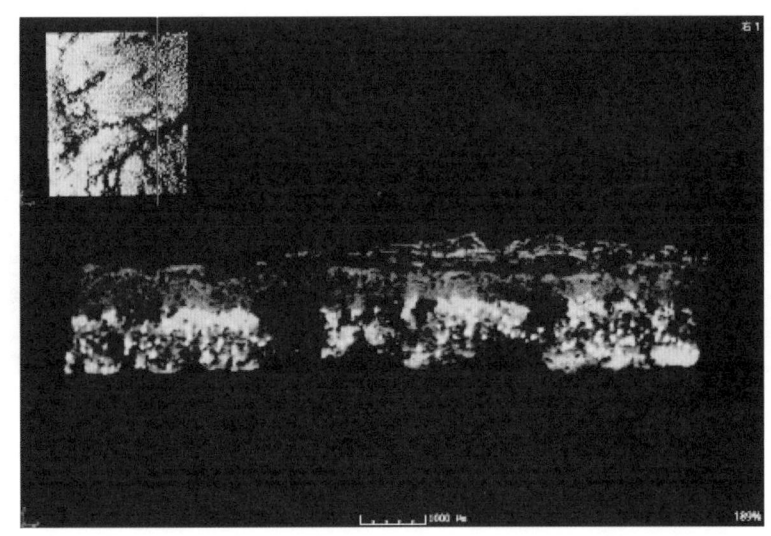

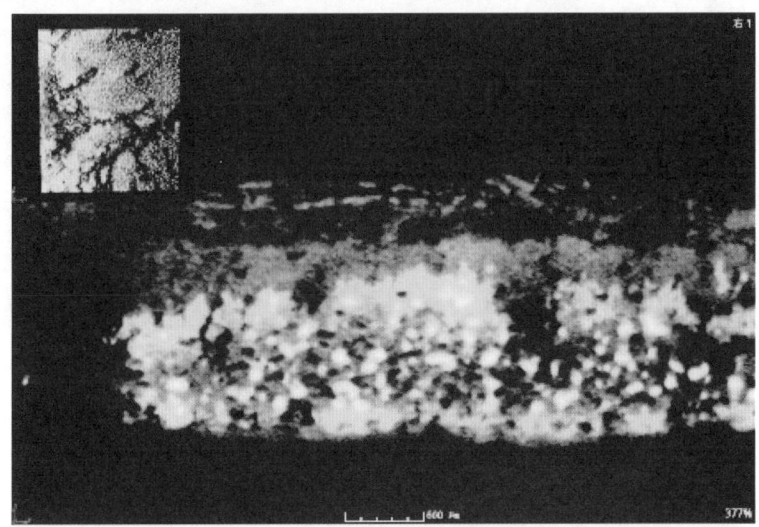

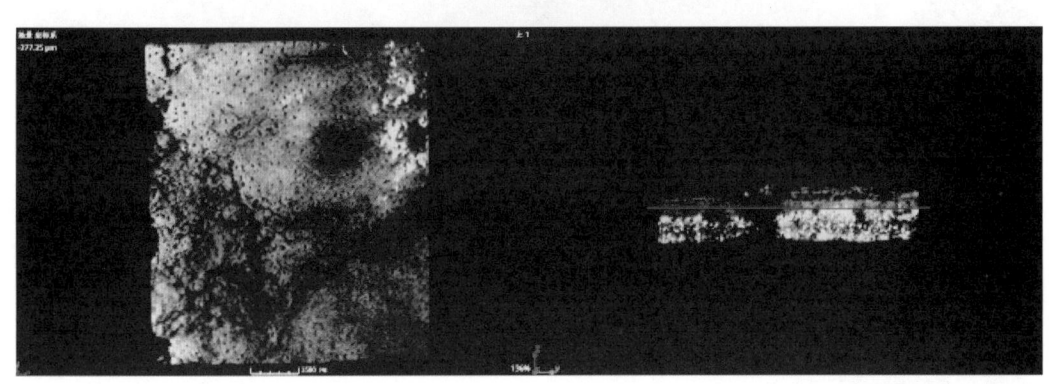

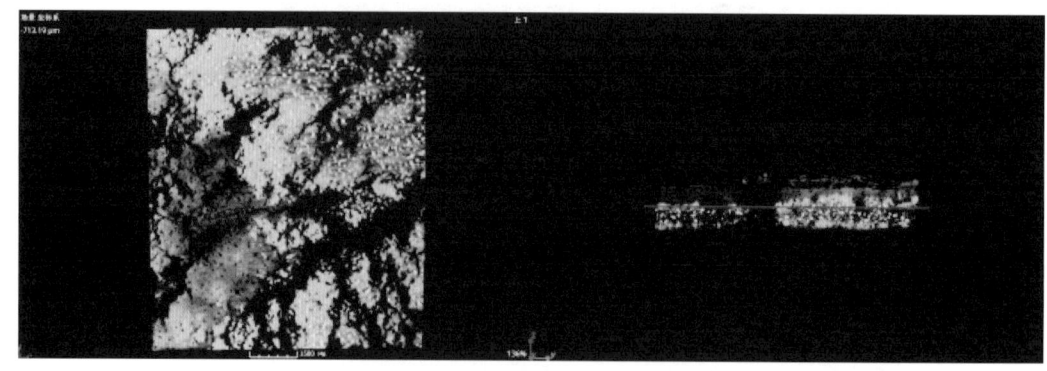

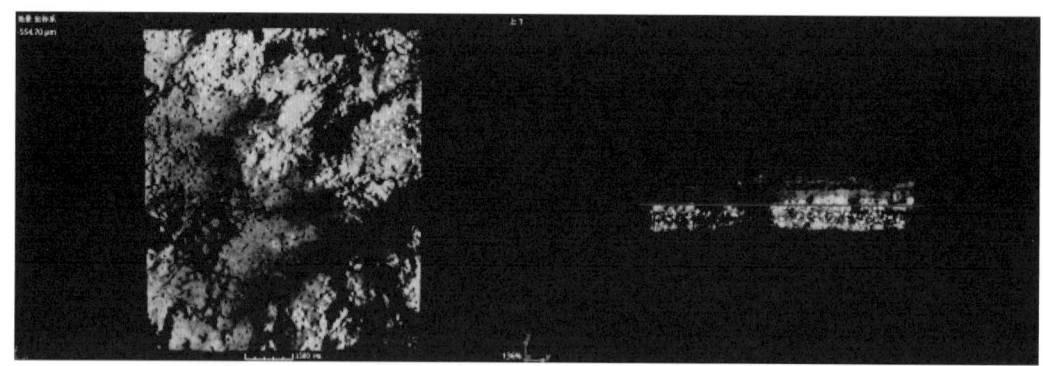

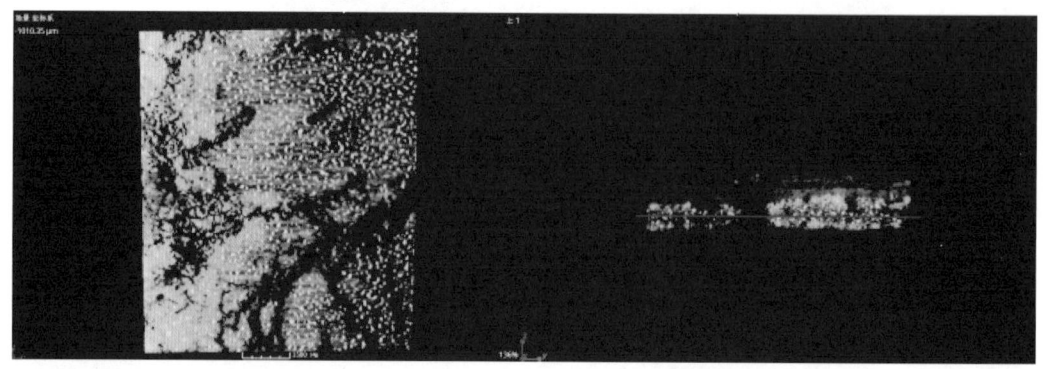

| | |
|---|---|
| 青铜鼎腿部残缺 | 青铜鼎腿部残缺 |
| 青铜戈 | 青铜戈 |
| 青铜戈 | 青铜戈 |

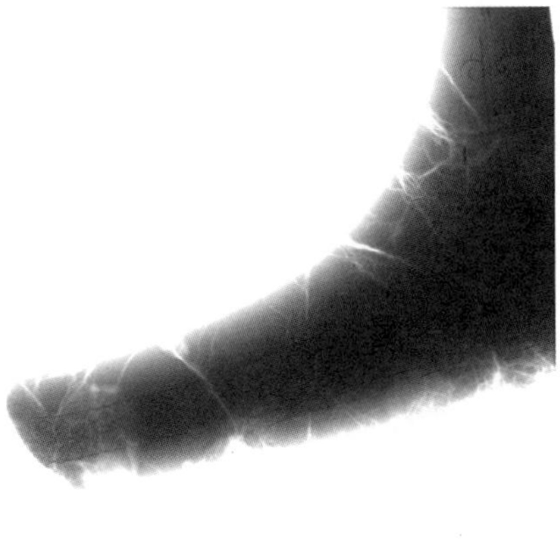

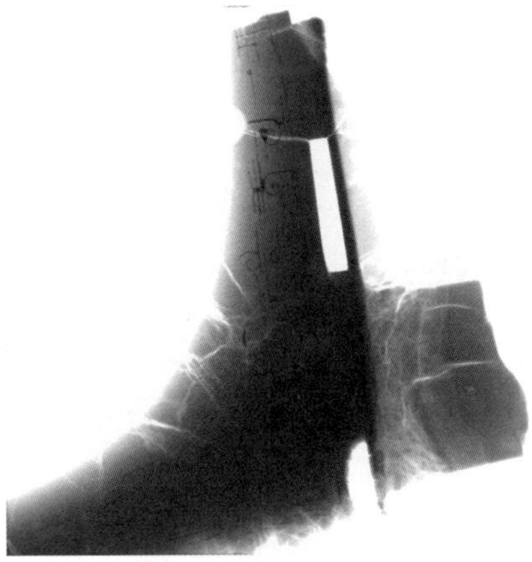

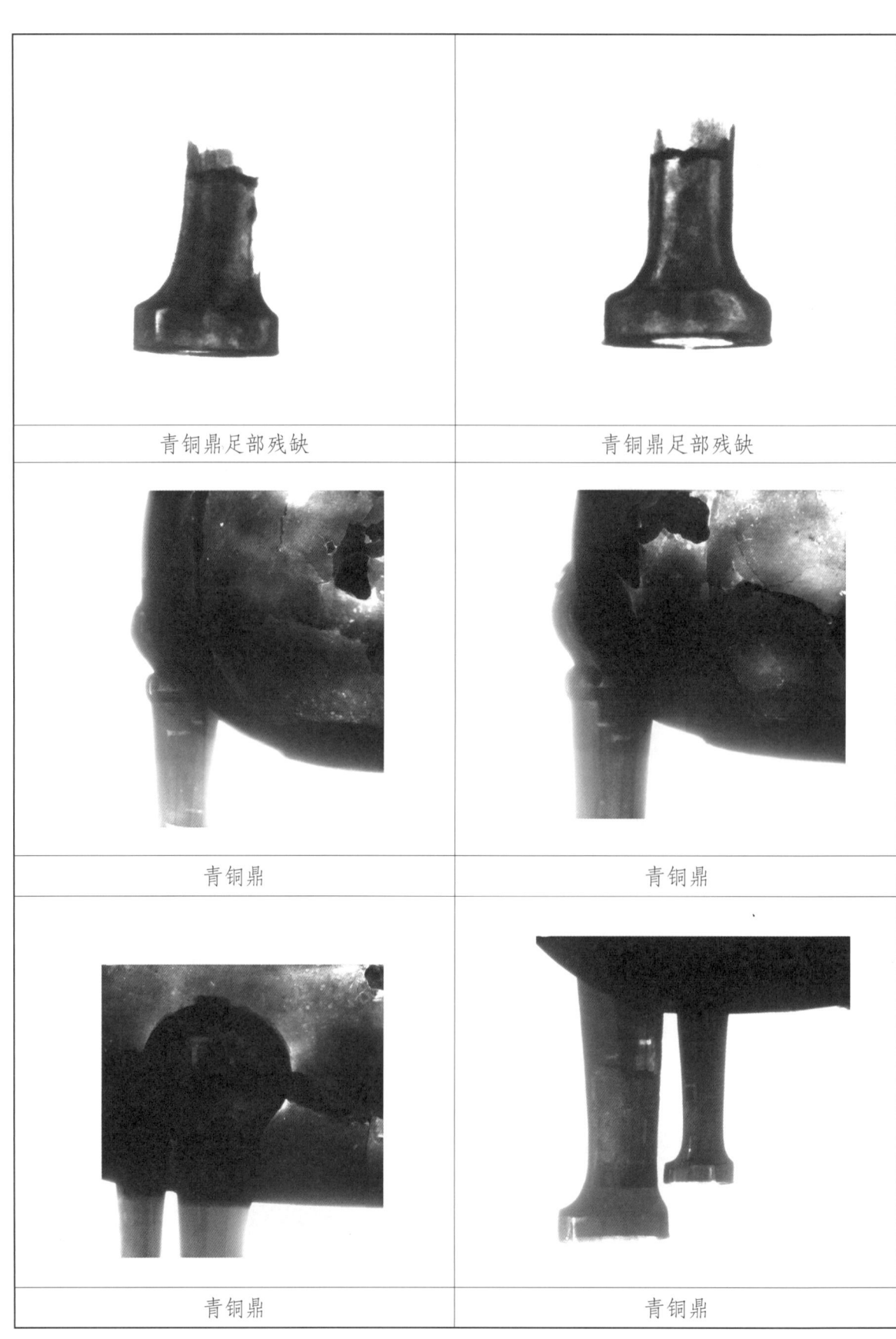

| | |
|---|---|
| 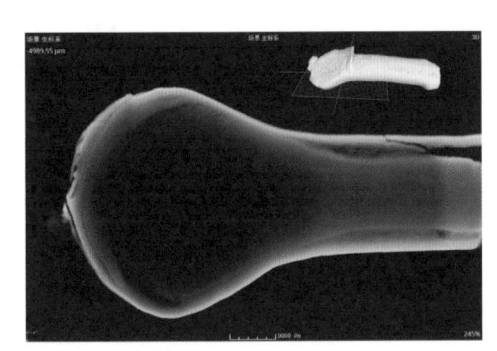<br>焊料金属芯与铸接结构示意图 | 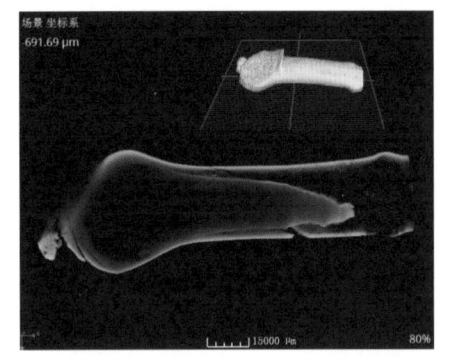<br>青铜鼎足内铅、锡组分分布形态 |
| 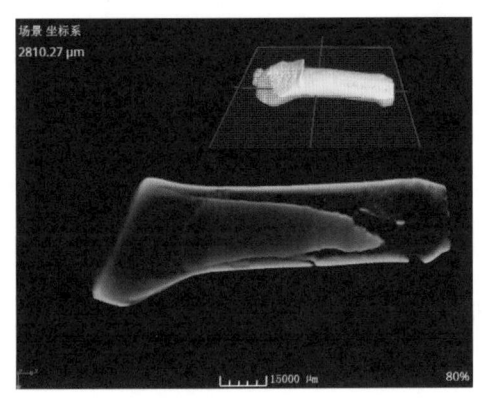<br>青铜鼎足内铅、锡组分分布形态 | 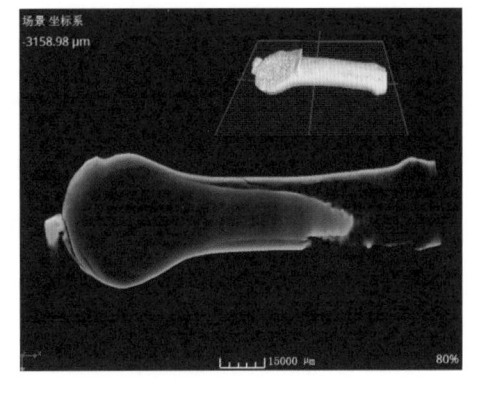<br>青铜鼎足内铅、锡组分分布形态 |

## 第四节 结论

利用超景深显微观察、扫描电镜及能谱分析（SEM-EDS）、X射线成像及金相组织结果分析手段，对该批青铜器典型锈蚀产物和基体残片进行了系统性分析，根据样品的分析检测结果，可以得出如下结论：

（1）器物表面蓝绿色锈蚀物为蓝铜矿和孔雀石，表面白绿色和灰白色锈蚀肉眼下外观特征与粉状锈"青铜病"相似，分析显示其不含氯腐蚀产物，其组成大体可分为两类：一类紧贴锈蚀内层，相对致密，由锡石和孔雀石物相组成；另一类多位于锈蚀最外层，较为疏松，主要由白铅矿和孔雀石物相组成。上述锈蚀物皆为稳定无害锈蚀物，稳定的古色古香锈蚀物为文物年代久远历史象征，而且目前其已成为防止器物进一步氧化腐蚀的天然防护层。为不损伤文物基本外观特征和最大限度地保留出土时各项信息，修复时应根据文物不同锈蚀程度及不同部位选择性去除或保留此类锈蚀物；器表土黄色锈蚀以铁的氧化物为主，质地疏松，其可能是墓葬铁器腐蚀迁移引入或环境中局部土壤污染所导致，需予以清除。同时器物表面的土垢、硬结物、疏松的腐蚀产物和其他可溶盐需要去除掉，以获得一个均匀、致密、美观的表面层。同时修复中需要注重保留重要的、有价值的历史痕迹信息。

（2）所分析的16件铜器皆为铜、锡、铅三元合金材质，其中铜鼎M3∶49、铜壶M6∶32、铜鼎M6∶36、铜鼎M6∶37、铜卣M6∶48、铜鼎M6∶51、铜鼎M6∶52因腐蚀矿化严重，铅、锡含量占比偏差较大，但腐蚀残留树枝晶结构组织仍可以看出其采用低铅高锡合金配比类型。部分器物的器表锈蚀矿化层较为疏松，铸造原始表面多已遭腐蚀破坏形成凹坑，空隙、裂隙沿腐蚀晶界向内延伸，结构稳定性较差，整形处理中需注意防止局部断裂风险。保护修复中，腐蚀矿化严重区域需进行一定渗透加固处理，防止器物崩解。器物整体急需进行保护修复稳定化处理，防止器物进一步腐蚀劣化。

（3）X射线成像可以直观地反映出器物标本的内部病害情况。在X光射线照射下，样品呈现出中度腐蚀矿化，中间有少量金属基体残余（亮白色区域），器物外表面腐蚀更为严重；另外外向型腐蚀物沉积器物严重腐蚀矿化，仅一侧有少量金属基体残余（亮白色区域），器物内外表面腐蚀程度差异较大，器物中间层存在明显严重腐蚀流失，有裂隙存在。

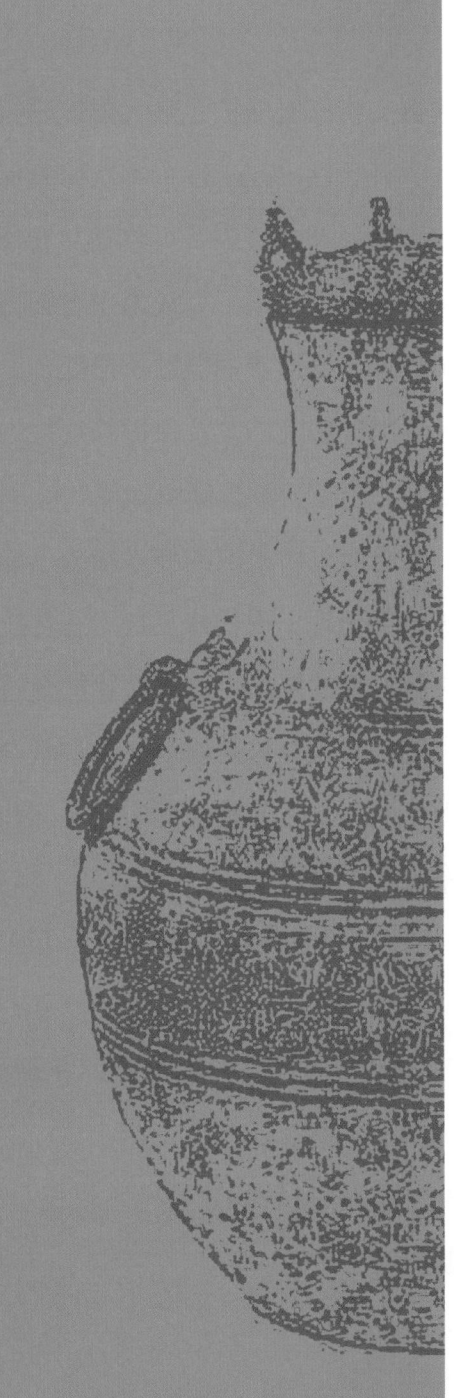

# 第四章 修复保护工作目标及修复技术路线

## 第一节 修复保护的工作目标

青铜器文物修复保护是最大限度延续文物价值的重要手段，为确保修复保护工作的规范性、科学性、技术性，本次修复保护工作是在《中华人民共和国文物保护法》《博物馆藏品管理办法》《可移动文物修复管理办法》《中华人民共和国文物保护行业标准》的规范、要求下完成出土青铜器表面的有害锈、土垢等污染物清理，青铜器缓蚀封护处理，变形青铜器的矫形处理，破碎青铜器的拼对、焊接、补配、做旧等处理，青铜器保护修复档案及保护修复报告编写等。主要工作目标有以下几点：

（1）在严格遵循"修旧如旧""不改变文物原貌"的原则下，根据现代文物修复理念，要求修复所采取的技术措施不能对文物造成二次残损，不能妨碍再次对文物进行保护修复处理。现代修复技术在传统的基础上，引进了可逆性涂层概念，保证了可再次进行修复的要求。修复文物的全过程中一定要遵循实物原貌，不允许凭空臆造来改变文物的原貌，这是修复文物最基本的原则，既要保持文物的一切特征，又要做到"修旧如旧"。尤其是修复中的补配和仿色，必须有确凿的参照物，或遵照专家合议的方案实施。

（2）使用行之有效的修复工艺和原材料，在没有掌握实施技术和修复材料的性能之前，不允许直接应用于文物的修复，更不允许用文物做任何无把握的试验。新材料、新工艺必须经过实践的检验，在确认原材料的最终效果和熟练掌握实施工艺之后，才可用于文物修复。

（3）文物修复后的效果，不仅仅是现在已有的形态，还要具有长期的稳定性，要经得起时间的考验。

（4）详细记录修复实施的整个过程，进而探寻出适合文物修复规律的科学的工作程序和方法，总结成功的经验。

（5）完成青铜器保护修复档案及保护修复报告编写。通过修复保护器物原貌，认识青铜器的科技价值，展现其历史与艺术价值，有利于收藏保管及发挥陈列展览等文化交流作用。

## 第二节 修复保护的技术路线

本次修复保护设计的技术路线如图二十二所示：

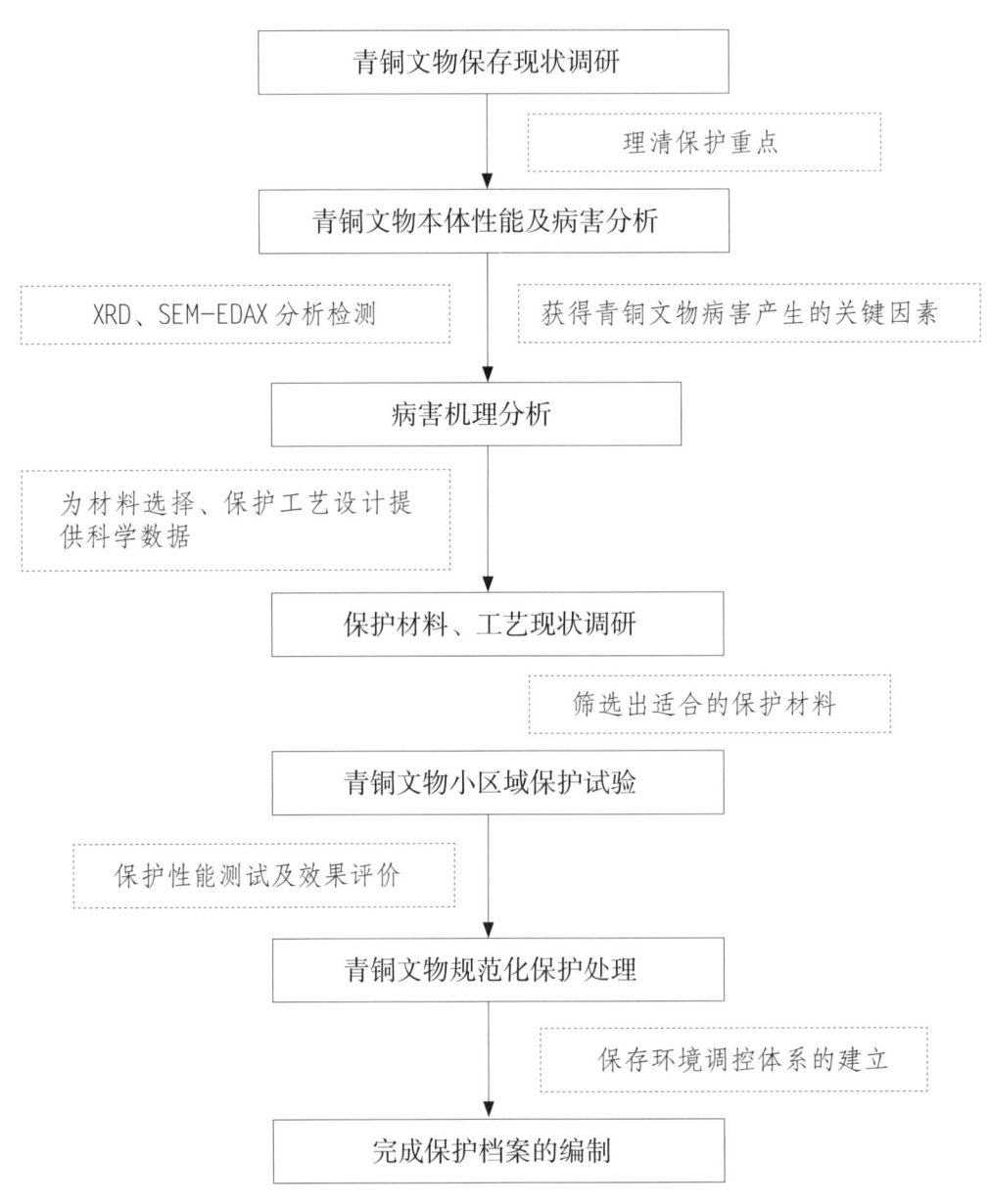

图二十二 青铜文物修复保护技术路线图

## 第三节 修复保护的技术步骤

本次设计的修复保护技术路线流程如图二十三所示：

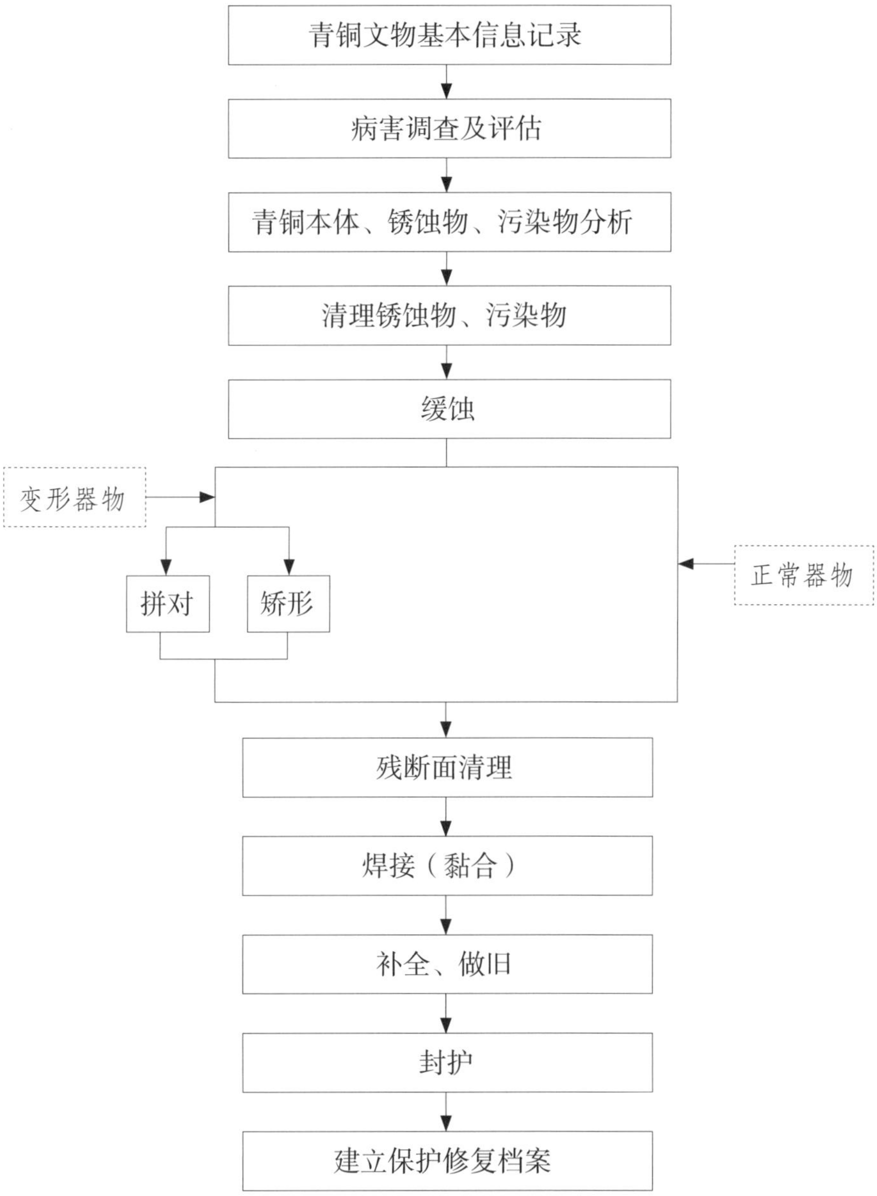

```
青铜文物基本信息记录
        ↓
   病害调查及评估
        ↓
青铜本体、锈蚀物、污染物分析
        ↓
   清理锈蚀物、污染物
        ↓
        缓蚀
        ↓
变形器物 →  拼对  矫形  ← 正常器物
        ↓
      残断面清理
        ↓
     焊接（黏合）
        ↓
      补全、做旧
        ↓
        封护
        ↓
    建立保护修复档案
```

图二十三 青铜文物修复保护技术步骤流程图

# 第四节 修复保护的具体方法

## 一、修复前对出土青铜器资料的收集

原始资料的收集包括：①出土后器物的照片；②断裂、变形、残损及现有残片照片；③使用电子扫描显微镜、体视显微镜观察和留取器物表面形貌信息；采取具有代表性的部位和器物残片，通过金相显微镜分析了解器物的组织结构，采取XRF和EDS等分析有害锈的具体成分。

## 二、清洗

器物表面锈层和泥土附着物多而杂。首先用纯净水浸泡，然后用软刷逐片清洗掉表面泥沙和附着物。

## 三、去锈

由于青铜器长期埋藏地下，铸造时合金含量不同，受埋藏地环境及地下水酸、碱等化学元素的反复作用，不同器物生成各种各样的氧化层和腐蚀层（锈层）。鉴于该批青铜器表面生成厚厚的一层锈，掩盖了精美的纹饰、铭文、镶嵌工艺，直接影响对器物断代、工艺、铸造特点等的研究，去锈工作至关重要。特别是部分器物已出现了危害性极大的粉状锈，清除和防护工作刻不容缓。对器物的锈蚀拟采用以下几种处理方法：

### （一）机械去锈

运用机械原理，选用刀、凿、錾、微型喷砂机等工具直接清理。

### （二）化学去锈

一般可根据不同锈层对象，配制多种合适的去锈化学溶液，如罗谢尔盐除锈溶液、柠檬酸溶液、倍半碳酸钠溶液、卡尔贡溶液等。

根据需要，采用浸泡→大型超声波清洗→去锈→置换氯离子→蒸馏水清洗反复操作，直至锈层去除到较为理想的程度为止。局部纹饰去锈，可采用药棉浸蘸去锈剂覆于该部位。

### （三）有害锈（粉状锈）处理

有害锈对青铜器危害极大，其腐蚀反应会在青铜器体内反复进行，此种粉状锈腐蚀会蔓延、扩散、深入，致使器物畸形、纹饰剥落、铭文模糊、锈透器物，甚至使整个器物粉化、断裂、酥瘫、完全毁坏。粉状锈还具有传染性，能感染侵害其他青铜器。一件青铜器上如发现粉状锈，会威胁到整个库房青铜器的安全。

针对这批青铜器个别器物上存在的有害锈，可采取自剥离智能水凝胶设计合成光敏性靶向吸附剂（偶氮苯接枝苯丙胺酸Aze-Phe）进行去除，负载氧化银的苯丙氨酸对青铜器表面有害锈中氯离子有较高识别度，可对锈蚀青铜器表面氯离子实现靶向吸附；凝胶涂覆器物表面后，置于高于350毫米紫外光辐照后，凝胶中偶氮苯发生反式-顺式转换，随着光敏靶向吸附剂亲水端离开青铜器表面，拖动吸附在凝胶中氯离子，实现脆弱青铜文物表面定向温和的除锈脱氯处理。这是由河南省文物考古研究院牵头的"十三五"国家重点研发计划"馆藏脆弱青铜器保护关键技术研究"项目中脆弱青铜器功能保护研发材料的运用。

## 四、整形

采用传统方法和先进的整形仪器及自制器材设备（如压力器、顶推器）进行整形。

## 五、拼对

按残片纹路厚薄、形状等进行拼对，并按口→底或底→口顺序逐一编号（顺序可根据不同器物而定）。

## 六、焊（黏）接

采用传统锡焊和现代焊接技术（氩弧焊点焊等）相互结合方法，根据器物不同对整形残片进行焊接，采用不同焊法提高焊接强度；对焊缝或已失去金属质的器物采用高分子黏接材料进行加固、黏接。

## 七、补配

依据现有器物纹饰形态，采用手工雕刻技术和电脑金属雕刻机对缺失纹饰部分进行雕刻，采用石膏和硅橡胶翻模法，用青铜材料取代部分传统铅、锡、锑合金浇铸，对铜器缺失部分进行补配。

## 八、做旧处理

运用现代的电喷、电镀、电蚀设备，选用不同的化学材料，加速修补部位配片自然生成不同的锈，再结合传统手工着色做锈方法，使器物色彩协调自然。

## 九、封护

对修复好的器物，依据其表面保存状况，采用1%—3%浓度的苯骈三氮唑酒精溶液、B-72溶液等材料进行必要的缓蚀封护处理。

## 十、建立文物修复档案

修复保护工作完成后，为每件器物建立完整的修复档案，记录内容为器物编号、名称、时代、材质、级别、尺寸、重量、器形、纹饰、修复起止时间、修复后总结报告、修复者、修复前后照片，采样检测数据修复中用材、工艺、流程等所有记录资料，均应归入藏品档案。

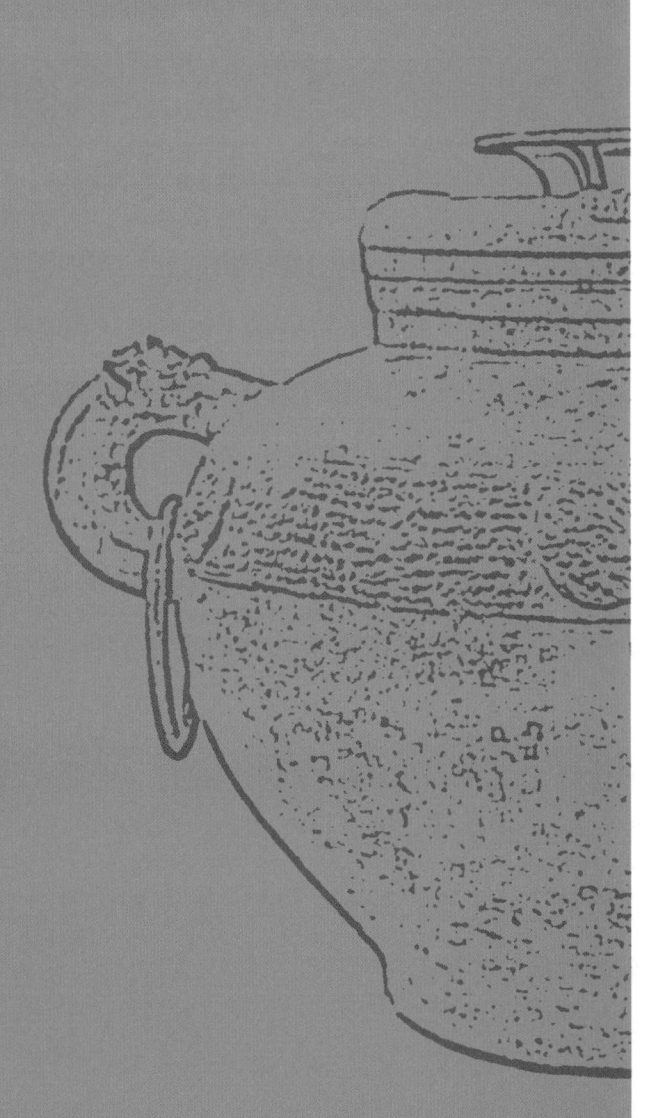

第五章 青铜器的修复保护

# 第一节 M3:49 铜鼎的修复保护

## 一、基本信息与价值评估、保存状况和病害调查

### （一）基本信息与价值评估

表六 M3:49 铜鼎简要信息表

| 编号 | 名称 | 质地 | 时代 | 尺寸重量 | 备注 |
|---|---|---|---|---|---|
| M3:49 | 铜鼎 | 青铜 | 战国 | 残高12厘米，口径21.5厘米，重2.9千克 | |

该器物有盖，盖隆起，中间有一桥形钮，钮的两端各有一兽头，钮内套一圆环，盖周边有三个牺兽钮。器为子口内敛，圆角长方形附耳外侈，鼓腹，平底，下承三兽蹄足（足下半部残缺）。盖正中饰交叉蟠虺纹，其外饰一周绹索纹，一周S状云纹，又一周绹索纹，再外饰两周凸弦纹，外周凸弦纹内外侧各饰一周蟠虺纹。鼎耳饰蟠虺纹，鼎腹饰一周凸弦纹，其上下侧饰一周蟠虺纹。

**价值评估**　铜鼎，最初用来烹煮食物，后主要用于祭祀和宴飨，是商周时期最重要的礼器之一。为研究楚国贵族当时奢华的社会生活及铸造工艺提供了一定的实物依据。

**历史价值**　墓葬是战国楚中期贵族墓葬，对研究战国时期楚国墓葬的葬制、葬俗以及与各国的关系具有重要意义。

**艺术价值**　对于研究战国时期楚国青铜器铸造工艺、纹饰制作的工艺以及艺术风格具有重要价值。

**科学价值** ①对于器物器形、纹饰等研究，可以判别文物的制作年代及地域特征。②对于器物制作工艺的研究，可以推测制作方法和工艺，进而了解古人的技术成就和当时的社会生产力水平。③通过各种无损或微损分析，可以测定器物的合金配比、锈蚀成分、保存状况，对进一步认识器物的制作水平和制定保护修复路线具有指导意义。

## （二）保存状况

铜鼎于1998年由淅川郭庄墓地发掘出土，经过前期简单的清洗之后，登记基本的信息资料，然后收藏于河南省文物考古研究院库房内，长时间放置没有得到有效的保护。文物本体面临进一步破损濒危状态，不利于文物的长久保存与展示，亟待保护修复处理。

铜鼎盖顶部变形、残缺、开裂，表面局部土垢，附着蓝色锈蚀；鼎盖口径22.6厘米，高6.5厘米。铜鼎口沿变形，略呈椭圆形，残缺一耳；鼎身腹部破碎变形，大面积残缺；底部变形、破碎，其中鼎足断裂，有一个缺下半部分，另一个缺失完整鼎足。鼎身局部有土垢、绿色锈蚀，腹部纹饰中、底部残有烟灰痕迹。器身整体破碎大小17块；腹部有6处补铸，底部一处补铸痕迹。口径21.5厘米，残高12厘米。

## （三）病害调查

依据中华人民共和国文物保护行业标准《馆藏金属文物保护修复方案编写规范》（WW/T 0009—2007），中华人民共和国文物保护行业标准《馆藏青铜质和铁质文物病害与图示》（GB/T 30686—2014），中华人民共和国文物保护行业标准《馆藏金属文物保护修复记录规范》（国家标准 GB/T 30687—2014），中华人民共和国文物保护行业标准《可移动文物病害评估技术规程—金属类文物》（WW/T 0058—2014）。通过现场的调查分析，这件铜鼎M3∶49在埋藏中存在严重的因外力作用而造成文物的残缺、裂隙、断裂、变形等物理损害；同时也有微生物、地下水、土壤的影响产生的生物、化学危害，主要特征为表面硬结物、全面腐蚀等锈蚀物，对文物的本体保存有着较大的威胁。

## 二、取样检测分析

为了解这件铜鼎的腐蚀状况,探讨铜鼎的腐蚀特征及腐蚀机理,以便为该件器物保护修复方案的制定提供依据,对铜鼎进行基体、锈蚀物、填充物取样分析,利用X射线荧光、X射线衍射仪、金相显微镜及傅里叶红外显微分析仪等,对金属器物的合金成分、金相显微结构及锈蚀物基本性能等方面进行了分析检测,并根据病害分析结果对青铜器病害机理进行了简要分析。

金相组织分析:先进行样品制备,用镶样机将样品镶嵌,经400目、1000目、3000目和7000目颗粒度砂纸打磨和金丝绒布抛光。未浸蚀前,用金相显微镜先观察其夹杂物、铅的形态和锈蚀组织等信息。再次抛光后,采用3%三氯化铁盐酸酒精溶液进行浸蚀,观察记录其基体组织形态。所使用仪器为德国Leica公司DM6000型金相显微镜。

扫描电镜及X射线能谱分析:金相样品再次抛光,喷碳处理后,用扫描电子显微镜背散射观察细部组织形态,并用能谱分析仪对样品进行无标样定量成分测定。所使用仪器为FEI公司QUANTA-650型环境扫描电镜(ESEM)及EDAX公司的APOLLO-X型能谱仪。实验条件:工作电压25千伏,工作距离10毫米,扫描时间50秒。

所分析铜鼎M3:49金相组织和合金比例相似,采用中等铅、锡含量配比,器表锈蚀矿化层较为疏松,铸造原始表面多已遭腐蚀破坏形成凹坑,空隙裂隙沿腐蚀晶界向内延伸,结构稳定性较差。整形处理中需注意防止局部断裂风险。保护修复中,腐蚀矿化严重区域需进行一定渗透加固处理,防止器物崩解。器物整体急需进行保护修复稳定化处理,防止器物进一步腐蚀劣化。

### 表七 铜鼎样品SEM-EDS成分分析

| 实验编号 | 锈蚀程度评估 | 检测部位 | 主要元素含量(Wt%) | | | | | | 合金材质及微区相 |
| --- | --- | --- | --- | --- | --- | --- | --- | --- | --- |
| | | | Cu | Sn | Pb | Cl | Fe | O | 其他 | |
| XCJX11 | 完全腐蚀 | 基体微区相分析 | 0.72 | 1.84 | 68.12 | | | 13.66 | C=13.66 | 铅氧化物 |

### 图表一 铜鼎样品环境扫描电镜显微图片

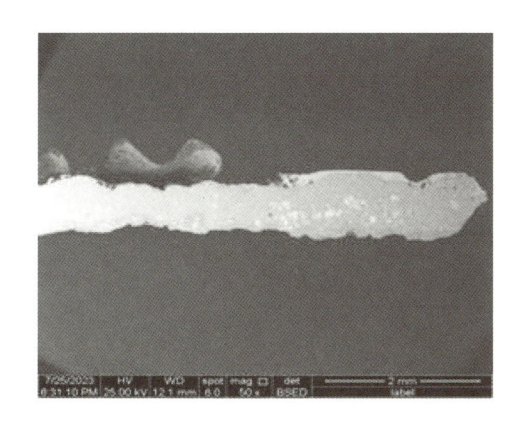
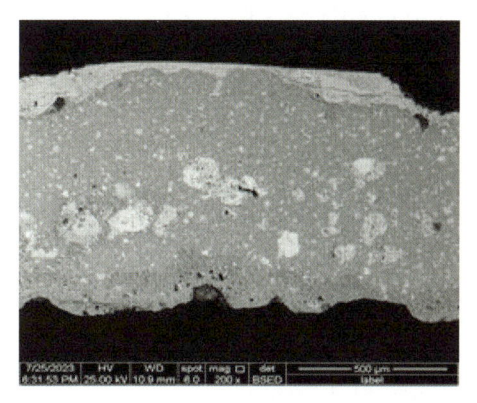

铜鼎 XCJX11（SEM 背散射 50X&200X）

### 表八 铜鼎样品金相显微组织分析

| 实验编号 | 取样部位 | 金相组织观察结果 | 制作方法 |
| --- | --- | --- | --- |
| XCJX11 | 碎片 | 基体已完全锈蚀矿化，金属原具树枝晶结构已被腐蚀产物假相替代，局部残留未完全腐蚀岛屿状零星（α+δ）共析体和α固溶体，铅多已腐蚀迁移转变为碳酸铅，腐蚀产物内部均匀分布 | 铸造 |

### 图表二 铜鼎样品金相组织显微图片

XCJX11 基体金相组织

## 三、保护修复原则与目标

### （一）相关法律法规

（1）《中华人民共和国文物保护法》（2017）；

（2）《中华人民共和国文物保护法实施条例》（国务院，2017）；

（3）《中国文物古迹保护准则》（ICOMOS CHIINA，2002）；

（4）《国际古迹保护与修复宪章》（《威尼斯宪章》）。

### （二）保护修复原则

（1）不改变文物原状；

（2）最小干预性；

（3）可再处理性；

（4）可识别与整体协调相结合性。

### （三）相关文物规范

（1）《馆藏金属文物保护修复方案编写规范》（中华人民共和国文物保护行业标准WW/T 0009—2007）；

（2）《馆藏金属文物保护修复档案记录规范》（国家标准GB/T 30687—2014）；

（3）《馆藏青铜质和铁质文物病害与图示》（国家标准GB/T 30686—2014）；

（4）《可移动文物病害评估技术规程金属文物》（中华人民共和国文物保护行业标准WW/T 0058—2014）；

（5）《博物馆藏品保存环境试行规范》。

### （四）工作目标

根据铜鼎的具体情况，明确了消除文物病害、维持文物稳定状态、恢复文物历史原貌的基本工作目标。具体分步目标如下：①调查文物现状，评估病害。②清洗、去除文物表面有害物质。③加固，保存文物表面重要信息。④整形、焊接黏接、补配，恢复文物原状。⑤封护，维持文物稳定状态。⑥做旧，恢复文物原貌。⑦完善文物保护修复档案，编写修复报告。此次保护修复好的文物将消除病害腐蚀进程，最大限度延长文物的寿命，满足文物保存与展示需求，为研究淅川地区不同时期青铜铸造技术提供重要的实物依据。

## （五）保护修复技术路线

文物基本信息采集

（影像资料、文字记录等）

↓

保存现状调查分析

（观测记录、锈蚀度监测分析、咨询专家）

↓

保护修复处理

（清洗除锈，工具矫形，低温铅、锡焊，补配，封护，做旧）

↓

建立文物修复档案

（完善文字记录，文物修复前后照片，保存、搬运注意事项）

## 四、保护修复处理

根据文物病害特征，为青铜鼎的保护修复处理提供了充分的保护方法，依据文物保护技术流程图进一步制定出详细的技术操作步骤：

清洗除锈 → 拼接 → 矫形 → 焊接 → 补缺 → 封护 → 做旧

工具主要有：手术刀、棉签、刷子、G型钳、推拉器、自制整形工具、数码温控烘烤箱、电烙铁等。

材料主要有：助焊剂、环氧树脂、去离子水、无水乙醇、0.5毫米铜皮、石膏、脱模剂、碳酸氢钠、锌粉、EDTA二钠盐、BTA、氢氧化钠、Paroliod B-72、各种矿物颜料、倍半碳酸钠、氯化锌、铅锡等。

### （一）文物基本信息采集建档

修复前将铜鼎进行测量直径、高度、重量，并详细记录器物修复前原状及保存状况并拍摄照片留档，绘制病害图。

### （二）取样检测分析

进行取样分析，先把白色指示箭头放在需要取样部位上，并进行拍照。取样工具分别使用手术刀、尖嘴钳、自封袋、标签纸，把取下的样品放入自封袋进行编号并标注需要检测的内容（基体成分、锈蚀产物）。使用电子扫描显微镜、体视显微镜观察和留取器物表面形貌信息；采取具有代表性的部位和器物残片，通过金相显微镜分析了解器物的组织结构，采取XRF和EDS等分析有害锈的具体成分。

### （三）清洗

表面泥土附着物多而杂。采取超声波清洗法，利用超声波波长与器物表面的附着物发生共振，从而使附着物脱离器物基体目的。使用此法不仅可以快速清洗器物表面的附着物，还不会损害文物。首先把需要清洗的器物碎块放入超声波清洗机里；然后倒入去离子水，水量以浸没器物为准，盖上盖子，把温度设置为40℃，清洗时间为30分钟；最后开启机器，观察铜鼎碎块的清洗效果。铜鼎表面如果还有少量污渍，可再重新清洗一次。清洗干净后，放入加热烘干箱进行加热干燥处理。

### （四）加固

为使铜鼎腹部纹饰、底部范线部位的黑色灰痕保留，采取局部加固方法。用B-72与丙酮溶液按质量比要求配制溶液，先用2%B-72进行第一遍加固处理，使用滴管滴注在加固部位，加固二至三次等待干燥，再使用10%B-72进行第二遍加固。注意不可改变文物色泽等外观的修复要求。

### （五）整形

采用传统方法和整形器材设备（压力器、顶推器）进行整形。首先对鼎盖变形部位进行整形，解决鼎盖口沿开裂变形问题。以开裂处为中心点分别在两端设置一个整形支撑点，然后使用两把大力钳夹在鼎盖边沿处。要在夹口部位与器物之间垫上一层橡胶手套。为避免器物表面遭受新的损伤，要把大力钳锁住。在两个大力钳中间放置一个拉力杆，拉力杆两端分别用尼龙带固定在大力钳尾端，随后旋转拉力杆螺杆使其把大力钳两端的力度往里回收，使开裂的口沿处逐渐复合，整形过程中观察变化，直到变形处复原，再将开裂处焊接。

铜鼎口沿用自制木块"凹"型工具，把鼎口外沿放在上面，用G型钳夹住口沿端，在钳口与器物之间放上橡胶垫片，旋转G型钳螺杆，利用G型钳施加的外力和铜体本身的延展性，使张力向内收缩。不要一次转动太多，慢慢整形，一步步调整方法使变形部位恢复原状。铜鼎腹部的变形问题。先要把铜鼎口沿放在金属整形架的平面上，用几个G型钳把铜鼎固定在平面上，防止器物晃动，再对铜鼎腹部变形的部位进行局部整形，采用顶推器、木块支撑、尼龙带捆扎整形，将复位的部位焊接起来。

### （六）焊接／黏接

采用传统锡焊焊接技术，把器物不同残片进行焊接。需要在焊接处使用电磨打磨坡口，打磨坡口要打在无纹饰部位，焊接前坡口表面涂抹焊剂（盐酸锌），然后用电烙铁溶解焊锡进行焊接。先点焊，观察器物焊接口的平整情况，无错位或弧度正确吻合，再把焊接缝通体焊牢。对焊缝或已失去金属质的部位采用高分子黏接材料进行黏接。黏接剂为AAA双组分胶，按照使用说明胶体和固化剂1∶1进行配比混合，可以根据器物的底色加入相近颜料，调成底色胶液。黏接前需要用无水乙醇清洗黏接部位，用纸胶带把局部黏接缝隙进行外部或内部补贴，防止涂抹胶液渗漏，用批刀按照缝隙走向批抹一遍，等待12小时胶体完全固化后修整打磨。

最后等所有需要焊接的部位焊接完成后，把器物放置去离子水容器里浸泡24小时，使焊缝中残留的焊剂溶液溶解出来。

### （七）补配

依据现有器物纹饰形态，采用石膏和硅橡胶翻模法，使用铜皮、AAA双组分胶、锡铅合金件、原子灰等材料进行缺失部分补配。

（1）铜鼎腹部、底部、鼎盖缺失部分用铜皮补配。缺失部位用0.1毫米铜皮，裁剪出一块厚度比器物略薄的铜皮，对铜皮进行敲击，使之与器物的形状、弧度相吻合。把铜皮放在器物的内部，紧贴着残缺处，用铅笔沿着缺失部位的轮廓画出来，再用剪刀沿着铅笔画的轮廓线裁剪，把剪下的铜皮用电磨或平板锉进行修整打磨，把多余的部分与毛边打磨掉，最后用电烙铁对铜皮与器物焊接。

（2）铜鼎缺失的纹饰部位。在器物上找出一块与残缺部位相同的纹饰地带进行翻模，采用硅橡胶与石膏翻模。首先，在翻模部位涂上一层脱模剂（洗洁精），使用热风枪加热干燥，用硅橡胶按照比例100∶2与固化剂充分调和均匀，把胶液涂抹在器物表面上，再贴敷一层纱布，涂抹第二遍，等待完全固化后用石膏液体涂抹在硅橡胶表面，做一层石膏外壳用于托衬作用，防止硅胶变形。用原子灰涂于硅橡胶磨具上，固化后取下原子灰纹饰块，用手术刀修裁出缺失形状，按照缺失纹路进行拼对，使用AAA双组分胶黏接，固化后修整边缘处的纹饰，使之成为一体。

（3）鼎足、鼎耳缺失的部位，需要在铜鼎相同部位用石膏翻模。首先在器物表面涂抹脱模剂（洗洁精）等使之干燥，在橡胶碗里倒入水，放入石膏粉进行充分搅拌，然后用批抹刀把石膏涂抹在器物表面上，厚度适宜。使用刀具修整，等待石膏凝固。随后把器物翻过来翻制另一半模具，再使用脱模剂涂抹器物和石膏范表面，方法同上。外范制作完成后，下一步制作内芯。首先在外范内壁贴一层油泥（油泥的厚度就是浇铸出锡铅的壁厚），把外范拼合组装起来，用尼龙扎带捆扎，把调制好的石膏倒入中间位置，待石膏干后，去除外范，揭掉油泥，内芯制作完成。把翻制完成石膏模具放入加热干燥箱加热，温度50℃—100℃进行24个小时加热，干燥后熬制锡铅液浇铸。最后打碎石膏模具取出锡铅配件打磨修整，用AAA双组分胶补配件与器物黏接，等固化后修整平整为下一步做旧准备。

## （八）封护

为了阻止环境、人为因素对器物造成的二次损害，更加有效地保护已修复的铜鼎不受侵害，在完成以上修复程序后，选用1%—3%浓度的Paraloid B-72丙酮溶液作为封护剂，采取涂刷方式对器物内外进行封护。此操作需重复两次，且每次涂刷时要选择相互交叉的方向进行，避免或减少眩光的产生。

## （九）做旧

使用漆片与酒精按比例配比成漆片汁，用排笔蘸漆皮汁和矿物颜料进行调和做旧，根据器物的锈色层次做出相近的色彩。做旧时为使色彩层次感强，应按照由浅至深原则。处理后的器物达到与原物锈色基本一致，陈列时看不出修复痕迹、但专业人员可辨识的效果。

## （十）完善修复档案

保护修复工作完成后，对器物建立完整的修复档案，器物编号、名称、时代、材质、级别、尺寸、重量、器形、纹饰，修复起止时间，修复后总结报告，修复者，修复前、后照片，采样检测数据修复中用材工艺流程等所有记录资料，均应归入藏品档案。

保护修复后铜鼎表面历史信息和纹饰处无损伤，各种化学试剂对器物无明显腐蚀，器物颜色无明显改变，器形恢复，纹饰保持洁晰，表面清洁，使文物病害得到延缓或抑制，整体处于完整、稳定及安全的状态，利于文物长久保存，能够满足陈列展览和学术研究需要。

## 五、预防性保护建议

保存环境是金属质文物保护修复后是否继续发生病变的决定因素，环境因素包括温、湿度，光辐射，空气污染物，生物的病菌、霉菌等多个方面，无论是物理、化学以及生物的有害物质，都能不同程度地直接或间接对文物造成污染或损害，所以在保存、展示时必须进行严格的环境控制。修复后的铜鼎在保存、展示时进行严格的环境控制。

### （一）控制温、湿度

青铜器腐蚀往往来自周围环境的改变，所以文物要保存在相对稳定的环境中，与周围环境建立一种平衡。适于青铜器的保存条件是：相对湿度40%，日波动范围<5%；相对温度20℃，日波动范围<5℃。[国际文物保存科学会、ICOM（国际博物馆学会）、ICCROM（国际保存修复中心等）组织推荐。]

### （二）控制污染物接触

污染物具有迁移、转化、活性和持久性、腐蚀性，所以要控制和预防污染源对青铜器带来的物理、化学的危害。在存放器物的场所要有通风、过滤设施，器物应存放在密闭的文物柜中，且修复完成的器物最好单独放置，严禁与未保护处理的器物放置在一起，以免病害传染。因此，定期观察和日常监控是抑制病害发生的有效手段，尽量做到及时发现并即时解决问题。

### （三）控制光照度

文物保护修复时黏接、封护等阶段所使用的材料如 B-72、胶黏剂等均为有机质材料，光的照射对这些材料是危险的，不仅会导致修复材料变色，而且会导致强度的改变。故为文物的安全起见，应当在保护修复后保存或展示时采取以下措施：使用遮光的文物柜或囊匣；使用无紫外线光源，降低展示时的照度。

## 第二节 M3∶52铜壶的修复保护

## 一、基本信息、保存现状和价值评估

### （一）基本信息

**表九 M3∶52铜壶简要信息表**

| 编号 | 名称 | 质地 | 时代 | 尺寸 重量 | 备注 |
|---|---|---|---|---|---|
| M3∶52 | 铜壶 | 青铜 | 战国 | 高约33厘米，口径长10.5厘米，重3千克 | |

### （二）保存现状

铜壶为盛酒之壶，流行于商周时期。这件铜壶由壶盖和壶身两部分组成。盖身上窄下宽，圆腹，壶盖上有四个对称里圆外方状捉手，盖为圆弧状。壶侈口，束颈，颈两侧有兽首衔环耳，鼓腹略下垂，底部圈足外侈。

这件铜壶为战国中期器，出土后壶盖上有一捉手断裂，壶口沿有断裂和缺失，壶腹部和底部断裂，分为两部分，壶腹和壶底圈足都有缺失，壶腹器形变形严重，碎片多达二十来块。壶的颈、腹部附着绿色锈蚀和暗红色疑似铁锈，器体内上部有大片绿色锈蚀，腹部有浅绿色锈蚀，片状分布，底部有白色凝结物，较致密。没有发现粉状锈等有损青铜文物健康的有害锈。铜壶器身有较深的腐蚀层，部分残片断面两侧矿化，呈暗灰色和黑褐色。从残片断面观察该器矿化严重，铜质极差，部分铜器本体没有铜质。通过对这件器物现存状况的调研和对铜质的统计与评估，可以判断此件青铜壶的修复难度较大。

### (三)价值评估

青铜壶展示了战国时期非凡的铸造技术。铸造如此精美的器物需要制造者有大量的财力物力,非一般平民能够完成如此体积、精美的大器。这件青铜壶由壶盖和壶身两部分组成。盖身上窄下宽,圆腹,上有四个对称里圆外方状捉手;盖为圆弧状。壶侈口,束颈,颈两侧有兽首衔环耳,鼓腹略下垂,底部圈足外侈。制作精美,纹饰细密,是这批出土青铜文物中较为有特点的一件,对研究战国楚文化、青铜礼器冶炼技术和青铜文化的发展提供了非常重要的实物资料。从铸造工艺方面观察,铜壶是属于分范铸造和铸接的方法成器,事先把壶耳铸好,挖去少许耳内的范土,将其放入器身铸模内相应的部位,浇铸铜液,耳即铸接在器身成为一个整体。采用这种方法铸造的青铜器附件部分既可以批量生产,提高生产效率,合范成器后又非常牢固,不易脱落。因此这件壶是研究战国南方青铜冶炼铸造技术的重要实物之一。

## 二、保护修复原则与目标

### (一)相关法律法规

文物保护修复的过程实际上就是去除文物病变的过程,只有保留文物本来面貌,才能保存其历史价值、艺术价值和科学价值。在这一程序中始终要严格遵守《中华人民共和国文物保护法》,同时按照国际文物保护界对藏品保护修复的基本原则"保持艺术品原状",严格遵守保护修复工作的适宜性、可辨识性、可再处理性的总原则。遵照"保护现状,修复原状,消除隐患,延长寿命"的工作目标,结合国际上通行的最小干预、可逆性和可再处理性三大原则,采用优化后的传统和现代技术相结合的方法,运用目前国内文物修复行业成熟的材料,按程序精心操作。清理器物表面的污垢,利用工具安全矫形,低温焊接,补缺封护,最大限度地恢复金属文物的本来艺术形象,并为文物的长期保存提供科学合理的建议,从而使其更好地服务于科学研究、陈列展览。

根据出土文物自身存在的病害特征和调查分析结果,参照《中华人民共和国文物保护行业可移动文物病害评估技术规程——金属类文物》(WW/T0058—2014),《中华人民共和国文物保护行业标准馆藏铁质文物病害与图示》(WW/T 0005—2007),《中华人民共和国文物保护行业标准馆藏青铜器病害与图示》(WW/

T0004—2007）制定技术路线，主要分为四个流程（包含十二项）：

文物基本信息采集

（影像资料、文字记录等）

↓

保存现状调查分析

（观测记录、锈蚀度监测分析、咨询专家）

↓

保护修复处理

（清洗除锈，工具矫形，低温铅、锡焊，补配，封护，做旧）

↓

建立文物修复档案

（完善文字记录，文物修复前、后照片，保存、搬运注意事项）

### （二）保护修复原则

（1）保持历史真实性。

在修复文物时，应尊重其历史真实性，必须对其艺术风格进行研究，以确保修复后的效果能体现该文物的原始风貌。另外，一件文物从诞生到今天，承载了不同时期各种因素附加在其上面的各种信息，这些信息必须得到尊重。作为修复者，不能凭主观想象而随意添加，创造或改变文物的外观形状或装饰图案。任何添加性的修复都必须有充分的依据。

（2）最小干预性。

要尽可能多地保留文物现状和原有结构，只在最有必要的地方实施干预，阻止或消除器物的病变给以后的再修复带来的麻烦。随着科学技术的不断发展，我们会得到更好的材料与解决办法，因此修复的最小干预性显得尤为重要。

（3）可辨识性。

修复部位所采用的材料与工艺，最好是与原材料、原工艺相同，但应该保证修复部位的可识别性，一定要能看出哪些部位是原始的，哪些部位是修复的，以便人们正确认识器物信息。同时，也不能因为要确保这种可识别性而破坏整体艺术品的观赏性和完整性，应做到远看一致、近观有别。

（4）可逆性。

在进行文物修复时，无论是处理方法还是选材，都应该充分要求其具有可逆性，即修复部位应易于拆除。目前所进行的修复工作，不能给以后的再修复带来麻烦。随着科学技术的不断发展，会得到更好的材料与解决办法，因此修复的可逆性显得尤为重要。并且，修复的可逆性还使我们可以及时纠正修复过程中的偏差。

（5）兼容性。

所使用的修复材料对文物本体而言必须是兼容的。选用的补全材料同艺术品的原材料及其病变程度相适应，原材料与被选材料在物理、化学等性能上必须是相近的，不能改变或破坏艺术品的原材质，不能对文物造成新的破坏。

（6）安全耐久性。

修复所选用的材料应具有良好的耐光、耐热和化学稳定性，以保证修复效果的长久性。

经过反复研究，结合实际情况，严格遵守文物修复的"有效地最小干预"原则，以法律法规和行业规范、保护修复理念为指导，制定并实施了以下修复方案。

### （三）制定修复方案

根据文物现状和病害情况制定以下操作流程：

（1）修前影像资料的保留。

在文物修复之前，基本信息的采集包括发掘出土时的器物编号、入库临时登记号、名称、来源、时代、质地等，仔细测量各部位的尺寸，做好文字详细记录和影像资料的拍照留存。另外，在文物保护修复过程中注意做好修复日志，包括日常工作时出现的问题及解决问题的方法等，必须的前期准备等，要做到心中有数。由专业的文物摄影工作者对文物进行数字影像采集，然后建立档案。这一步骤是文物修复保护工作的基础，可翔实地记录文物修复前的状貌，以备在后续的修复和研究工作中随时调用参考。

（2）绘制病害图。

对其器物俯视图和侧视图、重点病害部位病害图绘制，在病害图上标出病害符号，包含残缺、变形、全面腐蚀、表面硬结物等病害。

（3）分析检测。

保存情况及分析检测。金属文物出土时的现状和收藏情况，尤其是文物保存大环境变动之后，器表锈饰物的稳定与变化作为一个详细观测的重点，这是决定保留有益锈维持现状不变还是去除已经损害器物健康或正向无益文物长久生存蔓延发展的有害锈层问题的关键。检测室借助精密仪器分析鉴定器物内部合金构造成分和判别锈蚀物优劣，为下一步修复文物提供科学依据。

利用扫描电镜—能谱对其锈蚀物进行显微形貌观察及定量成分分析，利用X射线衍射（XRD）对其进行物相分析，利用金相显微镜对青铜基体进行合金形貌观察，检测并记录病害分析结果。通过分析结果对锈蚀进行选择性去除，采取必要的修复措施，恢复预期形状，从而达到博物馆文物陈列要求。这些信息都将详细记录在修复日志中，也就是文物的"病历"。这些信息不仅为下一步的工作提供基础技术数据，同时也为以后的修复研究工作提供参考数据。

参考对金属结构和重点锈蚀样品的检测分析，以及现场调查观测：器物内壁的绿色锈层稳固，附着力强，对青铜壶而言具有一定的保护器物本体作用；颗粒状的蓝绿锈层与器底的范土除有碍观瞻外无损壶整体的安全性。出土后在文物库房内存放，文物未有恒温、恒湿设备，环境随自然环境变化而变化，初步观察文物表层所有锈蚀没有发现变异现象，性质比较稳定，故决定暂缓进一步处理。

铜壶为铅、锡青铜，浇口分散在底部与下腹交界的模线处，铸造过程中铅、锡在铜液内分布不均衡，造成壶体上下铅、锡含量有所差异。由于受外力作用，壶的腹部破损，造成部分机体缺失，破损处产生纵向裂缝，部分口沿扭曲变形。根据文物产生的病害，对文物的变形部位采用无损矫形，裂隙则采用低温焊接，缺失部位采用黄铜皮补缺，直至文物恢复原有形貌。

（4）使用工具与材料。

工具主要有：电子天平、超声波、洁牙机、手术刀、棉签、刷子、台钳、C型钳、推拉器、自制整形工具、数码温控烘烤箱、电烙铁等。

材料主要有：助焊剂、双组分环氧树脂、去离子水、高分子透明虫胶片、0.4毫米铜皮、石膏、硅橡胶、硝酸银、六偏磷酸钠、碳酸钠、碳酸氢钠、锌粉、EDTA二钠盐、BTA、氢氧化钠、3A超能胶、UHUAB胶、百得AB胶、各种矿物颜料、倍半碳酸钠、氯化锌、Paroliod B-72、脱模剂等。

器皿：烧杯、滴管、纸杯等。

化学试剂（AR）：无水乙醇、丙酮、硝酸、盐酸等。

## 三、保护修复处理

### （一）清洗/除锈

出土的器物或者碎片上经常附着各种土锈、铜锈，除锈是进行下一步拼对修复的基础工作。这是一项技术含量很高的工作，简单粗暴的方法不仅达不到效果，还可能对文物造成二次伤害。

对于这件脆弱、残损的铜壶，我们首先用超声波清洗，利用超声波振动的原理，超声波在清洗液（例如蒸馏水）中的辐射，使液体震动产生数以万计的微小气泡，气泡破裂产生的力量足以快速冲刷污垢，尤其是那些很难触及的位置，例如器表的缝隙、小口器的内部。对于兽首衔和环耳纹饰上的锈色用超声波、洁牙机清除。通过超声波推动洁牙机，将振动的洁牙机工作头接触器物锈层，电子振荡电路产生超声频率电脉冲波，从而达到击碎锈蚀的目的。除锈之后，这些碎片就露出了本来的面貌。

### （二）整形

整个铜壶腹部呈鸭蛋形，失去原有形状，这就需要我们在操作中让其恢复原样。在器腹内用木条和拉拔顶撑起来，达到需要器腹弧度，慢慢向四周上螺丝轻轻施压，直顶压到壶底弹性限度，让其在压力矫正下保持一段时间。矫正过程中经常调整顶压部位，通过几十次的顶压矫正直至形成所需的平整度为止。最后再焊接原有焊缝口恢复原器形。

### （三）拼对和焊接/黏接

一般按照从大到小、从整体到局部、从规则到不规则的原则。即先拼对好大块，再找小块；先拼对出器物的大形，然后再将剩下的碎块进行填充拼对；将碎块中较规则且器形相近的先进行拼对，然后进行不规则碎块的拼对。

锡焊法焊接所需的温度低（在250℃—450℃的范围内即可进行各种铜器的焊接），热度对文物的影响小，不会造成铜的氧化，而且焊接的强度好，对铜器修复来说非常实用。但在焊接过程中为了保证焊接的强度，必须在焊口上打磨掉腐蚀层。找到金属性质相对较好的铜基体用打磨机打磨出坡口，使用锡焊法将之前打磨过的、金属性质较好的部位进行焊接，利用高温将助焊剂与青铜基体连接在一起，形成牢固的整体。

针对没有铜质的文物修复，多采用德国UHUAB胶、百得AB胶、众合3A超能透明胶等室温快速黏接剂。综合多种工艺技术和各种性能的材料，特别是百得强力环氧胶金属类这种高分子材料，是近年来一直使用的黏接材料，实践证明这种黏接技术的优点是渗透快、固化时间短、粘贴牢固。也尽可能减少锉焊缝和焊剂对青铜器的人为干预。相对于焊接，黏接在矿化严重的器物上起到良好的连接作用。

### （四）补配、塑形

通过矫形、焊接、黏接等多种技术，不能完全达到预期目的的，器物本身残缺的补位需要补配。此件铜壶器身为素面，故采用薄铜皮进行补配：用剪刀在薄铜皮上剪出缺失的形状，用焊锡焊在器物上使其块与块之间连接。像铜壶腹部连接，因为受力大就在壶内连接中间加筋固定好再焊接。不平整的地方用原子灰进行填补，在调配原子灰时加入绿色矿物粉，使补配材料与器物本身的颜色相近便于做色。所要补的腻子要比原器物稍高，这样便于用细砂纸打磨平整。

焊接补配工作全部完成后，对铜壶进行脱酸、脱氯中和。将铜壶置于去离子水中浸泡三天，其间再换一次去离子水，后测试pH值为中性，脱酸工作完成。

### （五）上色、做旧

传统做旧方法的材料为虫胶漆汁和各种矿物颜料。主要颜料的品种包括：砂绿、群青、土红、黑烟子、钛白，等等。根据器物颜色，用牙刷等工具蘸取少量虫胶漆汁与矿物颜料混合，轻弹拨在补配的器物上，做完一层待干后再做下一层。凸起的锈一般用大小不等的点泥法完成。弹拨的锈色干后，用棉球蘸颜色做局部处理。用涂、弹、抹、点、画等手段，使之做旧颜色完成。最后经黄泥汁进行揉蹭、压光，做出的效果与原器物锈色比较接近，且不会掉色。做旧是将文物修复处按照周围的锈蚀情况进行颜色和锈蚀效果的处理，这样修复部位的视觉效果就会与原件一致，使得整体观感完整统一。做旧时，除了要对文物本身的锈蚀情况进行细心观察和准确调色外，更重要的是把握铜壶整体锈蚀的层次和质感，力求模仿真锈的那种自内而外生成的感觉和状态。能否做好这一点，将直接影响文物修复后的视觉效果和历史感。

### (六) 封护

铜壶离开原来地下埋藏的大环境后，现有的保存条件及空气质量难以有效地遏制种种不利因素，加速了健康青铜文物朝其相反方向渐变发展。为了阻隔空气中的水分和含氯、硫、氮等有害气体及其他污染物的影响，提高器物的耐腐蚀性能，需要在修复后的青铜器表面上涂覆一层保护膜，使青铜器处于稳定状态，达到防治锈蚀蔓延的目的，封护就是一种比较理想的解决办法。目前青铜文物保护中普遍采用的封护材料是丙烯酸类，如浓度为1%—3%的B-72丙酮溶液，温室通风处刷涂或喷涂一至多遍，避免造成器表色彩的偏差，最后静止晾干。

## 四、预防性保护建议

保存环境是金属质文物保护修复后是否继续发生病变的决定因素。环境因素包括温、湿度，光辐射，空气污染物，生物的病菌、霉菌等多个方面，无论是物理、化学以及生物的有害物质，都能不同程度地直接或间接对文物造成污染或损害，所以在保存、展示时必须进行严格的环境控制。修复后的铜壶在保存、展示时需要严格的环境控制。

### (一) 控制温湿度

青铜器腐蚀往往来自周围环境的改变，所以文物要保存在相对稳定的环境中，与周围环境建立一种平衡。适于青铜器的保存条件是：相对湿度40%，日波动范围<5%；温度20℃，日波动范围<5℃。[国际文物保存科学会、ICOM（国际博物馆学会）、ICCROM（国际保存修复中心等）组织推荐。]

### (二) 控制污染物接触

污染物具有迁移、转化、活性和持久性、腐蚀性，所以要控制和预防污染源对青铜器带来的物理、化学的危害。在存放器物的场所要有通风、过滤设施，器物应存放在密闭的文物柜中，且修复完成的器物最好单独放置，严禁与未保护处理的器物放置在一起，以免传染病害。因此，定期观察和日常监控是抑制病害发生的有效手段，尽量做到及时发现并即时解决问题。

## （三）控制光照度

文物保护修复时黏接、封护等阶段所使用的材料如B-72、胶黏剂等均为有机质材料，光的照射对这些材料是危险的，不仅会导致修复材料变色，而且会导致材料强度的改变。故为了文物的安全起见，应当在保护修复后保存或展示时采取以下措施：使用遮光的文物柜或囊匣；使用无紫外线光源，降低展示时的照度。

## 五、结语

经过近两个月的工作，这件铜壶终于从二十来块大小不一的碎片变成了一件完整的器物。保护修复后的铜壶通高38.5厘米，盖口径10.6厘米，器口径10.7厘米，腹径23厘米，腹深19.2厘米，连耳宽19厘米，圈足径25厘米，圈足高3.5厘米；重3100克。

通过前期的检测和研究，制定出更有针对性地对这件铜壶的保护修复策略和技术路线，综合其他学科提升了传统技艺，结合新材料解决了一些传统技术难以攻克的难题，大大提高了金属文物保护修复工作的科学性。同时残损的铜壶文物通过修复，其历史、艺术和科技等方面的价值得以更全面的展示，也让我国古代先民留下的珍贵文化遗产得以更加有效的保护。

## 第三节 M3:55 铜鼎的修复保护

### 一、基本信息、保存现状与价值评估

#### (一) 基本信息

此件青铜鼎由于受墓葬封土挤压，整体破损为多个碎片，主体鼎身变形严重。鼎身受水土侵蚀，表面锈斑较多，有硬结物附着。铜鼎敞口微敛，半球形腹，腹壁圆曲向底部内收，两侧残耳，底部三足残缺，盖顶有三个卧牛，中间有一套环，以套环为中心外侧饰有突出的弦纹。

表十 M3:55青铜鼎简要信息表

| 编号 | 名称 | 质地 | 时代 | 病害描述 | 备注 |
|---|---|---|---|---|---|
| M3:55 | 鼎 | 青铜 | 战国 | 通体锈蚀，残破，裂隙，变形缺失 | |

#### (二) 保存现状

青铜鼎发掘出土后经过简单的清洗，登记基本信息资料，照相绘图，然后收藏于淅川县博物馆库房内，一直未做进一步的修复处理。

鼎身通体附着绿色锈蚀，内壁除绿色锈蚀外，底部有大量的泥土锈；鼎盖部位中心的圆环处有硬结物，圆环被硬结物整体覆盖，没有发现粉状锈等有害锈蚀。铜鼎整体残断为30余片，小片居多，残片铜质较差，上附有硬结物。铜鼎整体变形严重，变形部位主要有顶盖、口沿、底部，顶盖部位扭曲严重，表面凸凹不平，口沿断裂扭曲且铜质较厚，鼎下端与底部连接处几乎无弧度。鼎耳与鼎足残缺，鼎底有裂隙孔洞。

## （三）价值评估

**历史价值**　此件铜鼎是研究和展示战国中期楚文化的重要实物资料，发掘墓地为战国楚国中期贵族墓葬，对研究战国时期楚国墓葬的葬制、葬俗以及与各国的关系具有重要意义。

**艺术价值**　铜鼎造型优美，形象生动，而且铸造技巧娴熟，制作极为精致，在中国青铜艺术发展史上占有重要地位，对于研究战国时期楚国青铜器铸造工艺具有重要价值。

**社会价值**　对于研究当时的经济社会状况具有重要价值，同时对提升战国中期楚文化文物的展览，传承、弘扬南阳地区历史文明，惠及广大民众，具有不可替代的作用。

## 二、取样检测分析

**表十一　铜鼎样品SEM-EDS成分分析**

| 实验编号 | 锈蚀程度评估 | 检测部位 | 主要元素含量（Wt %） | | | | | | 合金材质及微区相 |
| --- | --- | --- | --- | --- | --- | --- | --- | --- | --- |
| | | | Cu | Sn | Pb | Cl | Fe | O | 其他 | |
| XCJX12 | 基体严重腐蚀 | 基体微区相分析 | 78.57 | 11.08 | 3.37 | | | 1.88 | C=5.10 | α 固溶体腐蚀物 |

**图表三　铜鼎样品环境扫描电镜显微图片**

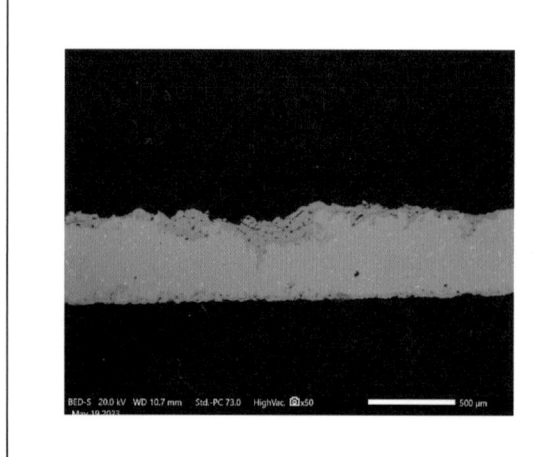
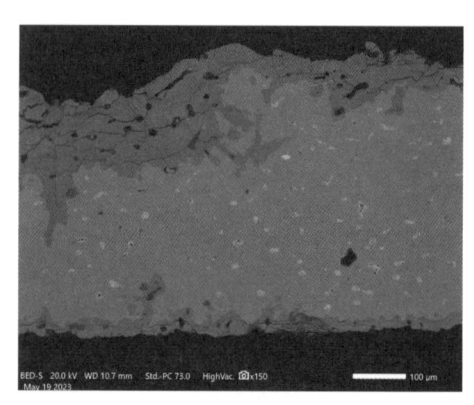

铜鼎 XCJX12（SEM 背散射 50X&150X）

表十二　铜鼎样品金相显微组织分析

| 实验编号 | 取样部位 | 金相组织观察结果 | 制作方法 |
|---|---|---|---|
| XCJX12 | 碎片 | 基体严重锈蚀矿化，α相优先腐蚀，多数α相晶界已严重腐蚀交织成网状，残余α固溶体相和（α+δ）共析体相呈岛屿状分布 | 铸造 |

图表四　铜鼎样品金相组织显微图片

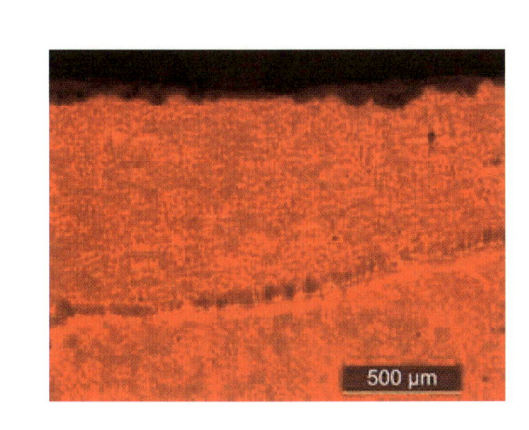
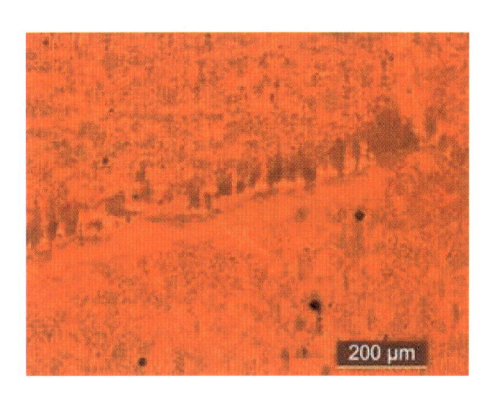

XCJX12 基体金相组织

## 三、保护修复原则、目标和技术路线

文物保护修复的过程实际上就是去除文物病变的过程，只有保留文物本来面貌，才能保存其历史价值、艺术价值和科学价值。在这一程序中始终要严格遵守《中华人民共和国文物保护法》，同时按照国际文物保护界对藏品保护修复的基本原则"保持艺术品原状"，严格遵守保护修复工作，修复的适宜性、可辨识性、可再处理性的总原则。遵照"保护现状，修复原状，消除隐患，延长寿命"的工作目标，结合国际上通用的最小干预、可逆性和可再处理性三大原则，采用优化后的传统和现代技术相结合的方法，运用目前国内文物修复行业成熟的材料，按程序精心操作：清理器物表面的污垢，利用工具安全矫形，低温焊接，补缺封护，最大限度地恢复金属文物的本来的艺术形象，并为文物的长期保存提供科学合理的建议，从而使其更好地服务于科学研究、陈列展览。

根据出土文物自身存在的病害特征和调查分析结果，参照《中华人民共和国文物保护行业标准可移动文物病害评估技术规程——金属类文物》（WW/T 0058—2014），《中华人民共和国文物保护行业标准馆藏铁质文物病害与图示》（WW/T 0005—2007），《中华人民共和国文物保护行业标准馆藏青铜器病害与图示》（WW/T 0004—2007）制定技术路线，主要分为四个流程（包含十一项）：

（1）文物基本信息采集（影像资料、文字记录等）；

（2）保存现状调查分析（观测记录、锈蚀度检测分析、咨询专家）；

（3）保护修复处理（清洗除锈，工具矫形，黏接/焊接，补缺，封护，做旧）；

（4）建立文物修复档案（完善文字记录，文物修复前、后照片，保存、搬运注意事项）。

## 四、保护修复处理

按照前期对文物本体形貌病害特征调查，结合锈蚀成分分析，研究讨论为金属文物的保护修复处理提供充分的方法理论指导，依据文物保护技术流程图进一步制定出详细的技术操作步骤：

清洗除锈 → 矫形 → 黏接/焊接 → 补缺 → 封护 → 做旧

工具主要有：电子天平、手术刀、镊子、电烙铁、棉签、毛刷、调刀、砂纸、锉刀、手工钻、照相机、钳子、台钳、G型钳、矫形器、木工夹、电吹风、热熔胶枪、电动打磨机、卷尺、超声波清洗仪、便携式洁牙机、烘干箱、毛笔、调色板等。

材料主要有：脱脂棉、铅锡、助焊剂、除锈剂、环氧树脂、3A胶水、去离子水、丙酮、无水乙醇、铜皮、石膏、滑石粉、硅橡胶、Paroliod B-72、化学颜料、各种矿物颜料、虫胶漆等。

器皿主要有：烧杯、量杯、胶头滴管、纸杯等。

防护用具主要有：一次性口罩、手套、帽子，防护衣，护目镜等。

### （一）清洗除锈

铜鼎表面与底部堆积杂质和泥土，首先用蒸馏水对青铜壶进行浸泡，浸泡周期为5天。浸泡后使用较软的毛刷轻轻刷洗，减少对器物表面划伤。其次是器物表面的锈蚀，使用超声波清洗仪配合便携式洁牙机进行清理，可反复多次清理，但要避免清理过度以至于漏出铜胎。鼎盖的圆环被硬结物覆盖，应先使用除锈剂软化后再使用洁牙机清理。铜鼎残片较多，茬口处的锈蚀要重点清理，为避免茬口处衔接不严，使用镊子夹脱脂棉配合除锈剂对茬口处进行擦拭，经多次擦拭后再配合便携式洁牙机清除掉断茬茬口的锈蚀。

## （二）矫形

铜鼎整体变形，顶盖、口沿、底部三处变形严重。使用台钳和G型钳将顶盖固定在桌面上，再使用G型钳和木块夹住顶盖变形处，逐渐向下施压，每隔3—5天施压一次，直至变形部位弧度与未变形部位一致。顶盖凹凸不平处使用皮锤轻轻敲打，铜质不好的部位使用小号木工夹垫上皮垫加压进行矫形。口沿处扭曲变形，铜体厚、铜质好，使用专业矫形器顶住口沿的上下左右四点，再使用G型钳对扭曲的部位予以加压。为防止断裂，加压应逐步进行，每隔3—5天加压一次，直至矫出需要的弧度。口沿由于铜质坚硬，为防止变形部位回复，焊接前需要一直使用G型钳加压到木板上。铜鼎底部变形处由于弧度不足，使用木工夹夹住变形的两侧逐渐加压，直至压出需要的弧度。用G型钳和矫形器时，为防止对器物造成伤害，需在整形工具与器物接触部位垫上木板和皮垫。

## （三）黏接/焊接

鼎身整体残断30余片，根据茬口、纹饰等信息将对其一一拼对起来，使用热熔胶简单固定，对整个铜鼎进行微调，调整出正确的形状后再使用热熔胶再次固定。使用打磨机将拼接部位的茬口处打出坡口，漏出铜质，将助焊剂均匀涂抹在坡口处，之后用电烙铁利用锡焊将断裂部位焊接起来。待焊接牢固后使用钳子取下热熔胶，利用镊子夹脱脂棉蘸去离子水慢慢对焊接部位进行擦洗，以擦掉多余的助焊剂。

## （四）补缺

铜鼎缺失部位主要有鼎耳、鼎足，鼎身小部分、鼎盖少部分。由于同墓坑没有与之大小相同的铜鼎作为参照，鼎耳与鼎足不做补缺。鼎盖部位缺失较少，使用3A胶掺滑石粉和矿物颜料进行补配。补配前先将裂隙一侧使用纸胶带贴出，补配后防止胶水流出，将另一侧也用纸胶带贴住，待胶固化后揭下纸胶带。鼎身部位主要用铜皮和胶相互配合进行补缺，使用锤子和钳子将铜皮敲打成需要的弧度和大小，再使用锡焊将铜皮焊接到缺失部位。由于焊接部位弧度不一，用去离子水清洗掉助焊剂后，使用

3A胶掺滑石粉和矿物颜料补配到焊接接口处，待其固化后使用电动打磨机和砂纸打出需要的弧度。使用砂纸进行打磨时，依次使用100目、300目、800目、1500目砂纸进行打磨，直至将补配部位打磨到需要的光滑度。

## （五）封护

使用1%的B-72丙酮溶液，对青铜鼎进行涂刷封护，使用毛刷直接蘸B-72轻轻刷在器物表面，而补配部位使用喷壶喷出B-72进行封护，将环境中的氧气、水分与器物隔绝，最大限度降低有害成分对器物的侵害。

## （六）做旧

补配部位与器物色调不一致，为了有利于陈展，对补配部位进行做旧处理。根据铜鼎表面锈蚀的颜色层次，采用化学颜料、矿物颜料、虫胶漆片汁经过不同的配比调成相近色调，进行做色。分别用抹、弹、拨、画、描、点、喷等不同的技巧做色，每做一层颜色后喷涂一层泥汁。要严格控制着色范围，达到与原器物颜色相近似即可。

## 第四节 M6∶31 铜壶的修复保护

M6位于淅川县香花镇杨河村西南的老龙岗上，丹江口水库东岸淹没区，在丹江口水库蓄水前隶属于当时的郭庄村，故名郭庄墓地。1977年，河南省文物工作队丹江口水库考古队曾对该墓地进行了发掘，但由于库水上涨而没有发掘彻底。1998年春，由于丹江口水库水位下降，墓葬裸露于水面之上，不法分子趁机对该墓地进行盗掘。为保护地下文物，经上级主管部门批准，1998年3月—4月，河南省文物考古研究所、南阳市文物考古研究所、淅川县博物馆组成联合考古队，对墓地进行了抢救性发掘。发掘的墓葬呈"甲"字形竖穴土坑墓，规模中等，墓室四壁有多少不一的生土台阶。此件青铜壶为随葬礼器，位于生土台阶的底部。

## 一、基本信息、保存现状与价值评估

### （一）基本信息

此件青铜壶由于受墓葬封土挤压，破损为多个碎片，主体壶身变形严重。壶身受水土侵蚀，表面锈斑较多，有硬结物附着。青铜壶鼓腹短颈，壶身饱满，两侧肩部有双衔环，腹部有云雷纹饰，壶盖铸有四钮，中间饰有刻涡纹。整体通高24厘米，口径10.5厘米，底径15.5厘米，器重2560克。

### （二）保存现状

青铜壶发掘出土后经过简单清洗，登记基本信息资料，照相绘图，然后收藏于淅川县博物馆库房内，一直未做进一步的修复处理。

壶身通体附着绿色锈蚀，内壁除绿色锈蚀外，在内壁的壶腹部位还有深蓝色锈蚀，壶盖部位在漩涡纹的凹槽处有米色硬结物，目测没有发现粉状锈等有害锈蚀。壶颈部位变形较小，这里铜体较厚，铜质较好，有大约上下5厘米、左右3厘米的缺失。而壶腹部位云雷纹处残断严重，铜质较差，有大约左右7厘米、上下3厘米的缺失。由于受封土挤压，壶腹部位整体有较为严重的变形。壶腹下方部位铜质最差，铜体最薄，矿化比较严重，有两处呈三角状缺失，缺失面积大约分别为12平方厘米和15平方厘米。

### （三）价值评估

**历史价值** 此件铜壶是研究和展示战国中期楚文化的重要实物资料。出土墓地为战国楚国中期贵族墓葬，对研究战国时期楚国墓葬的葬制、葬俗有重要意义。

**艺术价值** 铜壶造型优美，纹饰生动形象，而且铸造技巧娴熟，制作极为精致，在中国青铜艺术发展史上占有重要地位，对于研究战国时期楚国青铜器铸造工艺具有重要价值。

**社会价值** 对于研究当时的经济社会状况具有重要价值，同时对提升战国中期楚文化文物的展览，传承、弘扬南阳地区历史文明，惠及广大民众，具有不可替代的作用。

## 二、保护修复原则、目标和技术路线

文物保护修复的过程实际上就是去除文物病变的过程，只有保留文物本来面貌，才能保存其历史价值、艺术价值和科学价值。在这一过程中始终要严格遵守《中华人民共和国文物保护法》，同时按照国际文物保护界对藏品保护修复的基本原则"保持艺术品原状"，严格遵守保护修复工作，修复的适宜性、可辨识性、可再处理性的总原则。遵照"保护现状，修复原状，消除隐患，延长寿命"的工作目标，结合国际上通用的最小干预、可逆性和可再处理性三大原则，采用优化后的传统和现代技术相结合的方法，运用目前国内文物修复行业成熟的材料，按程序精心操作：清理器物表面的污垢，利用工具安全矫形，低温焊接，补缺封护，最大限度地恢复金属文物本来的艺术形象，并为文物的长期保存提供科学合理的建议，从而使其更好地服务于科学研究、陈列展览。

根据出土文物自身存在的病害特征和调查分析结果，参照《中华人民共和国文物保护行业标准可移动文物病害评估技术规程——金属类文物》（WW/T0058—2014），《中华人民共和国文物保护行业标准馆藏铁质文物病害与图示》（WW/T0005—2007），《中华人民共和国文物保护行业标准馆藏青铜器病害与图示》（WW/T 0004—2007）制定的技术路线，主要分为四个流程（包含十一项）：

（1）文物基本信息采集（影像资料、文字记录等）；

（2）保存现状调查分析（观测记录、锈蚀度检测分析、咨询专家）；

（3）保护修复处理（清洗除锈，工具矫形，黏接/焊接，补缺，封护，做旧）；

（4）建立文物修复档案（完善文字记录，文物修复前、后照片，保存、搬运注意事项）。

## 三、保护修复处理

按照前期对文物本体形貌病害特征调查，结合锈蚀成分分析，研究讨论为金属文物的保护修复处理提供充分的方法论指导，依据文物保护技术流程图进一步制定出详细的技术操作步骤：

清洗除锈 → 矫形 → 黏接/焊接 → 补缺 → 封护 → 做旧

工具主要有：电子天平、手术刀、镊子、电烙铁、棉签、毛刷、调刀、砂纸、锉刀、手工钻、照相机、钳子、台钳、G型钳、矫形器、木工夹、电吹风、热熔胶枪、电动打磨机、卷尺、超声波清洗仪、便携式洁牙机、烘干箱、毛笔、调色板等。

材料主要有：脱脂棉、铅锡、助焊剂、除锈剂、环氧树脂、3A胶水、去离子水、丙酮、无水乙醇、铜皮、石膏、滑石粉、硅橡胶、Paroliod B-72、化学颜料、各种矿物颜料、虫胶漆等。

器皿主要有：烧杯、量杯、胶头滴管、纸杯等。

防护用具主要有：一次性口罩、一次性手套、帽子，防护衣，护目镜等。

### （一）清洗除锈

铜壶表面堆积杂质和泥土，首先用蒸馏水对青铜壶进行浸泡，浸泡周期为3天。浸泡后使用较软的毛刷轻轻刷洗，减少对器物表面的划伤，特别是壶盖和壶腹处的纹饰部位应极为小心。其次是器物表面的锈蚀，使用超声波清洗仪配合便携式洁牙机进行清理，可反复多次清理，但要避免清理过度以至于漏出铜胎。铜壶残片茬口处的锈蚀要重点清理，为避免茬口处衔接不严的问题。使用镊子夹脱脂棉配合除锈剂对茬口处进行擦拭，经多次擦拭后再配合便携式洁牙机清除掉断茬茬口的锈蚀。

### （二）矫形

铜壶颈部和壶腹部位变形，使用台钳将残断的壶颈固定在桌面上，再使用木工夹夹住壶颈两侧缓步用力，每隔3—5天对木工夹上紧一次，直至壶颈的弧度与壶口沿弧度一致。壶腹部位变形，将其放置在大小合适的矫形器内，先用铁丝捆扎固定后进行矫形，口沿部位使用G型钳压在变形处，两边同时向下施压。可根据器物的承受力情况，缓缓向下施压，避免用力过大造成器物断裂；同时在壶身内使用花篮螺丝交叉顶住内壁，避免压力过度造成再次变形，在施压多次直至矫为正常弧度后完成矫形。用G型钳和矫形器时，为防止对器物造成伤害，需在整形工具与器物接触部位垫上木板和皮垫。

### （三）黏接/焊接

壶身上半部残断数十片，根据茬口、纹饰等信息将其一一拼对起来，使用热熔胶简单固定，对整个铜壶进行微调，调整出正确的形状后再使用热熔胶再次固定。使用打磨机将拼接部位的茬口处打出坡口，漏出铜质，将助焊剂均匀地涂抹在坡口处，之后用电烙铁利用锡焊将断裂部位焊接起来。待焊接牢固后，使用钳子取下热熔胶，利用镊子夹脱脂棉蘸去离子水慢慢对焊接部位进行擦洗，以擦掉多余的助焊剂。

壶腹部位缺失的纹饰使用硅胶进行翻模，将硅胶涂抹到完好的纹饰上，翻模面积要略大于缺失部位的面积，待硅胶固化后，使用环氧树脂胶涂抹于硅胶上翻出纹饰，待环氧树脂胶固化后取下进行修整。修整的面积和厚度与缺失部位吻合，然后使用胶水将其黏接补配到缺失部位。

### （四）补缺

铜壶缺失部位主要有壶颈、壶腹两处，用铜皮和胶相互配合进行补缺。使用锤子和钳子将铜皮敲打成需要的弧度和大小，再用锡焊将铜皮焊接到缺失部位。由于焊接部位弧度不一，用去离子水清洗掉助焊剂后，使用3A胶掺滑石粉和矿物颜料补配到焊接接口处，待其固化后，使用电动打磨机和砂纸打出需要的弧度。壶腹下方有两条断裂裂隙，裂隙处使用3A胶掺滑石粉和矿物颜料进行补配。补配前先将裂隙一侧使用纸胶带贴出，补配后防止胶水流出，将另一侧也用纸胶带贴住。待胶固化后揭下纸胶带再使用砂纸打磨，砂纸依次使用100目、300目、800目、1500目进行打磨，直至将补配部位打磨到需要的光滑度。

## （五）封护

使用1%的B-72丙酮溶液，对青铜壶进行涂刷封护，使用毛刷直接蘸B-72轻轻刷在器物表面，而补配部位使用喷壶喷出B-72进行封护，将环境中的氧气、水分与器物隔绝，最大限度降低有害成分对器物的侵害。

## （六）做旧

补配部位与器物色调不一致。为了有利于陈展，对补配部位进行做旧处理。根据铜壶表面锈蚀的颜色层次，采用化学颜料、矿物颜料、虫胶漆片汁经过不同的配比调成相近色调，进行做色。分别用抹、弹、拨、画、描、点、喷等不同的技巧做色，每做一层颜色后喷涂一层泥汁。要严格控制着色范围，达到与原器物颜色相近似即可。

## 第五节 M6∶32 铜壶的修复保护

### 一、基本信息、保存现状与价值评估

#### （一）基本信息

该铜壶小口微侈，高领，近腹处有两道弦纹；圆鼓腹，腹上部和腹下部各饰两道弦纹，鼓腹中间饰两圈云纹。双铺首衔环，有盖，盖做圆顶，无圈足。

表十三 M6∶32青铜壶简要信息表

| 编号 | 质地 | 时代 | 病害描述 | 备注 |
|---|---|---|---|---|
| M6∶32 | 青铜 | 战国 | 通体锈蚀，残破，裂隙，变形缺失 | |

#### （二）保存现状

埋藏过程中，由于青铜器长期处在黏土中，地下水位反复升降，填土不断在潮湿的状况下变化，受到地下酸、碱、盐等化学元素和其他物质及微量气体的侵蚀，青铜器锈蚀速度加快。另外，受墓室坍塌造成的长期挤压破坏，破损十分严重，出土后随着保存环境的改变，有害气体及水汽带来的氧化锈蚀在一天天加剧，有些器物甚至出现了发展迅速的有害锈，这些有害锈未及时有效处理，直接入藏博物馆库房或上展，给文物长久保存带来严重威胁。

青铜壶整体破损，变形严重，壶口沿、颈部、腹部均有不同程度的缺失，变形主要集中在腹部和接近底部周围。壶盖基本完整，口沿处有少许缺失。

#### （三）价值评估

这件青铜壶制作精美，纹饰细密，是此批青铜文物中较为珍贵的一件，对研究战

国青铜礼器冶炼技术和自身文化的发展提供了非常重要的实物资料。从青铜壶的外观形制来看，和常见的铜壶的明显区别是没有圈足，青铜壶腹部两圈云纹的纹饰风格和刻画的纹饰工艺又和战国时期的纹饰存在区别。因此这件铜壶是研究战国时期青铜冶炼铸造技术的重要实物之一。

## 二、铜壶的锈蚀病害与合金技术分析研究

**表十四 铜壶样品SEM-EDS成分分析**

| 实验编号 | 锈蚀程度评估 | 检测部位 | 主要元素含量（Wt%） | | | | | | 合金材质及微区相 |
| --- | --- | --- | --- | --- | --- | --- | --- | --- | --- |
| | | | Cu | Sn | Pb | Cl | Fe | O | 其他 | |
| XCJX23 | 完全腐蚀 | 基体微区相分析 | 63.32 | 13.86 | 12.06 | | | | C=6.17 Nb=1.01 | 铅氧化物 |

**图表五 铜壶样品环境扫描电镜显微图片**

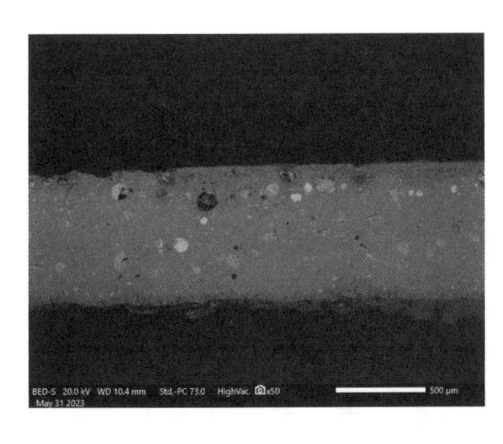
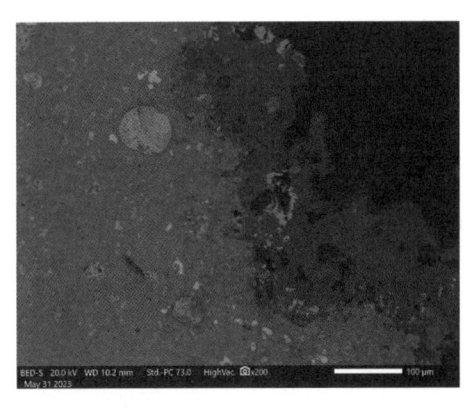

铜壶 XCJX23（SEM 背散射 50X&200X）

**表十五 铜壶样品金相显微组织分析**

| 实验编号 | 取样部位 | 金相组织观察结果 | 制作方法 |
| --- | --- | --- | --- |
| XCJX23 | 碎片 | 基体已锈蚀矿化，金属原具树枝晶结构已被腐蚀产物假相替代，局部残留未完全腐蚀岛屿状零星（α+δ）共析体和α固溶体，铅多已腐蚀迁移转变为碳酸铅，腐蚀产物内部均匀分布 | 铸造 |

### 图表六 铜壶样品金相组织显微图片

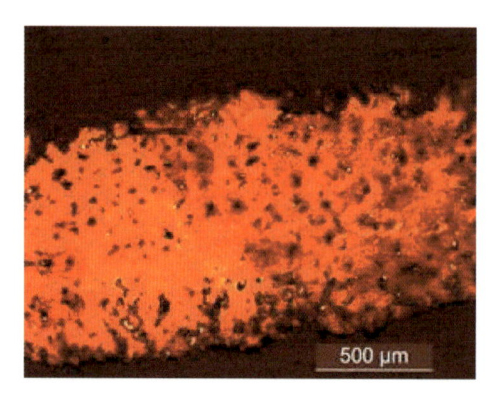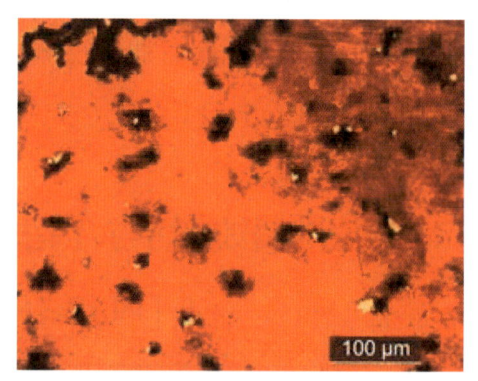

XCJX23 基体金相组织

## 三、保护修复工作原则目标和技术路线

文物保护修复的过程实际上就是去除文物病变的过程，只有保留文物本来面貌，才能保存其历史价值、艺术价值和科学价值。在这一程序中始终要严格遵守《中华人民共和国文物保护法》，同时按照国际文物保护界对藏品保护修复的基本原则"保持艺术品原状"，严格遵守保护修复工作修复的适宜性、可辨识性、可再处理性的总原则。遵照"保护现状，修复原状，消除隐患，延长寿命"的工作目标，结合国际上通用的最小干预、可逆性和可再处理性三大原则，采用优化后的传统和现代技术相结合的方法，运用目前国内文物修复行业成熟的材料，按程序精心操作：清理器物表面的污垢，利用工具安全矫形，低温焊接，补缺封护，最大限度地恢复金属文物的本来的艺术形象，并为文物的长期保存提供科学合理的建议，从而使其更好地服务于科学研究、陈列展览。

根据出土文物自身存在的病害特征和调查分析结果，参照《中华人民共和国文物保护行业标准可移动文物病害评估技术规程——金属类文物》（WW/T 0058—2014），《中华人民共和国文物保护行业标准馆藏铁质文物病害与图示》（WW/T 0005—2007），《中华人民共和国文物保护行业标准馆藏青铜器病害与图示》（WW/T 0004—2007）制定技术路线，主要分为四个流程（包含十一项）：

（1）文物基本信息采集（影像资料、文字记录等）；

（2）保存现状调查分析（观测记录、锈蚀度检测分析、咨询专家）；

（3）保护修复处理（清洗除锈，工具矫形，黏接/焊接，补缺，封护，做旧）；

（4）建立文物修复档案（完善文字记录，文物修复前、后照片，保存、搬运注意事项）。

## 四、保护修复处理

前期所做的调查分析讨论为青铜壶的保护修复提供了充分的方法理论指导，依据文物保护技术流程图进一步制定出详细的技术操作步骤：

清洗除锈 → 拼接 → 矫形 → 焊接 → 补缺 → 做旧 → 封护

工具主要有：超声波、手术刀、棉签、刷子、台钳、C型钳、推拉器、自制整形工具、数码温控烘烤箱、电烙铁等。

材料主要有：助焊剂、双组分环氧树脂、去离子水、丙酮、无水乙醇、高分子材料、0.5毫米铜皮、石膏、硅橡胶、脱模剂等。

### （一）清洗除锈

将铜壶残片置于蒸馏水中浸泡20—30分钟，用毛刷或牙刷等工具清洗器物表面附着物及土锈。用竹签或手术刀剔除铜壶纹饰区域的表面锈蚀和硬结物，对于非纹饰区域稳定性能很好的锈蚀层加以保留。清理时避免伤及纹饰，重点清理断面茬口，便于日后拼接。

### （二）矫形

对M6∶32铜壶矫形先从腹部大块碎片开始。在变形部位的两侧用小木块垫高，再用C型钳对变形部位施加外力矫形，因为铜壶腹部碎片与其他部位相比较厚，矫形时的力度可以适当大些。相隔一到两天观察，判断是否继续加大矫形的力度，对其他较薄的碎片使用凹型铁砧和锡锤对变形部位进行捶打。

### （三）焊接

因为口沿有缺失且现有的口沿碎片没有能相互连接的情况，焊接顺序是从铜壶腹部大块碎片开始。再向下是对腹部到铜壶底部的焊接，最后是铜壶的颈部和口沿的焊接。在铜壶焊接的过程中，对出现两块相连、碎片缝隙较大的情况，采用的方法是在两碎片的边缘处分别用最小的C型钳固定，再用塑料轧带绕过两个C型钳的螺栓，收紧塑料轧带。可以用钳子等工具慢慢收紧，直到两碎片缝隙合掩即可。如果出现碎片接缝处不平整，可以用尖嘴钳等工具稍作调整。

### （四）补配

铜壶的口沿有两处缺失，均采用相同的方法：先用雕塑泥制作出口沿内侧外形，用石膏制作内侧石膏模具，再用雕塑泥置于内侧石膏模具上制作口沿外侧，制作外侧石膏模具。内外石膏模具制作完成后，将模具放置烘干箱内烘干。模具烘干后，将内外模具固定于口沿对应处，用化锡设备制备液态金属锡，浇铸至石膏模具内。等液态金属锡固化后打开石膏模具。

M6：32铜壶铺首衔环中的一对圆环只有一小段，相同器物内没有完整的圆环，补配参考的是以相同墓葬出土的另一件青铜壶M6：34上的圆环为标准。先制作硅橡胶模具，并制作出圆环的原子灰模型，然后与现有的残的圆环拼接成一个完整的圆环，再制作石膏模具。（后续步骤与铜壶口沿浇铸处理方式类似。）

铜壶腹部纹饰带只有较少缺失，补配时先用硅橡胶在纹饰完整区域制作硅橡胶模具，外面打上石膏托底，再用原子灰涂抹于模具上。把制作出的原子灰纹饰模型裁剪出对应外形，用3A胶黏接于纹饰缺失处。

较大部分缺失用的是红铜片裁剪出缺失部位的外形，焊接于缺失处，其他部位直接用3A胶掺颜料和滑石粉补缺。用打磨机和原子灰，把补配表面处理平整。

### （五）做旧

做旧原材料采用各种矿物颜料、无水乙醇、漆片。漆片是一种天然虫胶漆（洋干漆），无水乙醇主要用于泡融漆片，使之成汁，调色用。汁液黏度根据调配酒精、漆片比例，使用适宜为好，灵活掌握。调矿物颜料做假锈时用。对焊缝、补缺部位进行随色做旧，补缺打磨平整后，依据器物补配区域的锈色深浅，由轻至重，由浅至深，调出相应的色彩。

一手持小牙刷或油画笔，另一手拿一把小铲刀轻拨笔毛或牙刷毛，以这种弹拨的方式把泥浆弹拨在随色部位。用吹风机等工具吹干泥浆。用同样的方法和手法按锈颜色的层次不同，反复弹拨不同颜色的漆料，以达到颜色锈逼真的效果。

### （六）封护

青铜壶在原来生存的大环境改变后，现有的保存条件及空气质量难以有效遏制种种不利因素，加速健康青铜文物朝其相反方向渐变的情况下，封护就是一种比较理想的解决办法。目前青铜文物保护中普遍采用的封护材料是丙烯酸类，分别采用浓度为1%、3%、5%的B-72丙酮溶液，进行喷涂试验。通过比对，1%B-72丙酮溶液封护效果不明显，5%B-72丙酮溶液涂抹后器表出现亮光，3%B-72丙酮溶液涂抹后基本上达到封护要求。采用3%B-72丙酮溶液在室内通风处，酌情刷涂一至多遍，避免造成器表色彩的偏差。封护工作完成。

## 第六节　M6:34 铜壶的修复保护

M6位于淅川县香花镇杨河村西南的老龙岗上，丹江口水库东岸淹没区，在丹江口水库蓄水前隶属于当时的郭庄村，故名郭庄墓地。1977年，河南省文物工作队丹江口水库考古队曾对该墓地进行了发掘，但由于库水上涨而没有发掘彻底。1998年春，由于丹江口水库水位下降，墓葬裸露于水面之上，不法分子趁机对该墓地进行盗掘。为保护地下文物，经上级主管部门批准，1998年3月—4月，河南省文物考古研究所、南阳市文物考古研究所、淅川县博物馆组成联合考古队，对墓地进行了抢救性发掘。发掘的这个墓葬为"甲"字形竖穴土坑墓，规模中等，墓室四壁有多少不一的生土台阶，此件青铜壶为随葬礼器，位于生土台阶的底部。

### 一、基本信息、保存现状与价值评估

#### （一）基本信息

此件青铜壶由于受墓葬封土挤压，整体破损为多个碎片，主体壶身变形严重。壶身受水土侵蚀，表面锈斑较多，有硬结物附着。青铜壶鼓腹短颈，壶身饱满，两侧肩部有双衔环。壶身整体无纹饰，壶盖铸有四钮。整体残高40厘米，口径11.5厘米，底径15厘米，重2.44千克。

#### （二）保存现状

青铜壶发掘出土后经过简单的清洗，登记基本信息资料，照相绘图，然后收藏于淅川县博物馆库房内，一直未做进一步的修复处理。

壶身通体附着绿色锈蚀，未发现粉状锈等有害锈蚀。铜壶整体断裂为10余片，但

小片较少。铜壶变形严重,特别是壶颈、壶腹部位,壶腹断片几乎折叠,圈足部位少许内凹。壶腹与圈足间残缺严重,只有一点相连接,其他部位均已缺失,残缺面积约为150平方厘米,且缺失部位上下铜质较差。壶盖、壶腹、圈足部位有孔洞,面积较小。

### (三)价值评估

**历史价值**　此件铜壶是研究和展示战国中期楚文化的重要实物资料。出土墓地为战国楚国中期贵族墓葬,对研究战国时期楚国墓葬的葬制、葬俗以及与各国的关系具有重要意义。

**艺术价值**　铜壶造型优美,铸造技巧娴熟,制作极为精致,在中国青铜艺术发展史上占有重要地位。对于研究战国时期楚国青铜器铸造工艺具有重要价值。

**社会价值**　对于研究当时的经济社会状况具有重要价值,同时对提升战国中期楚文化文物的展览、传承、弘扬南阳地区历史文明,惠及广大民众,具有不可替代的作用。

## 二、取样检测分析

**表十六　铜壶样品SEM-EDS成分分析**

| 实验编号 | 锈蚀程度评估 | 检测部位 | 主要元素含量(Wt%) | | | | | | | 合金材质及微区相 |
|---|---|---|---|---|---|---|---|---|---|---|
| | | | Cu | Sn | Pb | Cl | Fe | O | 其他 | |
| XCJX25 | | 基体微区相分析 | 70.43 | 12.98 | 5.31 | | | 3.09 | C=8.20 | |

**图表七　铜壶样品环境扫描电镜显微图片**

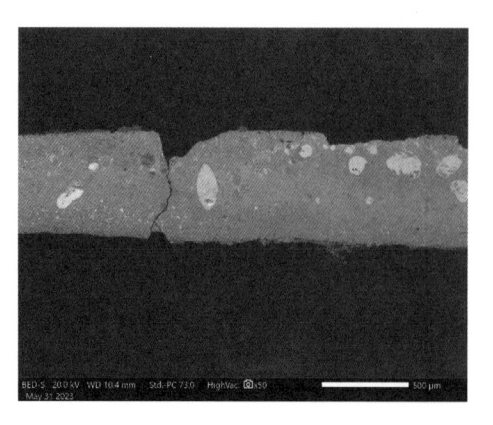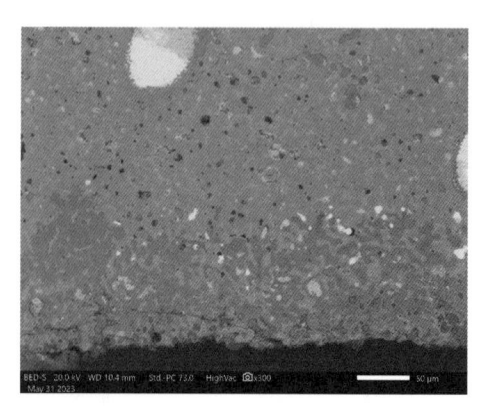

铜壶 XCJX25(SEM 背散射 50X&300X)

表十七 铜壶样品金相显微组织分析

| 实验编号 | 取样部位 | 金相组织观察结果 | 制作方法 |
|---|---|---|---|
| XCJX25 | 碎片 | α固溶体树枝晶偏析组织，大量（α+δ）共析体以岛屿状分布，铅呈细小颗粒状、大椭球状不均匀分布 | 铸造 |

图表八 铜壶样品金相组织显微图片

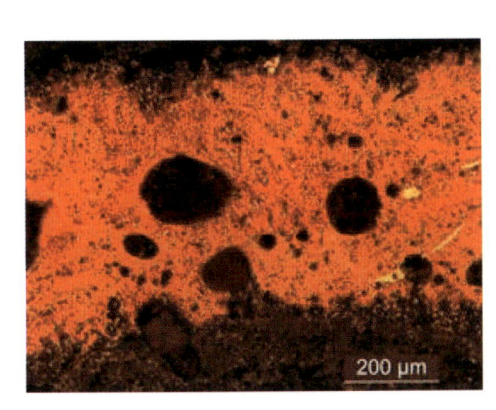
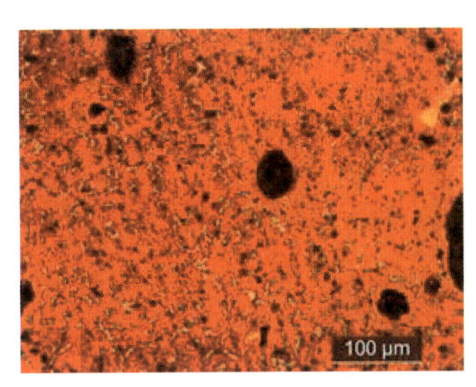

XCJX25 基体金相组织

## 三、保护修复原则、目标和技术路线

文物保护修复的过程实际上就是去除文物病变的过程，只有保留文物本来面貌，才能保存其历史价值、艺术价值和科学价值。在这一过程中始终要严格遵守《中华人民共和国文物保护法》，同时按照国际文物保护界对藏品保护修复的基本原则"保持艺术品原状"，严格遵守保护修复工作修复的适宜性、可辨识性、可再处理性的总原则。遵照"保护现状，修复原状，消除隐患，延长寿命"的工作目标，结合国际上通用的最小干预、可逆性和可再处理性三大原则，采用优化后的传统和现代技术相结合的方法，运用目前国内文物修复行业成熟的材料，按程序精心操作：清理器物表面的污垢，利用工具安全矫形，低温焊接，补缺封护，最大限度地恢复金属文物本来的艺术形象，并为文物的长期保存提供科学合理的建议，从而使其更好地服务于科学研究、陈列展览。

根据出土文物自身存在的病害特征和调查分析结果，参照《中华人民共和国文物保护行业标准可移动文物病害评估技术规程——金属类文物》（WW/T0058—2014），《中华人民共和国文物保护行业标准馆藏铁质文物病害与图示》（WW/T 0005—2007），《中华人民共和国文物保护行业标准馆藏青铜器病害与图示》（WW/T 0004—2007）制定技术路线，主要分为四个流程（包含十一项）：

（1）文物基本信息采集（影像资料、文字记录等）；

（2）保存现状调查分析（观测记录、锈蚀度检测分析、咨询专家）；

（3）保护修复处理（清洗除锈，工具矫形，黏接/焊接，补缺，封护，做旧）；

（4）建立文物修复档案（完善文字记录，文物修复前、后照片，保存、搬运注意事项）。

## 四、保护修复处理

按照前期对文物本体形貌病害特征调查，结合锈蚀成分分析，研究讨论为金属文物的保护修复处理提供充分的方法理论指导，依据文物保护技术流程图，进一步制定出详细的技术操作步骤：

清洗除锈 → 矫形 → 黏接/焊接 → 补缺 → 封护 → 做旧

工具主要有：电子天平、手术刀、镊子、电烙铁、棉签、刷子、调刀、砂纸、锉刀、手工钻、照相机、钳子、台钳、G型钳、矫形器、木工夹、电吹风、热熔胶枪、电动打磨机、卷尺、便携式洁牙机、烘干箱、毛笔、调色板等。

材料主要有：脱脂棉、铅锡、助焊剂、除锈剂、环氧树脂、3A胶水、去离子水、丙酮、无水乙醇、铜皮、石膏、滑石粉、Paroliod B-72、化学颜料、各种矿物颜料、虫胶漆等。

器皿主要有：烧杯、量杯、胶头滴管、纸杯等。

防护用具主要有：一次性口罩、一次性手套、帽子，防护衣，护目镜等。

### （一）清洗除锈

铜壶表面堆积杂质和泥土，首先用蒸馏水对青铜壶进行浸泡，浸泡周期为5天。浸泡后使用较软的毛刷轻轻刷洗，减少对器物表面的划伤。其次是器物表面的锈蚀，使用超声波清洗仪配合便携式洁牙机清理，可反复多次清理，但要避免清理过度以至于漏出铜胎。铜壶残片茬口处的锈蚀要重点清理，为避免茬口处衔接不严，使用镊子夹脱脂棉配合除锈剂对茬口处进行擦拭，经多次擦拭后再使用便携式洁牙机清除掉断茬茬口的锈蚀。

### （二）矫形

铜壶颈部、腹部、圈足变形，应先使用台钳结合G型钳，将铜壶残断的上半部固定在桌面上，再使用木工夹夹住壶颈两侧缓步用力，每隔3—5天对木工夹上紧一次，直至壶颈的弧度与壶口沿弧度一致。壶腹部位变形，使用两个G型钳分别夹住变形断片的两侧，上紧后将G型钳的上端用铁丝捆扎牢固，再用一个小号G型钳夹住中间部位，将G型钳的下端垫上一块厚度约1厘米的木块压紧，每隔3—5天增加一块木块，直至弧度变为正常弧度。圈足部位变形内凹，使用G型钳夹在内凹的部位上紧即可。使用G型钳和矫形器时，为防止对器物造成再次伤害，需在整形工具与器物接触部位垫上木板和皮垫。

### （三）黏接／焊接

壶身残断数十片，根据茬口、锈蚀颜色等信息将其一一拼对起来，使用热熔胶简单固定。对整个铜壶进行微调，调整出正确的形状后，再使用热熔胶固定。使用打磨机将拼接部位的茬口处打出坡口，漏出铜质，将助焊剂均匀地涂抹在坡口处，之后用电烙铁利用锡焊将断裂部位焊接起来。待焊接牢固后，使用钳子取下热熔胶，利用镊子夹脱脂棉蘸去离子水慢慢对焊接部位进行擦洗，以擦掉多余的助焊剂。

壶身与圈足之间只有一个长度约1厘米的茬口可相连接，其他部位使用电烙铁焊接一根铁丝将其上下连接起来。焊接的同时，逐渐调整连接的弧度和宽度，待调整完成后再将其之间焊接三根铁丝，以增加其牢固性。

### （四）补缺

铜壶缺失部位主要有壶颈、壶腹、壶腹与圈足之间三处，使用铜皮和3A胶相互配合进行补缺。壶颈、壶腹部位补缺：先使用锤子和钳子将铜皮敲打成需要的弧度和大小，再使用锡焊将铜皮焊接到缺失部位。由于焊接部位弧度不一，用去离子水清洗掉助焊剂后，使用3A胶掺滑石粉和矿物颜料补配到焊接口处，待其固化后，使用电动打磨机和砂纸打出需要的弧度。壶腹与圈足之间的残缺由于面积较大，剪出四片大小合适的铜皮，分四段进行补配。使用锤子和钳子将四片铜皮分别敲打出需要的弧度，依次进行焊接。焊接一片，拆除一根事先焊接好的铁丝，直至焊接补配完成。焊接补配后的部位由于弧度厚度不一，使用3A胶掺滑石粉和矿物颜料补配出合适的厚度和弧度。壶盖、壶腹、圈足部位的孔洞补配：使用3A胶掺滑石粉和矿物颜料进行。补配前先将孔洞一侧使用纸胶带贴出，补配后防止胶水流出，将另一侧也用纸胶带贴住，待胶固化后，揭下纸胶带再使用砂纸打磨。砂纸依次使用100目、300目、800目、1500目进行打磨，直至将补配部位打磨到需要的光滑度。

## （五）封护

使用1%的B-72丙酮溶液，对青铜壶进行涂刷封护。使用毛刷直接蘸B-72轻轻刷在器物表面，而补配部位则使用喷壶喷出B-72进行封护，将环境中的氧气、水分与器物隔绝，最大限度降低有害成分对器物的侵害。

## （六）做旧

补配部位与器物色调不一致，为有利于陈展，对补配部位进行做旧处理。根据铜壶表面锈蚀的颜色层次，采用化学颜料、矿物颜料、虫胶漆片汁经过不同的配比调成相近色调，进行做色。分别用抹、弹、拨、画、描、点、喷等不同的方法做色，每做一层颜色后喷涂一层泥汁。要严格控制着色范围，达到与原器物颜色相近似即可。

# 第七节 M6∶36铜鼎的修复保护

## 一、基本信息、保存现状与价值评估

### (一) 基本信息

表十八 M6∶36铜鼎简要信息表

| 编号 | 名称 | 质地 | 时代 | 病害描述 | 备注 |
|------|------|------|------|----------|------|
| M6∶36 | 鼎 | 青铜 | 战国 | 通体锈蚀，残破，裂隙，变形缺失 | |

### (二) 保存现状

该铜鼎圆口微敛，短折沿，方唇，沿面内斜，双附耳，浅腹微鼓，圆底近平，三足缺失，上腹部饰两周蟠虺纹。鼎身有绿褐色、蓝色、灰白色层状锈蚀，底部有黑色锈蚀，蓝锈相间，锈蚀严重。该器物为实用器，出土时破损严重，鼎破碎为7块，部分缺失鼎身口沿有8厘米缺失，鼎盖中部缺失较多。口径29.8厘米，腹深15.5厘米，残高14厘米，耳高8.5厘米，耳宽5厘米，耳厚1.4厘米，重3720千克。盖中心有一兽形錾，中间加一圆环，有多道蟠虺纹与弦纹相间，盖边缘有三个低头小牛，造型精美。

### (三) 价值评估

中国青铜器经历了漫长的发展历程，距今5000年左右的仰韶文化马家窑类型遗址中出土的青铜刀是迄今为止最早的青铜器物，商周时期进入了鼎盛阶段。春秋战国时期，青铜鼎已经成为贵族社会的象征，有着非常高的艺术价值和历史价值，体现了古人的智慧和美感。青铜器除了可以作为烹饪食物的实用器，还可以用来祭祀祖先、庆祝胜利、纪念重大事件等。鼎是青铜礼器中的主要食器，在古代社会中，用它来"明尊卑，别上下"，用作统治阶级等级制度和权力的标志。青铜鼎是在新石器时代陶鼎的基础上发展而成的，历经各个朝代，一直沿用到两汉乃至魏晋，是使用时间最长、变化最大的器物之一。

## 二、取样检测分析

### 图表九 铜鼎锈蚀物样品信息表

| 器物名称 | 器物编号 | 时代 | 实验编号 | 样品简介（锈蚀颜色） |
|---|---|---|---|---|
| 铜鼎 | M6:36 | 战国 | XC05 | 蓝色锈蚀 |

铜鼎 XC17（蓝色锈蚀）色彩形貌（超景深 200X&400X）

### 表十九 铜鼎样品SEM-EDS成分分析

| 实验编号 | 锈蚀程度评估 | 检测部位 | 主要元素含量（Wt％） | | | | | | 合金材质及微区相 |
| | | | Cu | Sn | Pb | Cl | Fe | O | 其他 | |
|---|---|---|---|---|---|---|---|---|---|---|
| XCJX27 | 完全腐蚀 | 基体微区相分析 | 53.36 | 12.61 | 16.07 | | | 7.96 | C=9.37 S=0.63 | 铅氧化物 |

### 图表十 铜鼎样品环境扫描电镜显微图片

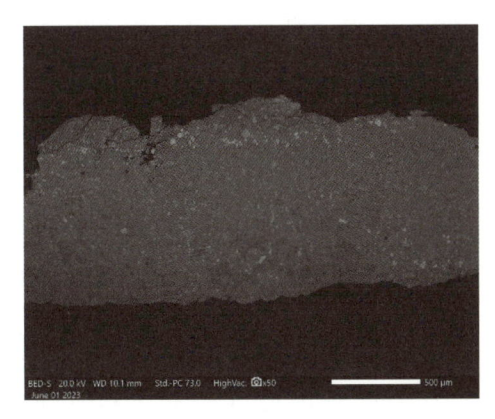
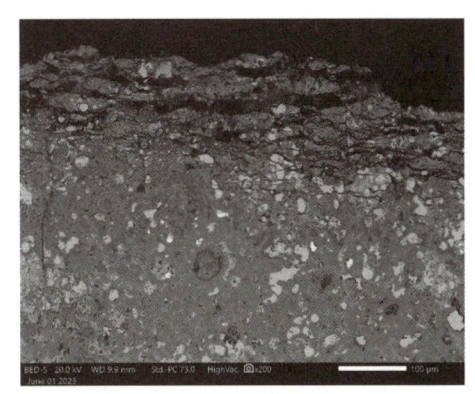

铜鼎 XCJX27（SEM 背散射 50X&200X）

### 表二十 铜鼎样品金相显微组织分析

| 实验编号 | 取样部位 | 金相组织观察结果 | 制作方法 |
| --- | --- | --- | --- |
| XCJX27 | 碎片 | 本体已完全锈蚀矿化，金属原具树枝晶结构已被腐蚀产物假相替代，局部残留未完全腐蚀岛屿状零星（α+δ）共析体和α固溶体，铅多已腐蚀迁移转变为碳酸铅，腐蚀产物内部均匀分布 | 铸造 |

### 图表十一 铜鼎样品金相组织显微图片

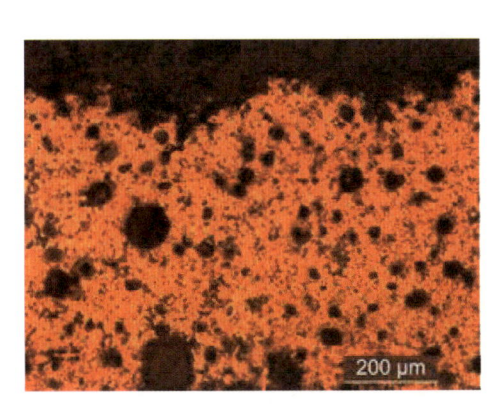
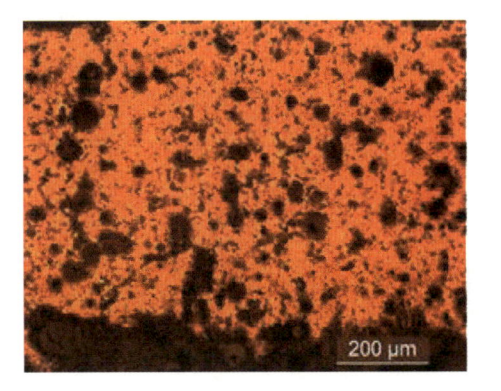

XCJX27 基体金相组织

## 三、保护修复工作原则、目标和技术路线

文物保护修复的过程实际上就是去除文物病变的过程。在这一过程中始终要严格遵守《中华人民共和国文物保护法》，同时按照对文物修复保护过程中修旧如旧、不改变文物原貌的真实性及可操作性的原则，结合国际上通用的最小干预、可逆性和可再处理性三大原则，采用传统和现代技术相结合的修复方法，运用目前国内文物修复行业成熟的材料，按程序精心操作：清理器物表面的污垢，利用工具安全矫形，低温焊接，补缺封护，最大限度地恢复铜鼎本来的艺术形貌，并为文物的长期保存提供科学合理的建议和坚持定期巡查监测制度，从而使其更好地服务于科学研究、陈列展览。

根据出土文物自身存在的病害特征和调查分析结果，参照《中华人民共和国文物保护行业标准可移动文物病害评估技术规程——金属类文物》（WW/T0058—2014），《中华人民共和国文物保护行业标准馆藏青铜器病害与图示》（WW/T0004—2007）制定技术路线，主要分为四个流程[包含十一项文物基本信息采集（影像资料、文字记录等），保存现状调查分析（观测记录、锈蚀度检测分析、咨询专家），保护修复处理（清洗除锈，工具矫形，低温铅、锡焊，补缺，封护，做旧），建立文物修复档案（完善文字记录，文物修复前、后照片，保存、搬运注意事项）]。

文物基本信息采集

（影像资料、文字记录等）

↓

保存现状调查分析

（观测记录、锈蚀度监测分析、咨询专家）

↓

保护修复处理

（清洗除锈，工具矫形，低温铅、锡焊，补配，封护，做旧）

↓

建立文物修复档案

（完善文字记录，文物修复前、后照片，保存、搬运注意事项）

## 四、保护修复处理

根据文物病害特征，为青铜鼎的保护修复处理提供了充分的保护方法。依据文物保护技术流程图，进一步制定出详细的技术操作步骤：

清洗除锈 → 拼接 → 矫形 → 焊接 → 补缺 → 封护 → 做旧

工具主要有：手术刀、棉签、刷子、G型钳、推拉器、自制整形工具、数码温控烘烤箱、电烙铁等。

材料主要有：助焊剂、环氧树脂、去离子水、丙酮、无水乙醇、0.5毫米铜皮、石膏、脱模剂、碳酸氢钠、锌粉、EDTA二钠盐、BTA、氢氧化钠、Paroliod B-72、各种矿物颜料、倍半碳酸钠、氯化锌等。

### （一）清洗除锈

铜鼎矿化严重，附着较厚的锈蚀物和土垢结核，用5%EDTA溶液将铜鼎残片浸泡，软化附着物，去除有害物质；再用去离子水进行中和，用毛刷及竹签细细剔除器物表面附着物及土锈。附着力较强的锈蚀物，可反复多次操作，对于稳定性能很好的锈蚀层则加以保留。

### （二）拼接

青铜鼎出土时整件器物碎为七片，根据碎片裂痕不同，进行反复比对拼接。在拼接过程中，要了解清楚结合的缝隙是否紧密，彼此之间是否变形，每拼对一块，做好标识并且编上号码。通过拼接，得知鼎腹部存在严重变形。

### （三）矫形

由于铜鼎矿化严重，因此在矫形过程中容易出现断裂。矫形采用多功能圆盘推拉矫形器进行工作，辅以G型钳和大力钳，边观察，边加力。多功能矫形器便于操作，推拉过程便于控制和掌握，可循序渐进，适可而止使其归位，尽可能排除对变形部分金属受力点或面的人为破坏矫正行为。经过一段时间，待变形部位完全归正后，矫形工作完成。

### （四）焊接与黏接

对矫形好的部位进行焊接，有错位的地方边焊边整形，焊接前先打坡口，坡口厚度是器壁的1/3，器壁薄打得宽一些，这样焊接才会牢固。对于铜质较差的部位，在焊接完成后才能黏接，因为焊接有一定温度，顺序不可颠倒。

## （五）补缺

铜鼎口部、腹部及底部均出现不同程度残缺现象。将黄铜片用火加热，捶打出补缺的形状，使其和残缺部位完美合为一体，将其焊接。由于三个鼎腿缺失，参考同类器形塑性，然后翻石膏模，步骤如下：①在塑性的基础上，用泥巴把鼎腿围一半，敷上石膏，厚度大约1厘米。固化后，取下泥巴，在石膏模上挖几个小洞（子母扣），再翻另一半。②取下石膏外模并在底部挖一浇口，去除原塑性的鼎腿，在石膏外模内贴一层橡皮泥，将模子扣在鼎腿茬口上，把调制好的石膏倒入模子内，固化后取下外模，去除贴敷的橡皮泥。待石膏芯晾干后，扣上外模，浇铸焊锡，而后打磨修整即可。

## （六）封护

在文物保护中，B-72是比较成熟的封护材料，可以有效地阻挡有害物对文物本体的侵蚀，而且具有可逆性和再处理性，不会对文物本体造成破坏。使用3%B-72丙酮溶液，喷涂时将文物放置在通风橱中进行。

## （七）做旧

使用无机矿物颜料加漆皮汁进行调和。先做底色，而后用牙刷弹涂一些泥巴，待干后再根据周边颜色的层次，弹涂一层颜色，喷涂一层泥巴，反复多做几遍，使之与周边颜色接近即可。

## 第八节　M6:37铜鼎的修复保护

### 一、基本信息与价值评估、保存状况和病害调查

#### （一）基本信息与价值评估

表二十一　M6:37铜鼎简要信息表

| 编号 | 名称 | 质地 | 时代 | 尺寸重量 | 备注 |
|---|---|---|---|---|---|
| M6:37 | 铜鼎 | 青铜 | 战国 | 残高：8.5cm，口径：29.5cm，重4.75kg | |

该器物有盖，盖隆起，中间有一桥形钮，钮的两端各有一兽头，钮内套一圆环，盖周边有三个牺兽钮。器为子口内敛，圆角长方形附耳外侈，鼓腹，平底，下承三兽蹄足（足下半部残缺）。盖正中饰交叉蟠虺纹，其外饰一周绚索纹，一周S状云纹，又一周绚索纹，再外饰两周凸弦纹；外周凸弦纹内外侧各饰一周蟠虺纹。鼎耳饰蟠虺纹，鼎腹饰一周凸弦纹，其上下侧饰一周蟠虺纹。

**价值评估**　铜鼎，最初用来烹煮食物，后主要用于祭祀和宴享，是商周时期最重要的礼器之一。为研究楚国贵族当时奢华的社会生活及铸造工艺提供了一定的实物依据。

**历史价值**　M6是战国楚中期贵族墓葬，对研究战国时期楚国墓葬的葬制、葬俗以及与各国的关系具有重要意义。

**艺术价值**　器物的造型、纹饰是当时社会审美的体现，是造型艺术和装饰艺术的结晶。这件铜鼎造型具有代表性且纹饰丰富，对于研究战国楚中期贵族青铜器的铸造工艺和纹饰特征具有重要意义。

**科学价值** ①对于器物器形、纹饰等研究，可以判别文物的制作年代及地域特征。②对于器物制作工艺的研究，可以推测其制作方法和工艺，进而了解古人的技术成就和当时的社会生产力水平。③通过各种无损或微损分析，可以测定器物的合金配比、锈蚀成分、保存状况，对进一步认识器物的制作水平和制定保护修复路线具有指导意义。

## （二）保存状况

铜鼎于1998年由淅川郭庄墓地发掘出土，经过前期简单的清洗之后，登记基本的信息资料，然后收藏于河南省文物考古研究院库房内。长时间放置于库房，没有得到有效的保护，文物本体面临进一步破损濒危状态，不利于文物的长久保存与展示，亟待保护修复。

鼎盖破碎断裂、残缺，变形较严重，内部附着绿色锈蚀。鼎盖破碎大小约35块，鼎盖边缘有一处补铸痕迹。盖口径33厘米，口沿壁厚0.6厘米，盖顶壁厚0.15厘米。

鼎身口沿完整，口沿局部变形略呈椭圆，鼎耳断裂，腹部出现断裂、缝隙病害。其中腹部严重变形，局部发现残缺，底部变形、断裂，有烟灰痕迹。鼎足残缺下半部分，其中一足是二次补铸浇铸。器物表面有灰尘，口沿内部有蓝色锈蚀，腹部、底部有浅绿色锈蚀。鼎身部破碎大小28块。鼎身口径29.5厘米，口沿壁度0.9厘米，残高8.5厘米，腹部壁度0.15厘米，底径15.5厘米，底部壁厚0.2厘米。

## （三）病害调查

依据《中华人民共和国文物保护行业标准——馆藏金属文物保护修复方案编写规范》（WW/T 0009—2007），《中华人民共和国文物保护行业标准——馆藏青铜质和铁质文物病害与图示》（GB/T 30686—2014），《中华人民共和国文物保护行业标准——馆藏金属文物保护修复记录规范》（国家标准 GB/T 30687—2014），《中华人民共和国文物保护行业标准——可移动文物病害评估技术规程—金属类文物》（WW/T 0058—2014），通过现场调查分析，这件铜鼎M6：37在埋藏中存在严重的因外力作用而造成的残缺、裂隙、断裂、变形等物理损害；同时也有微生物、地下水、土壤的影响产生的生物、化学危害。主要特征为表面硬结物、全面腐蚀等锈蚀物，对文物的本体保存有着较大的威胁。

## 二、取样检测分析

### 表二十二 铜鼎样品SEM-EDS成分分析

| 实验编号 | 锈蚀程度评估 | 检测部位 | 主要元素含量（Wt%） | | | | | | | 合金材质及微区相 |
| --- | --- | --- | --- | --- | --- | --- | --- | --- | --- | --- |
| | | | Cu | Sn | Pb | Cl | Fe | O | 其他 | |
| XCJX28 | 完全腐蚀 | 基体微区相分析 | 17.65 | 20.82 | 24.11 | | | 24.55 | C=9.59 Si=1.41 Fe=1.88 | 铅氧化物 |

### 图表十二 铜鼎样品环境扫描电镜显微图片

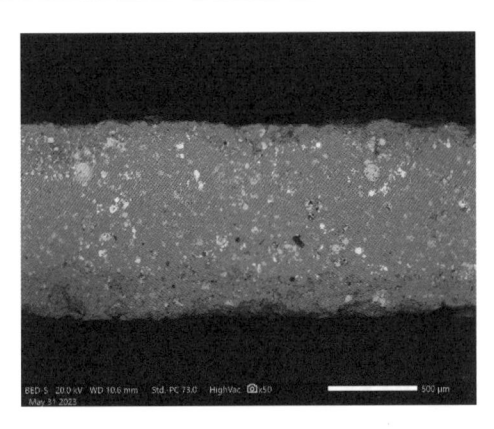 

铜鼎 XCJX28（SEM 背散射 50X&300X）

### 表二十三 铜鼎样品金相显微组织分析

| 实验编号 | 取样部位 | 金相组织观察结果 | 制作方法 |
| --- | --- | --- | --- |
| XCJX28 | 碎片 | 基体已完全锈蚀矿化，金属原具树枝晶结构已被腐蚀产物假相替代，局部残留未完全腐蚀岛屿状零星（α+δ）共析体和α固溶体，铅多已腐蚀迁移转变为碳酸铅，腐蚀产物内部均匀分布 | 铸造 |

## 图表十三 铜鼎样品金相组织显微图片

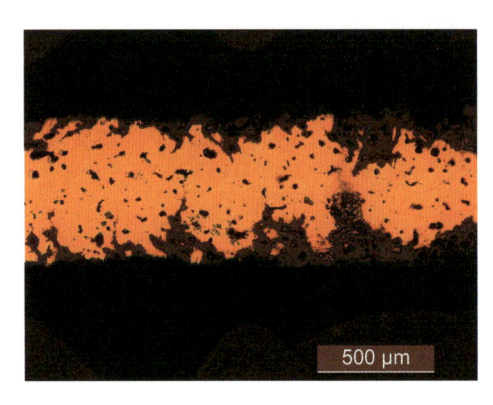
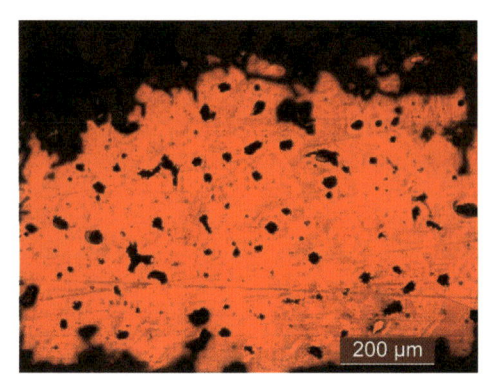

XCJX28 基体金相组织

# 三、保护修复原则与目标

## （一）相关法律法规

（1）《中华人民共和国文物保护法》（2017）；

（2）《中华人民共和国文物保护法实施条例》（国务院，2017）；

（3）《中国文物古迹保护准则》（ICOMOS CHIINA，2002）；

（4）《国际古迹保护与修复宪章》（《威尼斯宪章》）。

## （二）保护修复原则

（1）不改变文物原状；

（2）最小干预性；

（3）可再处理性；

（4）可识别与整体协调相结合性。

## （三）相关文物规范

（1）《馆藏金属文物保护修复方案编写规范》（中华人民共和国文物保护行业标准，WW/T 0009—2007）；

（2）《馆藏金属文物保护修复档案记录规范》（国家标准，GB/T 30687—2014）；

（3）《馆藏青铜质和铁质文物病害与图示》（GB/T 30686—2014）；

（4）《可移动文物病害评估技术规程金属文物》（中华人民共和国文物保护行业标准，WW/T 0058—2014）；

（5）《博物馆藏品保存环境试行规范》。

### （四）工作目标

根据铜鼎的具体情况，明确了消除文物病害、维持文物稳定状态、恢复文物历史原貌的基本工作目标，具体分步目标如下：①调查文物现状，评估病害。②清洗，去除文物表面有害物质。③加固，保存文物表面重要信息。④整形、焊接/黏接、补配，恢复文物原状。⑤封护，维持文物稳定状态。⑥做旧，恢复文物原貌。⑦完善文物保护修复档案，编写修复报告。此次保护修复好的文物将消除病害腐蚀进程，最大限度地延长文物的寿命，满足文物保存与展示需求，为研究淅川地区不同时期青铜铸造技术提供重要的实物依据。

### （五）保护修复技术路线

文物基本信息采集

（影像资料、文字记录等）

↓

保存现状调查分析

（观测记录、锈蚀度监测分析、咨询专家）

↓

保护修复处理

（清洗除锈，工具矫形，低温铅、锡焊，补配，封护，做旧）

↓

建立文物修复档案

（完善文字记录，文物修复前、后照片，保存、搬运注意事项）

## 四、保护修复处理

根据文物病害特征，为青铜鼎的保护修复处理提供了充分的保护方法，依据文物保护技术流程图进一步制定出详细的技术操作步骤：

清洗除锈 → 拼接 → 矫形 → 焊接 → 补缺 → 封护 → 做旧

工具主要有：手术刀、棉签、刷子、G型钳、推拉器、自制整形工具、数码温控烘烤箱、电烙铁等。

材料主要有：助焊剂、环氧树脂、去离子水、丙酮、无水乙醇、0.5毫米铜皮、石膏、脱模剂、碳酸氢钠、锌粉、EDTA二钠盐、BTA、氢氧化钠、Paroliod B-72、各种矿物颜料、倍半碳酸钠、氯化锌等。

### （一）基本信息采集建档

修复前对铜鼎进行直径、高度、重量测量，并详细记录器物修复前原状及保存状况并拍摄照片留档，绘制病害图。

### （二）取样检测分析

进行取样分析，先把白色指示箭头放在需要取样部位上，并进行拍照。取样工具分别使用手术刀、尖嘴钳、自封袋、标签纸，把取下的样品放入自封袋进行编号并标注需要检测的目的（基体成分、锈蚀产物）。使用电子扫描显微镜、体视显微镜观察和留取器物表面形貌信息；采集具有代表性的部位和器物残片，通过金相显微镜分析了解器物的组织结构，采取XRF和EDS等分析有害锈的具体成分。

### （三）清洗

把铜鼎碎块放进塑料容器里，注入去离子水，水量浸没器物为准，浸泡12小时，用软毛刷子清洗表面的浮土灰尘，观察表面的清洗效果。如表面还有少量灰尘污渍，可以进行第二次浸泡清洗。清洗干净后，放入加热烘干箱进行加热干燥，温度设置为65℃，时间2小时，器物表面完全干燥。

### （四）整形

铜鼎放在圆盘矫形器上转动螺杆固定口沿部位，口沿表面与螺杆之间放入橡胶垫，使用G型钳、F夹固定铜鼎内部口沿，转动螺杆使受力点向下收拉。腹部局部变形处使用大力钳整形，鼎耳处使用加热整形，把耐高温胶带贴敷在变形部位，使用丁烷便携气瓶点火加热3—6秒钟，随后用大力钳整形，过程中注意力度把握。鼎底碎块变形处用两个G型钳与自制木块对局部凹陷处进行整形处理，操作过程中注意观察变化。旋转G型钳螺杆，利用G型钳施加的外力和铜体本身的延展性，使张力向内收缩。不要一次转动太多，慢慢整形，一步步调整方法，使变形部位恢复原状。腹部局部变形处使用小型G型钳整形，借助铁丝、木块等材料，在整形过程中观察整形的变化，直到变形处复原。

铜盖整形。借助铜鼎口沿的圆弧度为依据，把盖口沿碎块放在鼎口沿上，用热熔胶临时固定，把整个鼎盖口沿拼对黏接完整，其中有变形的部位同样使用小型G型钳进行整形操作。

### （五）焊接/黏接

（1）焊接。鼎身碎块采用传统锡焊焊接技术。把器物不同残片按照从口部到底部的顺序进行焊接，需要在焊接处使用电磨打制坡口。打制坡口的位置要在无纹饰部位。焊接前坡口表面涂抹焊剂（盐酸锌），然后用电烙铁熔解焊锡焊接，先进行点焊临时固定，观察器物焊接口的平整情况，无错位或弧度正确吻合，再把焊接缝通体焊牢。

最后等所有需要焊接的部位焊接完成后，把器物放置去离子水容器里进行浸泡24小时，使焊缝中残留的焊剂溶液溶解出来。

（2）黏接。鼎盖碎块由于已失去金属质地，无法采取焊接方法，采用高分子黏接材料进行黏接。黏合剂为AAA双组分胶。首先对碎片进行"预拼"以确定黏合的依次顺序，从而确保所有碎片都能最终拼上。按照使用说明胶体和固化剂1∶1进行配比混合。黏接前需要用无水乙醇清洗黏接位置，然后涂上AAA双组分胶，把两块碎块茬口拼对用力压紧，用脱脂棉蘸取少许酒精溶剂并挤成半干，将溢出断缝外的胶黏剂擦拭干净。为了防止接口在胶黏剂未固化前出现移动错位，对黏接拼合后的各部位仍用热熔胶固定，等待12小时胶体完全固化后修整打磨，去除热熔胶。

其中有些碎块悬空处先使用铁丝、木杆临时固定，再用胶体黏接起来，等待胶体固化后再去除临时固定材料。

### （六）补配

依据现有器物纹饰形态，采用石膏和硅橡胶翻模法，使用铜皮、AAA双组分胶、速成铜胶棒等材料进行缺失部分补配。

（1）铜皮与AAA双组分胶补配。铜鼎腹部、底部、鼎盖部位选取铜皮进行敲击，使之与器物的形状、弧度相吻合。敲击过程中需要对铜皮进行加温退火，恢复其柔韧性。用硬纸片裁剪出缺失部位小样，然后粘贴在铜皮上，用油性笔或铅笔在铜皮上勾勒出缺失处的轮廓，用剪刀沿着轮廓对铜片进行裁切，随后放在铁砧上捶打出所需要形状与弧度，最后使用电烙铁焊接或黏接。使用AAA双组分胶涂抹在铜皮内外，一方面增加其强度，另一方面也可对铜皮表面或焊接连接处进行批抹平整。

（2）残缺面积较小部位的补配。底部采用速成铜胶棒进行补配。首先，将缺失处断面上的浮锈清理干净。其次，取出塑料管中的速成铜胶体，切下所需用量，将胶体内芯与外皮不同颜色的材料用手充分揉和成一色（1—2分钟），直到均匀为止。将揉好的胶体用力压实粘牢到修补处。混合后的黏体静置10—20分钟后即可变得非常坚硬。对固化后的补配处进行打磨修整，使补配处与周围器面形状与厚度一致。

（3）速成铜胶棒补配。铜鼎腹部及纹饰处、鼎盖纹饰缺失部位，采用硅橡胶材料进行翻模补配。操作方法：①首先在器物铜鼎腹部、鼎盖上找出与残缺部位相同的纹饰带，涂抹上一层脱模剂（洗洁精）等待干燥。②用硅橡胶按照比例100：2与固化剂充分调和均匀，把胶液涂抹在器物表面上，再贴敷一层纱布贴合，再涂抹第二遍胶液，等待完全固化。③固化后用石膏液体涂抹在硅橡胶表面，做一层石膏外壳用于托衬，防止硅胶变形。④把胶棒充分揉和后涂抹于硅橡胶磨具上，固化后取下用电磨或手术刀修裁形状，把纹饰补配件贴在腹部、鼎盖铜皮上，按照缺失纹路拼对，最后再用AAA两组分胶黏接，固化后边缘处修整打磨。

（4）铜鼎鼎足由于缺失下半部，无完整鼎足参考，故无法补配完整，只参考其中一个鼎足长度，补配另外两个鼎足的长度。首先使用石膏在比较长的鼎足上翻制模具，做出两个鼎足的补配件，补配材料使用AAA两组分胶与滑石粉。把胶体与滑石粉充分搅拌均匀，黏稠度达到似面团状，然后把胶体填入石膏模具中，固化后取出补配件，最后用热熔胶把补配件与鼎足残缺处黏接，使其三个鼎足都处在一个平面上，保证铜鼎的整体稳固。后期补配处不做旧，便于以后找到鼎足可以去掉更换。

### （七）封护

为了阻止环境因素、人为因素对器物可能造成的二次损害，更加有效地保护已修复的铜鼎，在完成以上修复程序后，选用 1%—3%浓度的Paraloid B-72丙酮溶液作为封护剂，采取涂刷的方式对器物内外进行封护。此操作需重复两次，且每次涂刷时要选择相互交叉的方向进行，避免或减少眩光的产生。

### （八）做旧

使用漆片与酒精按比例配比成漆片汁，用排笔蘸漆皮汁和矿物颜料进行调和做旧，根据器物的锈色层次做出相近的色彩。做旧时为使色彩层次感强，应把握由浅至深原则。处理后的器物达到与原物锈色基本一致，陈列时看不出修复痕迹，但专业人员可辨识的效果。

### （九）完善修复档案

保护修复工作完成后，对器物建立完整的修复档案，记录内容为器物编号、名称、时代、材质、级别、尺寸、重量、器形、纹饰，修复起止时间，修复后总结报告，修复者，修复前、后照片，采样检测数据修复中用材、工艺流程等所有记录资料，均应归入藏品档案。

保护修复后铜鼎表面历史信息和纹饰处无损伤，各种化学试剂对器物无明显腐蚀，器物颜色无明显改变，器形恢复，纹饰保持洁晰，表面清洁，使文物病害得到延缓或抑制，整体处于完整、稳定及安全的状态，利于文物长久保存，能够满足陈列展览和学术研究需要。

## 五、预防性保护建议

保存环境是金属质文物保护修复后是否继续发生病变的决定因素，环境因素包括温、湿度，光辐射，空气污染物，生物的病菌、霉菌等多个方面，无论是物理、化学以及生物的有害物质，都能不同程度地直接或间接对文物造成污染或损害，所以在保存、展示时必须进行严格的环境控制。修复后的铜鼎在保存、展示时要进行严格的环境控制。

### （一）控制温湿度

青铜器腐蚀往往来自周围环境的改变，所以文物要保存在相对稳定的环境中，与周围环境建立一种平衡。适于青铜器的保存条件是：相对湿度40%，日波动范围<5%，温度 20℃，日波动范围<5℃。[国际文物保存科学会、ICOM（国际博物馆学会）、ICCROM（国际保存修复中心等）组织推荐。]

### （二）控制污染物接触

污染物具有迁移、转化、活性和持久性、腐蚀性，所以要控制和预防污染源对青铜器带来的物理、化学的危害。在存放器物的场所要有通风、过滤设施，器物应存放在密闭的文物柜中，且修复完成的器物最好单独放置，严禁与未保护处理的器物放置在一起，以免病害传染。因此，定期观察和日常监控是抑制病害发生的有效手段。尽量做到及时发现并即时解决问题。

## （三）控制光照度

文物保护修复时黏接、封护等阶段所使用的材料如 B-72、胶黏剂等均为有机质材料，光的照射对这些材料是危险的，不仅会导致修复材料变色，而且会导致强度的改变。故为文物的安全起见，应当在保护修复后保存或展示时采取以下措施：使用遮光的文物柜或囊匣；使用无紫外线光源，降低展示时的照度。

# 第九节 M6:39 铜鼎的修复保护

## 一、基本信息、保存现状与价值评估

### （一）基本信息

青铜鼎有子母口盖，鼎身有双附耳，圜底，三蹄形足。鼎盖顶略凸，三立牛形钮鼎立，盖中心为一蛇钮，钮上套环。环的一面饰斜线纹，另一面饰三角雷纹；盖面纹饰由三条凸弦纹分为四层，内层以钮为中心，紧贴第一道弦纹内侧饰一圈卷云纹，每两道弦纹和鼎盖口沿上方分别饰一周夔纹；鼎腹口沿下分别饰两周夔纹，中间用一道凸起弦纹分隔。

表二十四 M6:39 青铜鼎简要信息表

| 编号 | 名称 | 质地 | 时代 | 病害描述 | 备注 |
|---|---|---|---|---|---|
| M6:39 | 铜鼎 | 青铜 | 战国 | 裂缝、残缺、变形，表面硬结物 | |

### （二）保存现状及价值评估

埋藏过程中，由于青铜器长期处在黏土中，地下水位反复升降，填土不断在潮湿的状况下变化，受到地下酸、碱、盐等化学元素和其他物质及微量气体的侵蚀，青铜器锈蚀速度加快。另外，受墓室坍塌造成的长期挤压破坏，破损十分严重，出土后随着保存环境的改变，有害气体及水汽带来的氧化锈蚀在一天天加剧，有些器物甚至出现了发展迅速的有害锈。这些有害锈未及时有效处理，这些器物就直接入藏博物馆库房或上展，给文物长久保存带来严重威胁。

铜鼎及鼎盖通体附着绿色、浅蓝色锈蚀，鼎盖的局部有类似铁锈的黄色锈蚀。鼎盖和器身破损非常严重，有两鼎耳脱落，三条鼎腿均有不同程度的缺失。

铜鼎对研究战国青铜礼器冶炼技术及其发展提供了非常重要的实物资料。从铸造工艺方面观察青铜鼎是属于分范铸造，将其放入器身铸模内相应的部位，浇铸铜液。这件青铜鼎是研究战国这一地域青铜冶炼铸造技术的重要实物之一。

## 二、取样分析检测

**表二十五 铜鼎样品SEM-EDS成分分析**

| 实验编号 | 锈蚀程度评估 | 检测部位 | 主要元素含量（Wt%） | | | | | | | 合金材质及微区相 |
|---|---|---|---|---|---|---|---|---|---|---|
| | | | Cu | Sn | Pb | Cl | Fe | O | 其他 | |
| XCJX30 | 完全腐蚀 | 基体微区相分析 | 24.34 | 23.24 | 7.03 | | 4.89 | 15.85 | C=23.03 Si=0.64 P=1.00 | α 固溶体 |

**图表十四 铜鼎样品环境扫描电镜显微图片**

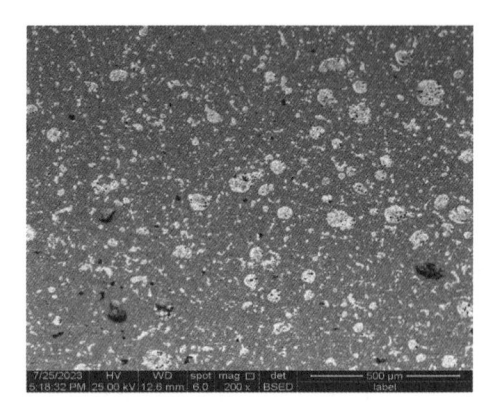

铜鼎 XCJX30（SEM 背散射 50X&200X）

**表二十六 铜豆样品金相显微组织分析**

| 实验编号 | 取样部位 | 金相组织观察结果 | 制作方法 |
|---|---|---|---|
| XCJX30 | 碎片 | α 固溶体树枝晶偏析组织，大量（α+δ）共析体以岛屿状分布，铅呈细小颗粒状、大椭球状不均匀分布 | 铸造 |

### 图表十五 铜鼎样品金相组织显微图片

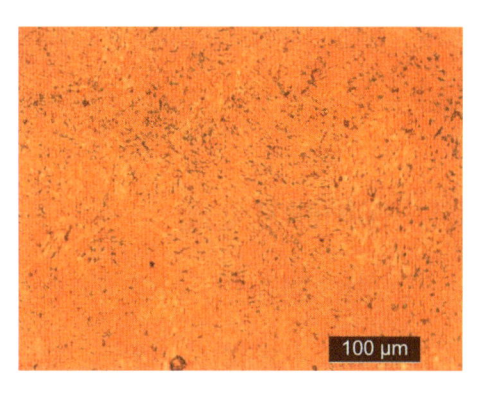

XCJX30 基体金相组织

## 三、保护修复工作原则目标和技术路线

文物保护修复的过程实际上就是去除文物病变的过程，只有保留文物本来面貌，才能保存其历史价值、艺术价值和科学价值。在这一过程中始终要严格遵守《中华人民共和国文物保护法》，同时按照国际文物保护界对藏品保护修复的基本原则"保持艺术品原状"，严格遵守保护修复工作修复的适宜性、可辨识性、可再处理性的总原则。遵照"保护现状，修复原状，消除隐患，延长寿命"的工作目标，结合国际上通用的最小干预、可逆性和可再处理性三大原则，采用优化后的传统和现代技术相结合的方法，运用目前国内文物修复行业成熟的材料，按程序精心操作：清理器物表面的污垢，利用工具安全矫形，低温焊接，补缺封护，最大限度地恢复金属文物本来的艺术形象，并为文物的长期保存提供科学合理的建议，从而使其更好地服务于科学研究、陈列展览。

根据出土文物自身存在的病害特征和调查分析结果，参照《中华人民共和国文物保护行业标准可移动文物病害评估技术规程——金属类文物》（WW/T 0058—2014），《中华人民共和国文物保护行业标准馆藏铁质文物病害与图示》（WW/T 0005—2007），《中华人民共和国文物保护行业标准馆藏青铜器病害与图示》（WW/T 0004—2007）制定技术路线，主要分为四个流程（包含十一项）：

（1）文物基本信息采集（影像资料、文字记录等）；

（2）保存现状调查分析（观测记录、锈蚀度检测分析、咨询专家）；

（3）保护修复处理（清洗除锈，工具矫形，黏接/焊接，补缺，封护，做旧）；

（4）建立文物修复档案（完善文字记录，文物修复前、后照片，保存、搬运注意事项）。

## 四、保护修复处理

前期所做的调查分析讨论为青铜鼎的保护修复处理提供了充分的方法理论指导，依据文物保护技术流程图，进一步制定出详细的技术操作步骤：

清洗除锈 → 拼接 → 矫形 → 焊接 → 补缺 → 做旧 → 封护

工具主要有：超声波、手术刀、棉签、刷子、台钳、C型钳、推拉器、自制整形工具、数码温控烘烤箱、电烙铁等。

材料主要有：助焊剂、双组分环氧树脂、去离子水、丙酮、无水乙醇、高分子材料、0.5毫米铜皮、石膏、硅橡胶、脱模剂等。

### （一）清洗除锈

将铜鼎残片置于蒸馏水中浸泡20—30分钟，用毛刷或牙刷等工具清洗器物表面附着物及土锈。用竹签或手术刀剔除铜鼎纹饰区域的表面锈蚀和硬结物，对于非纹饰区域稳定性能很好的锈蚀层则加以保留。清理时避免伤及纹饰，重点清理断面茬口，便于日后拼接。

### （二）拼对

铜鼎盖表面和鼎的口沿及腹部破损很严重，碎片很多。在矫形和焊接之前花费了一些时间对碎片进行"预拼对"。对铜鼎碎片拼对后的观察，铜鼎口沿没有严重的变形，但是碎片和相关联碎片间存在轻微的变形。铜鼎器身的焊接顺序和思路还是从口沿开始焊接，然后是口沿下方的纹饰带，根据实际碎片情况一层一层的焊接直到铜鼎底部及所有碎片合拢，最后是鼎腿和鼎耳的合拢。最终铜鼎的器形要根据碎片之间的关联关系以及鼎腿和鼎耳的位置确定。

### （三）矫形和焊接

根据铜鼎破损和变形的特点，实际操作主要是对残片的矫形。将残片放置于凹形铁錾上，用锡锤对变形部位进行适度的敲击。这件铜鼎表面有出现酥粉情况，矫形的力度尤为重要。

整个铜鼎的焊接顺序是先对鼎盖矫形焊接，再对鼎器身进行复原。鼎器身焊接从口沿开始，口沿焊接完成后，是口沿下方的两圈纹饰带。先把属于第一圈的纹饰碎片焊接，再焊接属于第二圈纹饰的碎片，以此类推，层层递进，最后焊接鼎底部的碎片。在底部碎片最后合拢时，在底部和对应相连接的鼎腹部各用一个C型夹固定在合适的位置，通过用塑料轧带施力使鼎底部和腹部达到合拢。

鼎盖和铜鼎的整体矫形和焊接完成后，统一用工具把焊接补配处的焊锡打磨平整，再用原子灰把打磨处反复涂抹打磨平整，反复多次，直至周围平整度相同。焊接时产生的焊缝用3A胶填补并打磨平整。

### （四）做旧

使用各种矿物颜料、无水乙醇、漆片。漆片是一种天然虫胶漆（洋干漆），无水乙醇主要用于泡融漆片，使之成汁，作为调色材料用。汁液黏度根据调配酒精、漆片比例，使用适宜为好，灵活掌握，调矿物颜料做假锈时用。对焊缝、补缺部位进行随色做旧，补缺打磨平整后，依据器物补配区域的锈色深浅，由轻至重、由浅至深，调出相应的色彩。

一手持小牙刷或油画笔，另一手拿一把小铲刀轻拨牙刷毛或笔毛，以这种弹拨的方式把泥浆弹拨在随色部位。用吹风机等工具吹干泥浆。用同样的方法和手法按锈颜色的层次不同，反复弹拨不同颜色的漆料，以达到颜色锈逼真的效果。

### （五）封护

青铜壶原来生存的大环境改变后，在现有的保存条件及空气质量难以有效遏制种种不利因素，加速健康青铜文物朝其相反方向渐变的情况下，封护就是一种比较理想的解决办法。目前，青铜文物保护中普遍采用的封护材料是丙烯酸类。分别采用浓度为1%、3%、5%的B-72丙酮溶液，进行喷涂试验。通过比对，1%B-72丙酮溶液封护效果不明显，5%B-72丙酮溶液涂抹后器表出现亮光，3%B-72丙酮溶液涂抹后基本上达到封护要求。采用3%B-72丙酮溶液在室温通风处，酌情刷涂一至多遍，避免造成器表色彩的偏差。封护工作即告完成。

# 第十节 M6∶43铜鐎壶的修复保护

## 一、基本信息、保存现状与价值评估

### （一）基本信息

表二十七　M6∶43铜鐎壶简要信息表

| 编号 | 名称 | 质地 | 时代 | 病害描述 | 备注 |
|---|---|---|---|---|---|
| M6∶43 | 铜鐎壶 | 青铜 | 战国 | 裂缝、残缺、变形，表面硬结物 |  |

### （二）保存现状

M6∶43铜鐎壶发掘出土于河南省南阳市淅川县香花镇杨河村北坡组北0.5公里，丹江口水库的东岸的杨河楚墓。淅川古称丹阳，西周时期为楚族熊绎的封地，春秋时期为楚国始都丹阳所在地，战国时期为秦、楚两国的主要交锋的前沿之地，在此地曾发生著名的丹阳之战。

杨河楚墓1976年5月被淅川县文化馆文物队文物调查时发现，1986年被河南省人民政府公布为第二批文物保护单位。由于杨河墓地位于偏离村落且与丹江口水库淹没区较近，墓室被盗严重。为保护文物，经上级主管部门批准，河南省文物考古研究院、南阳文物研究所、淅川县博物馆3家单位组成联合考古队，于1994年10月至1995年5月对该墓地进行抢救性发掘。经发掘得知该墓为战国中期的"甲"字形竖穴土坑墓。

铜鐎壶直口，短颈，鼓腹较扁，圜底，腹前一侧有一动物首状流，颈曲而上扬。壶上覆盖圆形穹顶子母口盖，壶肩部有一提梁，鋬与器身呈榫卯结构连接，腹下设三条柱状形马蹄足。残高11厘米，口径11厘米、腹径15厘米，足长10厘米，器重1720克。

该件铜鐎壶通体素面无纹饰，提梁处附着大片蓝色锈，壶盖上分布着少量致密的白色凝结物，腹部内外均附着绿色和天蓝色锈蚀，马蹄足上存有少量褐绿色锈蚀。目前暂未发现粉状锈等其他有害锈蚀物。

由于器物长期受周围埋藏环境的挤压影响，发掘出土时器物已不完整，破碎为5块，部分马蹄足缺失，提梁两端有轻微变形。其中左端靠近腹部处有一条长达1.5厘米的"人"字形裂隙，中段两侧分别有约0.5厘米和6厘米的残缺，壶盖附着少量表面硬结物。通过对残断面观察发现器物有轻微矿化，铜质一般。

该件铜鐎壶的铸造是常见的陶范铸造工艺，未见补铸痕迹。器物外壁光滑，内部未做任何处理，金属氧化层表面呈褐绿色。

### （三）价值评估

铜鐎壶是一种宴饮中常见的盛酒容器，与古人的日常生活息息相关，在酒具文化中有着举足轻重的地位。此物流行于两汉魏晋时期，唐宋时期逐渐消失。该件战国铜鐎壶造型独特，工艺繁杂，纹样精美丰富，是一件不可多得的珍品，为研究战国时期楚国墓葬的丧葬制度、青铜铸造工艺、审美风格及当时经济社会状况提供了重要实物资料。从铸造工艺方面来看，该文物采用的是分范铸造的方法，使用这种铸造方法既可提高生产效率，铸出来的铜器又较为牢固，不易脱落。

## 二、取样检测分析

**图表十六 铜鐎壶锈蚀物样品信息表**

| 器物名称 | 器物编号 | 时代 | 实验编号 | 样品简介（锈蚀颜色） |
| --- | --- | --- | --- | --- |
| 铜鐎壶 | M6：43 | 战国 | XC08 | 蓝色锈蚀 |

铜鐎壶 XC08（蓝色锈蚀）色彩形貌（超景深 200X&400X）

## 三、保护修复工作原则目标和技术路线

文物保护修复的过程实际上就是去除文物病变的过程，在这一过程中始终要严格遵守《中华人民共和国文物保护法》，同时在文物修复保护过程中坚持修旧如旧、不改变文物原貌的真实性及可操作性，最小干预、可逆性和可再处理性三大原则，采用传统和现代技术相结合的修复方法，运用目前国内文物修复行业成熟的材料，按程序精心操作：清理器物表面的污垢，利用工具安全矫形，低温焊接，补缺封护，最大限度地恢复文物本来的艺术形貌，并为文物的长期保存提供科学合理的建议和坚持定期巡查监测制度，从而使其更好地服务于科学研究、陈列展览。

根据出土文物自身存在的病害特征和调查分析结果，参照《中华人民共和国文物保护行业标准可移动文物病害评估技术规程——金属类文物》（WW/T0058—2014），《中华人民共和国文物保护行业标准馆藏青铜器病害与图示》（WW/T0004—2007）制定技术路线，主要分为四个流程[包含十一项文物基本信息采集（影像资料、文字记录等），保存现状调查分析（观测记录、锈蚀度检测分析、咨询专家），保护修复处理（清洗除锈，工具矫形，低温铅、锡焊，补缺，封护，做旧），建立文物修复档案（完善文字记录，文物修复前、后照片，保存、搬运注意事项）]。

文物基本信息采集

（影像资料、文字记录等）

↓

保存现状调查分析

（观测记录、锈蚀度监测分析、咨询专家）

↓

保护修复处理

（清洗除锈，工具矫形，低温铅、锡焊，补配，封护，做旧）

↓

建立文物修复档案

（完善文字记录，文物修复前、后照片，保存、搬运注意事项）

## 四、保护修复处理

根据文物本体所反映出的病害特征，对其形貌调查分析，为铜鐎壶的保护修复处理提供了充分的保护方法和修复指导，依据文物保护技术流程图，进一步制定出详细的技术操作步骤：

清洗 → 除锈 → 拼接 → 矫形 → 焊接 → 补缺 → 封护 → 做旧

工具主要有：便携式洁牙机、手术刀、棉签、刷子、镊子、C型钳、自制形工具、数码温控烘干箱、照相机、毛笔、电吹风等。

材料主要有：助焊剂、3A环氧树脂结构胶、去离子水、无水乙醇、石膏、硅橡胶、Paroliod B-72、各种矿物颜料、虫胶漆等。

防护用具：一次性口罩、一次性手套、护目镜等。

### （一）清洗除锈

铜鐎壶表面附着少量锈蚀物及泥土，先用去离子水浸泡鐎壶残片，软化文物表面上的附着物，再用毛刷及手术刀去除器物表面上的土锈。对于器表附着力较强的土垢及锈蚀物，则采用便携式洁牙机来去除，相对稳定性较好的锈蚀层则加以保留。

### （二）拼接

青铜鐎壶出土时整件器物碎为6片，拼接难度大。先根据不同的碎片进行预拼接，在拼接过程中了解清楚碎片之间的茬口是否能紧密连接，彼此之间是否变形。每比对上一块残片，做好标识并且编上号码。通过拼接，发现鐎壶提梁两端部分存在轻微变形，中段残缺1/3，缺少一足。

### （三）矫形

铜鐎壶存在轻微矿化，矫形过程中易出现断裂，经过反复观察，矫形工具采用G

型钳和木板，边观察，边加力。G型钳矫形器便于操作，推拉过程便于控制和掌握，可循序渐进，适可而止使其归位。尽可能排除对变形部分金属受力点或面的人为破坏矫正行为。经过一段时间，待变形部位完全归正后，矫形工作完成。

### （四）焊接

矫形后，对情况较好的部分采用低温锡焊进行固接。对无法焊接的部位采用环氧树脂结构胶黏接。黏接过程中，由于环氧树脂固化较慢，不易定型，因此在环氧树脂黏接过后需用热熔胶对其固定。黏接时做到黏缝紧密，不错位，使残片与器身融为一体，恢复文物本体的形貌。

### （五）补缺

铜鐎壶提梁及足均出现不同程度的残缺现象，对程度较轻的残缺处用黄铜片捶打出补缺的形状，焊接到缺失处。缺失的足则采用塑形、石膏翻模补铸锡的方法补出缺失部分。完成大范围补配后，对局部较小的缺失处，采用掺入矿物颜料的环氧树脂结构胶进行填补，孔洞处选用速成铜补配。

### （六）打磨

完成上述步骤后，用砂纸等工具对所有补配处进行打磨修整，使其表面光滑平整，为后期做色做准备。

### （七）封护

用 Paroliod B-72丙酮溶液对器物表面进行封护。在文物保护中，丙烯酸树脂是一种较成熟的封护材料，它可以有效地阻挡有害物对文物本体的侵蚀，延缓环境（介质）对文物造成损害。而且这种材料具有可逆性和再处理性，不会对文物造成破坏，是目前青铜文物保护中普遍采用的封护材料。使用前，对溶液比例进行反复试验，发现1%B-72丙酮溶液涂抹后基本上能达到封护要求。

### （八）做旧

将焊接处、补缺部位打磨光滑，目测和器体一致，再根据两侧的颜色不同，做局部做旧处理。使用无机矿物颜料，对文物本体不会造成二次伤害，黏合剂和固色剂均采用无水乙醇泡制的虫胶溶液。依据器物补配区域的锈色深浅调出相应的色彩，使用小刷子调好颜色漆料，采用弹、拨、涂、抹等手法，反复多次将颜色做到一致。

# 第十一节 M6 : 45 铜浴缶的修复保护

## 一、基本信息与价值评估、保存状况和病害调查

### （一）基本信息与价值评估

表二十八 M6 : 45浴缶简要信息表

| 编号 | 名称 | 质地 | 时代 | 尺寸重量 | 备注 |
|---|---|---|---|---|---|
| M6 : 45 | 铜浴缶 | 青铜 | 战国 | 残高 22cm、口径 19cm、重 5.5kg | |

该器物有盖，折沿，直领，广肩，肩上两侧有竖环耳一对，耳内套铜环，腹向下内收成平底。盖顶部微向下凹，正中有平环握手，握手下有六个向外弯曲的铜柱支撑。握手上与支撑柱饰窃曲纹。盖正中及盖沿处饰以圆点纹为底纹的T形勾连纹，其间有凸起圆饼四个，上饰羽翅纹。浴缶肩上有羽翅纹带一周，其间有凸起的羽翅纹圆饼六个。浴缶耳浮雕兽头，耳内套有环，一面饰窃曲纹。

铜浴缶是古代用来盛装液体的器具，最早可追溯到春秋战国时期。除了盛装液体的功能，铜浴缶还有其他用途，例如，它可以作为沐浴的礼器。

**历史价值**　铜浴缶为战国时期楚国墓地所出。此次保护修复的铜浴缶，是研究豫西南地区古代社会经济、生产生活的重要实物资料，具有一定的历史价值。

**艺术价值**　这件文物造型别致，纹饰精美，铸造工艺多样化，它表现出独特的艺术风格，具有很高的观赏价值。器物的造型、纹饰是当时社会的审美所在，汇聚了造型艺术、装饰艺术的结晶。

**科学价值**　①对于器物器形、纹饰等研究，可以判别文物的制作年代及地域特

征。②对于器物制作工艺的研究，可以推测制作方法和工艺，进而了解古人的技术成就和当时的社会生产力水平。③通过各种无损或微损分析，可以测定器物的合金配比、锈蚀成分、保存状况，对进一步认识器物的制作水平和制定保护修复路线具有指导意义。

### （二）保存状况

铜浴缶于1998年由淅川郭庄墓地发掘出土，经过前期简单的清洗之后，登记基本的信息资料，然后收藏于河南省文物考古研究院库房内。长时间放置于库房，没有得到有效的保护，文物本体面临进一步破损濒危状态，不利于文物的长久保存与展示，亟待保护修复。

铜浴缶盖基本完整，顶部平环握手处纹饰带局部残缺。口径22厘米，高6厘米，口沿厚0.5厘米。口沿处有2.5厘米长裂隙，内外表面均附着蓝色、绿色锈蚀，以绿色锈蚀为主。

铜浴缶器身破损，变形严重，口沿变形，上下扭曲略呈椭圆形，肩部及腹部破碎变形严重，局部残缺，底部变形扭曲。器身颈部、肩部局部有土垢，大部分附着绿色、蓝色锈蚀，以蓝色锈蚀为主。器身整体破损大小14块，器身上有大小7处补铸痕迹，分别在肩部、腹部。器物口径21.5厘米，残高25厘米，腹部壁厚0.3厘米，底径19厘米。

### （三）病害调查

依据《中华人民共和国文物保护行业标准——馆藏金属文物保护修复方案编写规范》（WW/T 0009—2007），《中华人民共和国文物保护行业标准——馆藏青铜质和铁质文物病害与图示》（GB/T 30686—2014），《中华人民共和国文物保护行业标准——馆藏金属文物保护修复记录规范》（国家标准GB/T 30687—2014），《中华人民共和国文物保护行业标准——可移动文物病害评估技术规程——金属类文物》（WW/T 0058—2014），通过现场调查分析，这件铜浴缶M6∶45在埋藏中存在严重的因外力作用而造成文物的残缺、裂隙、断裂、变形等物理损害；同时也有微生物、地下水、土壤的影响产生的生物、化学危害。主要特征为表面硬结物、层状堆积、全面腐蚀等锈蚀物，对文物的本体保存有着较大的威胁。

## 二、取样检测分析

### 图表十七 铜浴缶锈蚀物样品信息表

| 器物名称 | 器物编号 | 时代 | 实验编号 | 样品简介（锈蚀颜色） |
|---|---|---|---|---|
| 铜浴缶 | M6∶45 | 战国 | XC10 | 绿色锈蚀 |

铜浴缶 XC10（绿色锈蚀）色彩形貌（超景深 200X&400X）

### 表二十九 铜浴缶样品SEM-EDS成分分析

| 实验编号 | 锈蚀程度评估 | 检测部位 | 主要元素含量（Wt%） | | | | | | 合金材质及微区相 |
|---|---|---|---|---|---|---|---|---|---|
| | | | Cu | Sn | Pb | Cl | Fe | O | 其他 | |
| XCJX35 | 基体严重腐蚀 | 基体微区相分析 | 64.61 | 8.28 | 16.15 | | | 2.94 | C=7.52 S=0.50 | α 固溶体腐蚀物 |

### 图表十八 铜浴缶样品环境扫描电镜显微图片

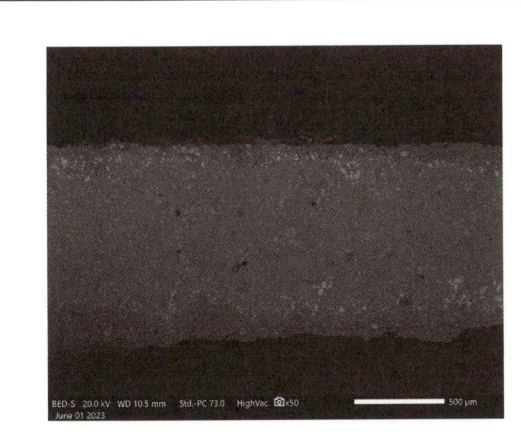
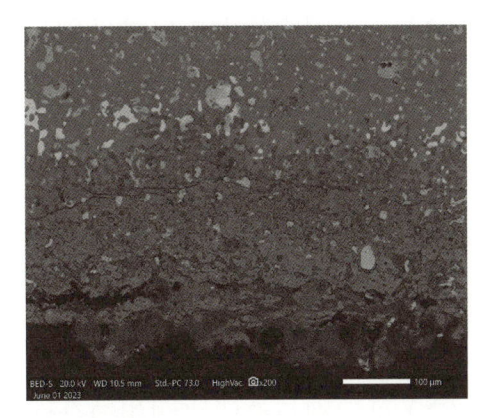

铜浴缶 XCJX35（SEM 背散射 50X&200X）

### 表三十 铜浴缶样品金相显微组织分析

| 实验编号 | 取样部位 | 金相组织观察结果 | 制作方法 |
|---|---|---|---|
| XCJX35 | 碎片 | 基体严重锈蚀矿化，α相优先腐蚀，多数α相晶界已严重腐蚀交织成网状，残余α固溶体相和（α+δ）共析体相呈岛屿状分布 | 铸造 |

### 图表十九 铜浴缶金相组织显微图片

XCJX35 基体金相组织

## 三、保护修复原则与目标

### （一）相关法律法规

（1）《中华人民共和国文物保护法》（2017）；

（2）《中华人民共和国文物保护法实施条例》（国务院，2017）；

（3）《中国文物古迹保护准则》（ICOMOS CHIINA，2002）；

（4）《国际古迹保护与修复宪章》（《威尼斯宪章》）。

### （二）保护修复原则

（1）不改变文物原状；

（2）最小干预性；

（3）可再处理性；

（4）可识别与整体协调相结合性。

## （三）相关文物规范

（1）《馆藏金属文物保护修复方案编写规范》（中华人民共和国文物保护行业标准，WW/T 0009—2007）；

（2）《馆藏金属文物保护修复档案记录规范》（国家标准，GB/T 30687—2014）；

（3）《馆藏青铜质和铁质文物病害与图示》（GB/T 30686—2014）；

（4）《可移动文物病害评估技术规程——金属类文物》（中华人民共和国文物保护行业标准，WW/T 0058—2014）；

（5）《博物馆藏品保存环境试行规范》。

## （四）工作目标

根据铜浴缶的具体情况，明确了消除文物病害、维持文物稳定状态、恢复文物历史原貌的基本工作目标，具体分步目标如下：①调查文物现状，评估病害。②清洗，去除文物表面有害物质。③加固，保存文物表面重要信息。④整形、焊接/黏接、补配，恢复文物原状。⑤封护，维持文物稳定状态。⑥做旧，恢复文物原貌。⑦完善文物保护修复档案，编写修复报告。此次保护修复好的文物将消除病害腐蚀进程，最大限度地延长文物的寿命，满足文物保存与展示需求，为研究淅川地区不同时期青铜铸造技术提供重要实物依据。

## （五）保护修复技术路线

文物基本信息采集

（影像资料、文字记录等）

↓

保存现状调查分析

（观测记录、锈蚀度监测分析、咨询专家）

↓

保护修复处理

（清洗除锈，工具矫形，低温铅、锡焊，补配，封护，做旧）

↓

建立文物修复档案

（完善文字记录，文物修复前、后照片，保存、搬运注意事项）

## 四、保护修复处理

根据文物病害特征，为铜浴缶的保护修复处理提供了充分的保护方法，依据文物保护技术流程图，进一步制定出详细的技术操作步骤：

清洗除锈 → 拼接 → 矫形 → 焊接 → 补缺 → 封护 → 做旧

工具主要有：手术刀、棉签、刷子、G型钳、推拉器、自制整形工具、数码温控烘烤箱、电烙铁等。

材料主要有：助焊剂、环氧树脂、去离子水、丙酮、无水乙醇、0.5毫米铜皮、石膏、脱模剂、碳酸氢钠、锌粉、EDTA二钠盐、BTA、氢氧化钠、Paroliod B-72、各种矿物颜料、倍半碳酸钠、氯化锌等。

### （一）基本信息采集建档

修复前对铜浴缶进行直径、高度、重量测量，并详细记录器物修复前原状及保存状况并拍摄照片留档，绘制病害图。

### （二）取样检测分析

为了解铜浴缶的保存状况、腐蚀特征及腐蚀机理，以便制定科学合理的保护修复方案，有针对性地采用各种方法对病害予以抑制或清除。

首先打印好需要取样部位。白色指示箭头信息裁剪好，发在器物取样部位，使用手术刀提取锈蚀物、范土泥芯装入样品管内；用小型牙科钻进行基体残片微损切割，装入样品管内。取样如下：①基体标本类：铜浴缶肩部M6∶45JT1、铜浴缶腹部M6∶45JT2、铜浴缶底部M6∶45JT3、铜浴缶肩部补铸块M6∶45JT4、铜浴缶腹部补铸块M6∶45JT5、铜浴缶底部补铸块M6∶45JT6、铜浴缶缶耳内残留物M6∶45JT7；②锈蚀标本类：铜浴缶肩部M6∶45XS1、铜浴缶腹部M6∶45XS2；泥芯标本类：铜浴缶缶盖内M6∶45NX1、铜浴缶缶耳内M6∶45NX2、铜浴缶底部圈足内M6∶45NX3。

### （三）清洗

把铜浴缶及碎片放进超声波清洗机里，注入去离子水，把温度设置为40℃，机器运行30分钟，停止后观察器物表面的土垢及附锈物。如果铜浴缶表面还有少量污渍，再重新清洗一次，完成后放置于烘箱中加热烘干。

### （四）整形

由于铜浴缶破损、变形严重，整形分为三部分处理：口部、腹部、底部。整形中需要注意整形力度，不宜偏大。本次整形采用机械方式，根据器物变形情况，使用G型钳、千斤顶、拉力杆等工具配合方形矫形器、圆盘矫形器，采用顶撑法、扭压法等，通过缓慢施加外力使其逐渐恢复到原来的形状，切忌造成新的断裂或损伤。

（1）口沿部整形。为了使浴缸口沿圆弧度、平整度得到恢复，需要把器物口部放在圆形矫形盘上，计算出缸口外径约20.5厘米、内径约19.5厘米，画出同心圆，调整圆盘上的内外螺丝角度。先使用扳手拧紧内部螺丝，再把变形缸口部放在矫形盘上，防止螺丝对器物外表造成损伤，需要内外之间垫上橡胶片。随后转动圆盘上螺杆进行施加压力，使变形处缓缓复位。口沿起翘不平整，使用铁丝绞紧拉置在圆盘平面上；局部变形处，使用小型G型钳来整形，整形过程循序渐进。

（2）腹部整形。主要借助工具G型钳与自制的木块工具、F钳、大力钳、拉力杆、竹签等对变形处内部的顶撑、外部的扭压方法操作处理。腹部残块局部凹陷处，使用凹形金属工具放于残块外部。内部放置木块，凹形金属工具与器物之间垫上橡胶片，再使用G型钳进行操作。旋转螺杆，使变形塌凹处慢慢隆起。整形过程要观察器物变化，使器物变形处矫正，防止变形处力道再反弹回去。

（3）底部整形。由于底部变形严重，因此整形过程需要借助整形工具以及自制工具操作处理。第一阶段：把底部变形残块放入金属方形架内，底部下支垫两块木块于变形处，底部放上千斤顶，器物与千斤顶之间垫上一层缓冲橡胶垫，调节好角度后开始加压工作。操作中要观察底部变形处的弧度有没有下降或展平现象，不可以一次性加力太大，防止器物断裂。经过加压处理，观察变形处弧度下降0.4厘米，等待器物变形处慢慢泄力。

第二阶段：浴缸底部下面置换长18.5厘米、宽6.5厘米、高1厘米木块，底部上面置换长14厘米、宽7.5厘米、高1厘米的木块，继续使用千斤顶顶压整形，使底部平均受力恢复平整。为了底部平整度恢复，继续用千斤顶顶压。底部周边有三处变形部位，使用G型钳与自制凹形木块配合操作。经过不断调整整形工具以及方法，使变形部位得以恢复。

**（五）焊接/黏接**

（1）焊接。由于破碎残块金属质感较好，采用焊接方式连接。焊接可以自由地调整角度，迅速定位，发现角度有偏差时还可以焊开，随时调整。焊接的强度较高，便于器物操作中整形受力。首先把需要焊接的碎片拼对好位置，再用电磨在碎片的内部打出45°角的坡口，用助焊剂涂抹；随后把电烙铁点沾焊锡放于坡口处加热焊接。前期先点焊，在焊接的部位没有问题的情况下，再通体焊接，最后再把焊接处的焊点用电磨打磨平整。

等所有需要焊接的部位完成后，把器物放置去离子水容器里浸泡24小时。使焊缝中残留的焊剂溶液溶解出来。

（2）黏接。采用AAA双组分胶按照1∶1比例混合，把掉落的缶耳与器物连接。首先用无水乙醇清洗黏接部位的断面，把缶耳拼对完好后，用热熔胶对连接部位临时固定，再将调配好的胶液均匀地涂抹在断面上；待胶液固化后，再用手术刀、锉刀对其表面进行剔除和打磨修整。

### （六）补配

（1）铜皮与AAA胶补配。选取铜皮进行敲击，使之与器物的形状、弧度相吻合。敲击过程中需要对铜皮进行加温退火，恢复其柔韧性。用硬纸片裁剪出缺失部位小样，然后把小样粘贴在铜皮上，用油性笔或铅笔在铜皮上勾勒出缺失处的轮廓；用剪刀沿着轮廓对铜片进行裁切；随后放在铁砧上捶打出所需要的形状与弧度，最后使用电烙铁焊接。使用AAA胶涂抹在铜皮内外，一可增加强度，二可将铜皮表面或焊接连接处批抹平整。

（2）残缺面积较小部位的补配。采用速成铜胶棒进行补配。首先，将缺失处断面上的浮锈清理干净。其次，取出塑料管中的速成铜胶体，切下所需用量，将胶体内芯与外皮不同颜色的材料用手充分揉和成一色（1—2分钟），直到均匀为止。将揉好的胶体用力压实粘牢到修补处。混合后的黏体10—20分钟后即可变得非常坚硬，对固化后的补配处打磨修整，使补配处与周围器面形状与厚度保持一致。

（3）速成铜胶棒补配。纹饰缺失部位，采用硅橡胶材料翻模补配。操作方法：①首先在器物上找出与残缺部位相同的纹饰带，涂抹上一层脱模剂（洗洁精）等待干燥。②用硅橡胶按照100∶2比例与固化剂充分调和均匀，把胶液涂抹在器物表面上，贴敷一层纱布使之贴合；再涂抹第二遍硅橡胶胶液，等待完全固化。③固化后，用石膏液体涂抹在硅橡胶表面，做一层石膏外壳用于托衬作用，防止硅胶变形。④把胶棒充分揉和后涂抹于硅橡胶磨具上，固化后取下，用电磨或手术刀修裁形状；把纹饰补配件贴在铜皮上，按照缺失纹路拼对。最后再用AAA两组分胶黏接，固化后，边缘处修整打磨。

### （七）封护

为阻隔空气中水分及污染物对铜浴缶的本体伤害，提高其耐腐蚀性，达到长期保存的目的，需对浴缶表面涂覆一层保护膜进行封护处理。选用1%—3%浓度的Paraloid B-72丙酮溶液作为封护剂。先在通风橱内配置1%—3% B-72丙酮封护溶液，再将软毛刷浸入封护溶液至刷毛长度的4/5位置蘸取溶液后，使软毛刷与铜浴缶表面保持45°到60°的角度，全面均匀地在表面上涂刷封护溶液。

采取涂刷的方式对器物内外进行封护。此操作需重复两次，且每次涂刷时要选择相互交叉的方向进行，避免或减少眩光的产生。

### （八）做旧

为满足陈列展览效果，需对器物焊接、残缺补配的部位进行做色处理。做色前应参考补配区域周边颜色来上色处理，用虫胶乙醇溶液添加矿物颜料，调出与器物表面相近的颜色，采取点、涂、弹、拨等方式，对器物补配部位进行做旧处理，使器物整体颜色和谐一致。

### （九）完善修复档案

对修复后的器物尺寸、处理过程进行档案文字填写，把修复前、中、后期的照片进行分类插入，完善保护修复档案。

文物保护修复后，铜浴缶表面历史信息和纹饰处无损伤，各种化学试剂对器物无明显腐蚀，器物颜色无明显改变，器形恢复，纹饰保持洁晰，表面清洁。文物病害得到延缓或抑制，整体处于完整、稳定及安全的状态，利于文物长久保存，能够满足陈列展览和学术研究需要。

## 五、预防性保护建议

保存环境是金属质文物保护修复后是否继续发生病变的决定因素，环境因素包括温、湿度，光辐射，空气污染物，生物的病菌、霉菌等多个方面。无论是物理、化学以及生物的有害物质，都能不同程度地直接或间接对文物造成污染或损害，所以在保存、展示时必须进行严格的环境控制。修复后的铜浴缶在保存、展示时要保持严格的环境控制。

### (一）控制温、湿度

青铜器腐蚀往往来自周围环境的改变，所以文物要保存在相对稳定的环境中，与周围环境建立一种平衡。适于青铜器的保存条件是：相对湿度40%，日波动范围<5%；温度20℃，日波动范围<5℃。[国际文物保存科学会、ICOM（国际博物馆学会）、ICCROM（国际保存修复中心等）组织推荐。]

### (二）控制污染物接触

污染物具有迁移、转化、活性和持久性、腐蚀性，所以要控制和预防污染源对青铜器带来的物理、化学的危害。存放器物的场所要有通风、过滤设施，器物应存放在密闭的文物柜中，且修复完成的器物最好单独放置，严禁与未保护处理的器物放置在一起，以免病害传染。因此，定期观察和日常监控是抑制病害发生的有效手段，尽量做到及时发现并即时解决问题。

### (三）控制光照度

文物保护修复时黏接、封护等阶段所使用的材料如B-72、胶黏剂等均为有机质材料，光的照射对这些材料是危险的，不仅会导致修复材料变色，而且会导致修复材料强度的改变。故为文物的安全起见，应当在保护修复后保存或展示时采取以下措施：使用遮光的文物柜或囊匣；使用无紫外线光源，降低展示时的照度。

# 第十二节 M6∶48 铜卣的修复保护

## 一、基本信息、保存现状与价值评估

### （一）基本信息

表三十一 M6∶43 铜卣简要信息表

| 编号 | 名称 | 质地 | 时代 | 病害描述 | 备注 |
|---|---|---|---|---|---|
| M6∶48 | 铜卣 | 青铜 | 战国 | 裂缝、残缺、变形，表面硬结物 | |

### （二）保存现状

铜卣于1998年4月在淅川杨河与郭庄楚墓发掘出土。器物出土时破损严重，经简单的清洗后，先对其基本信息进行详细文字记录，再用照相机对其进行多角度拍照，记录其影像资料，然后绘制其病害图。完成基本信息的登记后，文物收藏于河南省文物考古研究院库房内，一直未做进一步的修复处理。

铜卣直口，短颈，鼓腹，圜底矮圈足。卣盖表面有一约5厘米的圆环，环内布满乳钉纹，环外两侧边缘处有一组对称的"n"形錾，其中一侧的錾与一条半镂空提手链相连，链的两端连接在铜卣颈部中段对称的兽首錾上。铜卣颈部刻画着对称的三角形蟠螭纹，数量共八个，围绕着颈部一周整齐排列，蟠螭纹下方环绕一圈绳纹。

肩腹部依次交错排列五条弦纹和四组以回形纹为底纹的乳钉纹。圈足高1厘米，表面饰以两条平行的绳纹。铜卣底部有浇铸痕迹，其形为一条长约7厘米的横线上交错着六条长约2厘米的等距纵线。铜卣颈部有多处补铸痕迹，如铜卣底部浇铸痕迹旁有四处分布不均的不规则补铸痕迹。在圈足上方存有多处垫片。

该件铜卣造型独特，纹饰精美，在其颈部、肩腹部等处有大量历史、艺术价值丰富的纹饰，如刻画在颈部的蟠螭纹，紧邻蟠螭纹的绳纹，肩、腹部的弦纹、回形纹、乳钉纹，圈足的绳纹。通过对铜卣残断面的观察，发现铜质尚可，器物表面锈蚀物较少，仅在卣盖及周围分布着少量致密的白色凝结物，腹部内外均附着绿色和天蓝色锈蚀，圈足底部分布着蓝色锈蚀和褐绿色锈蚀。目前暂未发现粉状锈等其他有害锈蚀物。

由于器物长期受周围埋藏环境的挤压影响，发掘出土时器身已不再完整，整个器物破损成七块。铜卣颈部与腹部连接处整体呈分割式断裂，腹部呈椭圆形，变形、残缺严重。腹部上层有两处残缺，分别是左侧连颈处的长6厘米、宽5厘米的残缺和右侧连颈处长1.2厘米、宽1厘米的残缺，中端有一处长11厘米、宽6厘米的残缺，铜卣底部有约长10厘米的变形裂缝。该件铜卣的铸造工艺是常见的分铸法，其中铜卣的盖、提梁链为单独铸造，器身分为三块范。

### （三）价值评估

铜卣是宴饮中常见的盛酒器之一，与古人的日常生活息息相关，在酒具文化中有着举足轻重的地位。商代晚期是铜卣发展的鼎盛期，常做祭祀等活动中不可或缺的礼器。盛行于商代晚期至西周早期，西周中期后逐渐消失。该件战国铜卣造型独特，工艺繁杂，纹饰精美丰富，是一件不可多得的珍品，为研究战国时期楚国墓葬及丧葬制度、青铜铸造工艺、审美风格及当时经济社会状况提供了重要实物资料。

## 二、取样检测分析

### 图表二十 铜卣锈蚀物样品信息表

| 器物名称 | 器物编号 | 时代 | 实验编号 | 样品简介（锈蚀颜色） |
|---|---|---|---|---|
| 铜卣 | M6：48 | 战国 | XC11 | 蓝色锈蚀 |

铜卣 XC11（蓝色锈蚀）色彩形貌（超景深 200X&400X）

表三十二　铜卣样品SEM-EDS成分分析

| 实验编号 | 锈蚀程度评估 | 检测部位 | 主要元素含量（Wt%） | | | | | | | 合金材质及微区相 |
|---|---|---|---|---|---|---|---|---|---|---|
| | | | Cu | Sn | Pb | Cl | Fe | O | 其他 | |
| XCJX37 | 完全腐蚀 | 基体微区相分析 | 71.02 | 13.85 | 7.15 | | | 2.03 | C=5.95 | 铅氧化物 |

图表二十一　铜卣样品环境扫描电镜显微图片

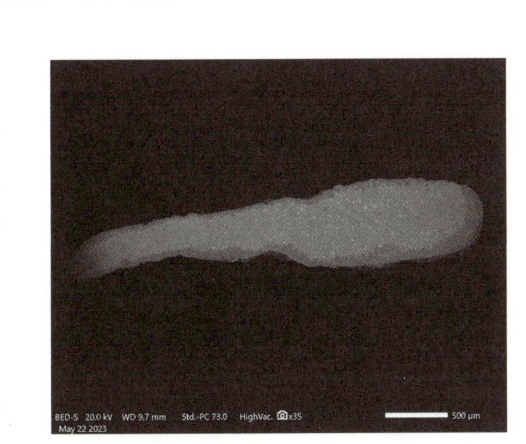

铜卣 XCJX37（SEM 背散射 35X&200X）

**表三十三 铜卣样品金相显微组织分析**

| 实验编号 | 取样部位 | 金相组织观察结果 | 制作方法 |
|---|---|---|---|
| XCJX37 | 碎片 | 基体已完全锈蚀矿化，金属原具树枝晶结构已被腐蚀产物假相替代，局部残留未完全腐蚀岛屿状零星（α+δ）共析体和α固溶体，铅多已腐蚀迁移转变为碳酸铅，腐蚀产物内部均匀分布 | 铸造 |

**图表二十二 铜卣样品金相组织显微图片**

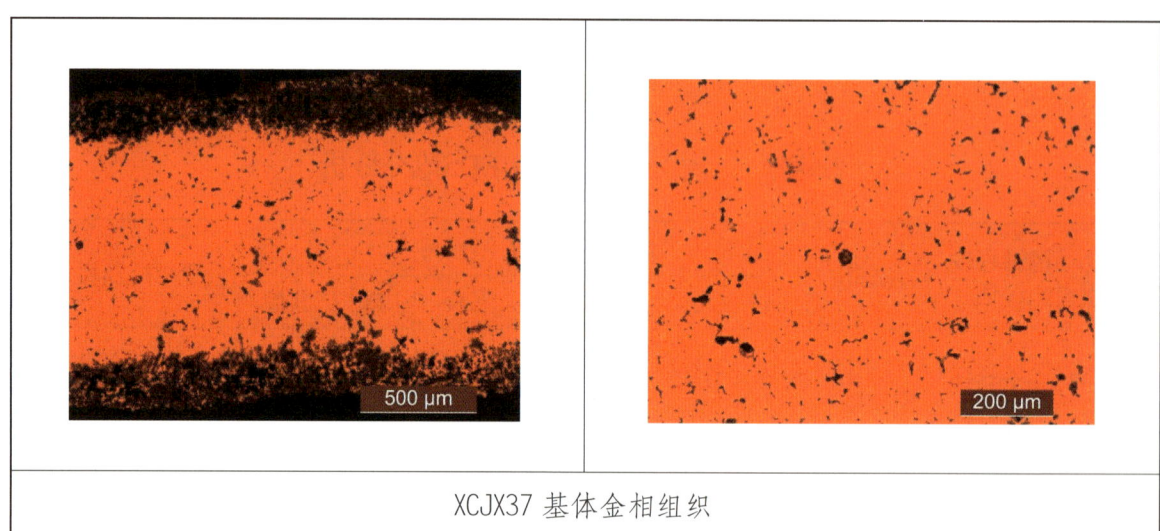

XCJX37 基体金相组织

### 三、保护修复工作原则、目标和技术路线

文物保护修复的过程实际上就是去除文物病变的过程，在这一过程中始终要严格遵守《中华人民共和国文物保护法》，同时坚持对文物修复保护过程中修旧如旧、不改变文物原貌的真实性及可操作性，最小干预、可逆性和可再处理性三大原则。采用传统和现代技术相结合的修复方法，运用目前国内文物修复行业成熟的材料，按程序精心操作：清理器物表面的污垢，利用工具安全矫形，低温焊接，补缺封护，最大限度地恢复铜卣本来的艺术形貌，并为文物的长期保存提供科学合理的建议和坚持定期巡查监测制度，从而使其更好地服务于科学研究、陈列展览。

根据出土文物自身存在的病害特征和调查分析结果，参照《中华人民共和国文物保护行业标准可移动文物病害评估技术规程——金属类文物》（WW/T0058—2014），《中华人民共和国文物保护行业标准馆藏青铜器病害与图示》（WW/

T0004—2007）制定技术路线，主要分为四个流程 [包含十一项文物基本信息采集（影像资料、文字记录等）、保存现状调查分析（观测记录、锈蚀度检测分析、咨询专家）、保护修复处理（清洗除锈，工具矫形，低温铅、锡焊，补缺，封护，做旧）、建立文物修复档案（完善文字记录，文物修复前、后照片，保存、搬运注意事项）]。

文物基本信息采集

（影像资料、文字记录等）

↓

保存现状调查分析

（观测记录、锈蚀度监测分析、咨询专家）

↓

保护修复处理

（清洗除锈，工具矫形，低温铅、锡焊，补配，封护，做旧）

↓

建立文物修复档案

（完善文字记录，文物修复前、后照片，保存、搬运注意事项）

## 四、保护修复处理

根据铜卣本体反映出的病害特征，对其形貌调查分析，为铜卣的保护修复处理提供了充分的保护方法和修复指导，依据文物保护技术流程图，进一步制定出详细的技术操作步骤：

清洗 → 除锈 → 拼接 → 矫形 → 焊接 → 补缺 → 封护 → 做旧

工具主要有：便携式洁牙机、手术刀、硅橡胶、固化剂、棉签、刷子、镊子、C型钳、自制形工具、数码温控烘干箱、雕塑泥、照相机、毛笔、橡皮碗、调刀、搅拌棒、电吹风等。

材料主要有：助焊剂、原子灰、3A环氧树脂结构胶、去离子水、无水乙醇、硅胶、Paroliod B-72、各种矿物颜料、虫胶漆片等。

防护用具有：一次性口罩、一次性手套，护目镜等。

### （一）清洗除锈

铜卣表面附有少量锈蚀物及泥土附着物，先用去离子水浸泡铜卣残片，软化文物表面上的附着物，再用毛刷、手术刀等工具去除器物表面上的土锈；对于相对稳定的锈蚀层则加以保留。

### （二）拼接

铜卣出土时整件器物碎为七块，拼接难度较大。先根据不同的碎片进行预拼接，在拼接过程中了解清楚碎片之间的茬口是否能紧密连接，彼此之间是否变形，每比对上一块残片，做好标识并且编上号码。通过拼接，发现铜卣腹部残块严重变形，底部轻微变形，腹部上、中、下三层均存有不同程度的残缺。

### （三）矫形

铜卣铜质尚可，可承受矫形器施加的压力，经过反复观察、测试，矫形工具最终采用C型钳和木板，边观察，边加力。C型钳矫形器便于操作，推拉过程便于控制和掌握，可循序渐进，适可而止使其归位，尽可能排除对变形部分金属受力点或面的人为破坏矫正行为。经过一段时间，待变形部位完全归正后，矫形工作完成。

### （四）焊接

矫形后，对铜器采用低温锡焊进行焊接，使残片与器身融为一体，恢复文物本体的形貌。

### （五）补缺

铜卣腹部出现不同程度残缺现象，对残缺处用黄铜片捶打裁剪出补缺的形状，焊接到缺失处。完成大范围补配后，针对一些局部残缺较少的缺失处的处理方法是：先用白色宽纸胶带沿铜卣腹部内壁缺失处贴附，再调配出少量掺入矿物颜料的环氧树脂结构胶，涂抹在同位置外壁缺失处，然后在其表面贴附上提前裁剪好的纱布，待其固化。胶体彻底固化后，在其上方进行二次涂胶（注：填补的环氧树脂结构胶的厚度要低于器物表层厚度）。

### （六）翻模

先在腹部挑选出一组相对完好的纹饰，简单清洗后，用雕塑泥在需翻模纹饰的周围做一个长方形围挡，再将脱模剂均匀涂抹在纹饰和雕塑泥内部，然后按比例调配出适量的硅胶涂抹在纹饰处，待其固化后取下（注：硅胶与固化剂的比例为100：3）。

完成上述步骤后，再将调配好的掺入适量矿物颜料的原子灰均匀薄涂在硅胶模具上，呈半固化状态后取下。

### （七）补配

硫酸纸贴附在铜卣腹部缺失处，用铅笔沿着器物缺失部位描边，再借助复写纸将绘制好的轮廓复写在原子灰模具上。选用合适的裁剪工具裁剪出轮廓，用线锯等工具锯出所需大小，放入缺失处做进一步比对，比对成功后在模具反面均匀涂抹环氧树脂结构胶，粘贴在缺失处。

### （八）打磨

完成上述步骤后，用打磨机等工具对所有补配处打磨修整，使其表面光滑平整，为后期做色做准备。

### （九）封护

用 Paroliod B-72 溶液对器物表面进行封护。在文物保护中，丙烯酸树脂是一种较成熟的封护材料，它可以有效地阻挡有害物对文物本体的侵蚀，延缓环境（介质）对文物造成的损害，而且这种材料具有可逆性和再处理性，不会对文物造成破坏，是目前青铜文物保护中普遍采用的封护材料。使用前，对溶液比例进行反复试验，发现1%B-72丙酮溶液涂抹后基本上达到封护要求。

### （十）做旧

将焊接处、补缺部位打磨光滑，目测和器体一致，再根据两侧的颜色不同，做局部做旧处理。使用无机矿物颜料，对文物本体不会造成二次伤害，黏合剂和固色剂均采用无水乙醇泡制的虫胶溶液，依据器物补配区域的锈色深浅调出相应的色彩，使用小刷子调好的颜色漆料，采用弹、拨、涂、抹等手法，反复多次将颜色做到一致。

## 第十三节 M6:51铜鼎的修复保护

### 一、基本信息、保存现状与价值评估

#### （一）基本信息

**表三十四 M6:51铜鼎简要信息表**

| 编号 | 名称 | 质地 | 时代 | 病害描述 | 备注 |
|---|---|---|---|---|---|
| M6:51 | 铜鼎 | 青铜 | 战国 | 通体锈蚀、破碎、变形、缺失 | |

#### （二）保存现状

铜鼎于1994年在淅川杨河战国墓地M6发掘出土。清理墓室时，在墓底发现该鼎，被墓内淤土包裹，虽然变形，但是可以辨别器形。采集周围土样，绘图、影像采集后，提取文物。经清理发现铜鼎已出现酥解现象，器身有明显的裂隙数条。铜鼎出土时，严重破损。从残片断面观察，该器矿化严重，铜质极差。

鼎整器呈圆形，圆口微敛，短折沿，方唇，双立耳，腹微鼓，圜底，三柱状蹄足。鼎盖饰一周蟠虺纹，鼎腹部无纹饰。通体附着较厚的黑褐色锈蚀物，矿化严重。鼎耳有灰白色层状锈蚀，鼎身有黑褐色和灰白色层状锈蚀，灰白色锈蚀片状分布叠压在黑褐色锈蚀之下。器身和足均有瘤状物分布，器内壁附着较厚的黑色腐蚀物，未发现粉状锈及有害腐蚀物。出土时破损严重，鼎的一侧破碎为10余块，口部残破1/3，一对提鼎构件相对完整。鼎盖纵向破碎为多块，部分缺失。三足由根部残断，其中两足缺失。通高32.5厘米，口径23厘米，耳距27厘米，残重3.02千克。

该铜鼎为陶范法铸造而成，底部依稀看见打磨的范痕。据此初步推断，外范垂直

分为四扇，鼎耳和鼎腿分铸，未见补铸痕迹，器物外壁、内壁打磨光滑，金属氧化层表面呈褐绿色。

### （三）价值评估

鼎，古代原是饪食器，后来成为统治阶级政治权力的重要象征，视为镇国之宝和传国之宝，也是"明贵贱，别上下"等级制的标志。史载，天子九鼎，诸侯七鼎，卿大夫五鼎，士三鼎或一鼎。鼎是中国古代最重要的一种礼器。

淅川是目前楚国青铜器发现最多和最重要的地区之一，其中包括下寺、和尚岭、徐家岭、杨河、毛坪、吉岗、文坎、东沟长岭等，都出土了大量楚国铜器。这些铜器不仅种类繁多，器形优美，纹饰瑰丽，风格多样，而且铸造技巧娴熟，制作极为精致，许多器物上都有铭文，在中国青铜艺术发展史上占据重要地位。

## 二、取样检测分析

### 表三十五 铜鼎样品SEM-EDS成分分析

| 实验编号 | 锈蚀程度评估 | 检测部位 | 主要元素含量（Wt %） | | | | | | 合金材质及微区相 |
|---|---|---|---|---|---|---|---|---|---|
| | | | Cu | Sn | Pb | Cl | Fe | O | 其他 | |
| XCJX40 | 完全腐蚀 | 基体微区相分析 | 57.09 | 8.17 | 18.95 | | | 2.97 | C=12.82 | 铅氧化物 |

### 图表二十三 铜鼎样品环境扫描电镜显微图片

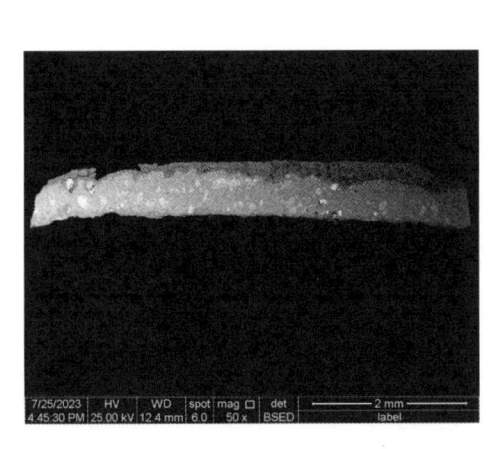
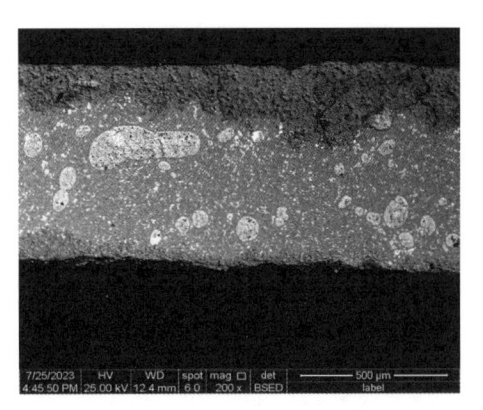

铜鼎 XCJX40（SEM 背散射 50X&200X）

表三十六 铜鼎样品金相显微组织分析

| 实验编号 | 取样部位 | 金相组织观察结果 | 制作方法 |
|---|---|---|---|
| XCJX40 | 碎片 | 基体已完全锈蚀矿化，金属原具树枝晶结构已被腐蚀产物假相替代，局部残留未完全腐蚀岛屿状零星（α+δ）共析体和α固溶体，铅多已腐蚀迁移转变为碳酸铅，腐蚀产物内部均匀分布 | 铸造 |

图表二十四 铜鼎样品金相组织显微图片

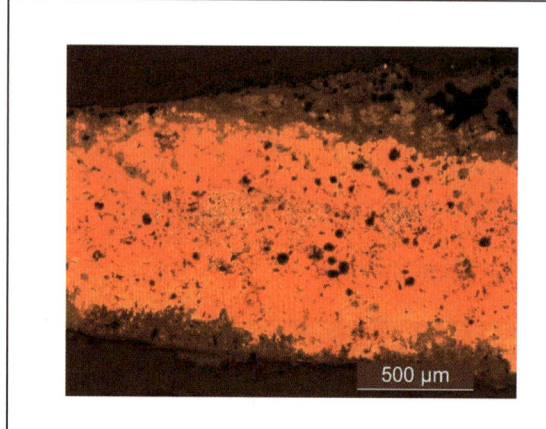

铜鼎 XCJX40 基体金相组织

## 三、保护修复工作原则、目标和技术路线

文物保护修复的过程实际上就是去除文物病变的过程，在这一程序中始终要严格遵守《中华人民共和国文物保护法》，同时坚持对文物修复保护过程中修旧如旧、不改变文物原貌的真实性及可操作性，最小干预、可逆性和可再处理性三大原则，采用传统和现代技术相结合的修复方法，运用目前国内文物修复行业成熟的材料，按程序精心操作：清理器物表面的污垢，利用工具安全矫形，低温焊接，补缺封护，最大限度地恢复铜鼎本来的艺术形貌，并为文物的长期保存提供科学合理的建议和坚持定期巡查监测制度，从而使其更好地服务于科学研究、陈列展览。

根据出土文物自身存在的病害特征和调查分析结果，参照《中华人民共和国文物保护行业标准可移动文物病害评估技术规程——金属类文物》（WW/T0058—2014），《中华人民共和国文物保护行业标准馆藏青铜器病害与图示》（WW/

T0004—2007）制定技术路线，主要分为四个流程[包含十一项文物基本信息采集（影像资料、文字记录等）、保存现状调查分析（观测记录、锈蚀度检测分析、咨询专家）、保护修复处理（清洗除锈，工具矫形，低温铅、锡焊，补缺，封护，做旧）、建立文物修复档案（完善文字记录，文物修复前、后照片，保存、搬运注意事项）]。

文物基本信息采集

（影像资料、文字记录等）

↓

保存现状调查分析

（观测记录、锈蚀度监测分析、咨询专家）

↓

保护修复处理

（清洗除锈，工具矫形，低温铅、锡焊，补配，封护，做旧）

↓

建立文物修复档案

（完善文字记录，文物修复前、后照片，保存、搬运注意事项）

## 四、保护修复处理

根据文物本体反映的病害特征，对其形貌调查分析，为青铜鼎的保护修复处理提供了充分的保护方法和修复指导，依据文物保护技术流程图，进一步制定出详细的技术操作步骤：

清洗除锈 → 拼接 → 矫形 → 焊接 → 补缺 → 封护 → 做旧

工具主要有：超声波、手术刀、棉签、刷子、台钳、C型钳、推拉器、自制整形工具、数码温控烘烤箱、电烙铁等。

材料主要有：助焊剂、双组分环氧树脂、去离子水、丙酮、无水乙醇、高分子材料、0.5毫米铜皮、石膏、硅橡胶、脱模剂、碳酸氢钠、锌粉、EDTA二钠盐、BTA、氢氧化钠、Paroliod B-72、各种矿物颜料、倍半碳酸钠、氯化锌等。

### （一）清洗除锈

铜鼎矿化并酥解，附着较厚的锈蚀物和土垢结核，用5%EDTA溶液隔水加热至

60℃，将铜鼎残片浸泡，软化附着物，去除有害物质。再用去离子水进行中和，用毛刷及竹签细细剔除器物表面附着物及土锈。附着力较强的锈蚀物，可反复多次操作，对于稳定性能很好的锈蚀层则加以保留。鼎颈部和腹部锈蚀较为致密，采用超声波清洗机逐层清理，重点清理断面茬口，便于日后拼接。

### （二）拼接

青铜鼎出土时整件器物碎为28片，拼接难度较大。根据碎片裂痕的不同，进行反复比对拼接。在拼接过程中要了解清楚接合的缝隙是否紧密，彼此之间是否变形，每比对好一块残片，做好标识并且编上号码。通过拼接获知，鼎腹部存在轻微变形。

### （三）矫形

铜鼎矿化严重，矫形过程中容易出现断裂。经过反复观察，在矫形之前，采用稀释后的环氧树脂加固处理，待强度增加后，逐步矫正。矫形采用多功能圆盘推拉矫形器进行，辅以C型钳和大力钳，边观察，边加力。多功能矫形器便于操作，推拉过程便于控制和掌握，可循序渐进，适可而止使其归位，尽可能排除对变形部分金属受力点或面的人为破坏。经过一段时间，待变形部位完全归正后，矫形工作完成。

### （四）固接

在矫形过程中，铜器残片已经过加固处理。整体来看，铜鼎铜质较差，矿化严重的部位采用环氧树脂黏接，相对保存较好的口部则采用低温锡焊固接。黏接过程中，由于环氧树脂固化较慢，不易定型，因此在环氧树脂黏接过后用热熔胶对其固定。黏接时做到黏缝紧密，不错位，使残片与器身融为一体，恢复文物本体的形貌。

### （五）补缺

铜鼎口部、腹部及底部均出现不同程度残缺现象，用黄铜片捶打出补缺的形状，使其和残缺部位完美结合为一体，再用低温锡焊将其焊接。全部补缺完毕后，用高分子材料填缝，直至全部完成。

### （六）封护

采用Paroliod B-72溶液进行封护。在文物保护中，丙烯酸树脂是比较成熟的封护材料，可以有效地阻挡有害物对文物本体的侵蚀，而且具有可逆性和再处理性，不会对文物造成破坏，是目前青铜文物保护中普遍采用的封护材料。使用前对溶液比例进行反复试验，3%B-72丙酮溶液涂抹后基本上达到封护要求。将文物放置在通风橱中，用脱脂棉和3%B-72丙酮溶液对文物进行渗透封护。根据矿化情况，特别严重的部位，采用注射渗透封护，其余刷涂一至多遍，避免文物表面出现白色膜痕，对表面造成污染。封护工作即告完成。

## （七）做旧

将焊接、黏接、补缺部位打磨光滑，目测和器体一致，根据两侧的颜色不同，对局部做旧处理。使用无机矿物颜料，对文物本体不会造成二次伤害。黏合剂和固色剂均采用无水乙醇泡制的虫胶溶液，依据器物补配区域的锈色深浅调出相应的色彩，使用小刷子蘸调好的颜色漆料，采用弹、拨、涂、抹等手法，反复、多次将颜色做到一致。

## 第十四节 M6∶52 铜鼎的修复保护

### 一、基本信息、保存现状与价值评估

#### （一）基本信息

青铜鼎有子母口盖，鼎身有双附耳，由双头蛇弯曲而成，近平底，三蹄形足。鼎盖顶略凸，三卧牛形钮鼎立，盖中心为一蛇形钮，钮上套环，环的一面饰斜线纹，另一面饰三角雷纹。盖面纹饰由两条凸弦纹分为三层，内层以钮为中心，紧贴第一道弦纹内侧有一圈卷云纹，每两道弦纹和鼎盖口沿上方分别饰有一周夔纹。鼎腹口沿下分别饰两周龙纹，中间用一道凸起弦纹分隔。

#### （二）保存现状及价值评估

埋藏过程中，由于青铜器长期处在黏土中，地下水位反复升降，填土在潮湿的状况下不断发生变化，受到地下酸、碱、盐化学元素和其他物质及微量气体的侵蚀，青铜器锈蚀速度加快。另外，受墓室坍塌造成的长期挤压破坏，破损十分严重，出土后随着保存环境的改变，有害气体及水汽带来的氧化锈蚀一天天加剧，有些器物甚至出现了发展迅速的有害锈。这些有害锈未及时有效处理，这些器物就直接入藏博物馆库房或上展，给文物长久保存带来严重威胁。

铜鼎及鼎盖通体附着绿色、浅蓝色锈蚀，鼎盖的局部有类似铁锈的黄色锈蚀。鼎盖和器身破损严重，有一侧鼎耳脱落，三条鼎腿均有不同程度的缺失。鼎口沿变形严重。随M6∶52铜鼎一同出土的还有一对"铉"，一只完整，一只断为两段。

鼎，是古代用以烹煮肉和盛贮肉类的器具，是最重要青铜器物种之一。"鼎"（炊器）被后世认为是所有青铜器中最能代表至高无上权力的器物。鼎耳由双头蛇弯

曲而成，这种形式的鼎耳并不多见，且和鼎一同出土的还有一对"铉"。铉，举鼎具也。易谓之铉，礼谓之鼎。中国古代举鼎器具，状如钩，铜制，用以提鼎两耳。

## 二、取样分析检测

### 表三十七 铜鼎样品SEM-EDS成分分析

| 实验编号 | 锈蚀程度评估 | 检测部位 | 主要元素含量（Wt%） | | | | | | | 合金材质及微区相 |
| --- | --- | --- | --- | --- | --- | --- | --- | --- | --- | --- |
| | | | Cu | Sn | Pb | Cl | Fe | O | 其他 | |
| XCJX41 | 完全腐蚀 | 基体微区相分析 | 79.87 | 9.63 | 1.00 | | | 0.78 | C=8.72 | 铅氧化物 |

### 图表二十五 铜鼎样品环境扫描电镜显微图片

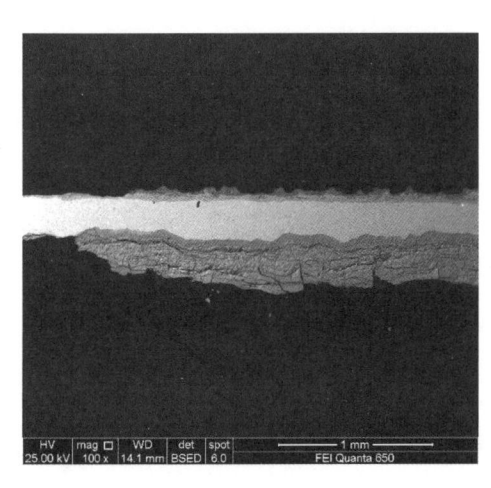
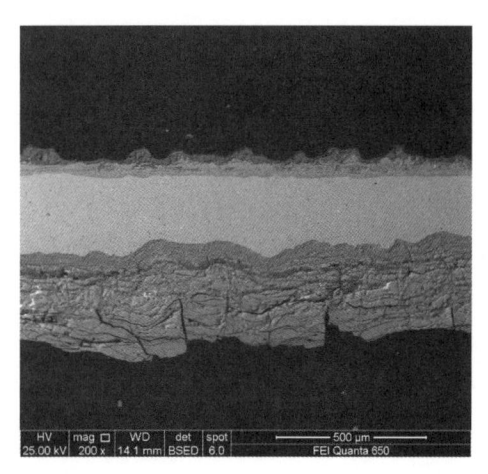

铜鼎 XCJX41（SEM 背散射 100X&200X）

### 表三十八 铜鼎样品金相显微组织分析

| 实验编号 | 取样部位 | 金相组织观察结果 | 制作方法 |
| --- | --- | --- | --- |
| XCJX48 | 碎片 | 基体已完全锈蚀矿化，金属原具树枝晶结构已被腐蚀产物假相替代，局部残留未完全腐蚀岛屿状零星（α+δ）共析体和α固溶体，铅多已腐蚀迁移转变为碳酸铅，腐蚀产物内部均匀分布 | 铸造 |

### 图表二十六 铜鼎样品金相组织显微照片

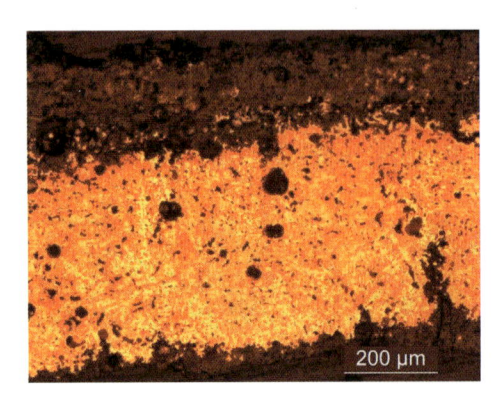
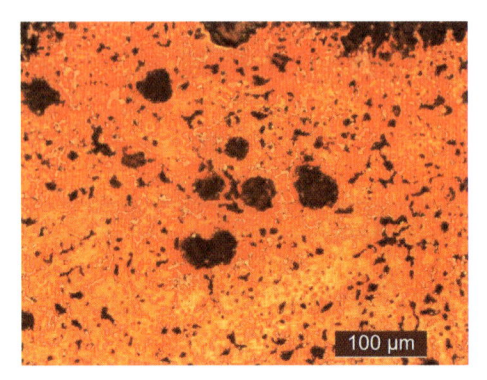

铜鼎 XCJX41 基体金相组织

## 三、保护修复工作原则、目标和技术路线

文物保护修复的过程实际上就是去除文物病变的过程，只有保留文物本来面貌，才能保存其历史价值、艺术价值和科学价值。在这一程序中始终要严格遵守《中华人民共和国文物保护法》，同时按照国际文物保护界对藏品保护修复的基本原则"保持艺术品原状"，严格遵守保护修复工作修复的适宜性、可辨识性、可再处理性的总原则。按照"保护现状、修复原状、消除隐患、延长寿命"的工作目标，结合国际上通用的最小干预、可逆性和可再处理性三大原则，采用优化后的传统和现代技术相结合的方法，运用目前国内文物修复行业成熟的材料，按程序精心操作：清理器物表面的污垢，利用工具安全矫形，低温焊接，补缺封护，最大限度地恢复金属文物本来的艺术形象，并为文物的长期保存提供科学合理的建议，从而使其更好地服务于科学研究、陈列展览。

根据出土文物自身存在的病害特征和调查分析结果，参照《中华人民共和国文物保护行业标准可移动文物病害评估技术规程——金属类文物》（WW/T 0058—2014）、《中华人民共和国文物保护行业标准馆藏铁质文物病害与图示》（WW/T 0005—2007）、《中华人民共和国文物保护行业标准馆藏青铜器病害与图示》（WW/T 0004—2007）制定技术路线，主要分为四个流程[包含十一项文物基本信息采集（影像资料、文字记录等）、保存现状调查分析（观测记录、锈蚀度检测分析、咨询专家）、保护修复处理（清洗除锈，工具矫形，低温铅、锡焊，补缺，封护，做旧）、建立文物修复档案（完善文字记录，文物修复前、后照片，保存、搬运注意事项）]。

文物基本信息采集

（影像资料、文字记录等）

↓

保存现状调查分析

（观测记录、锈蚀度监测分析、咨询专家）

↓

保护修复处理

（清洗除锈，工具矫形，低温铅、锡焊，补配，封护，做旧）

↓

建立文物修复档案

（完善文字记录，文物修复前、后照片，保存、搬运注意事项）

## 四、保护修复处理

前期所做的调查分析讨论，为青铜鼎的保护修复处理提供了充分的方法论指导，依据文物保护技术流程图，进一步制定出详细的技术操作步骤：

清洗除锈 → 拼接 → 矫形 → 焊接 → 补缺 → 做旧 → 封护

工具主要有：超声波、手术刀、棉签、刷子、台钳、C型钳、推拉器、自制整形工具、数码温控烘烤箱、电烙铁等。

材料主要有：助焊剂、双组分环氧树脂、去离子水、丙酮、无水乙醇、高分子材料、0.5毫米铜皮、石膏、硅橡胶、脱模剂等。

### （一）清洗除锈

将铜鼎残片置于蒸馏水中浸泡20—30分钟，用毛刷或牙刷等工具清洗器物表面附着物及土锈，用竹签或手术刀剔除铜鼎纹饰区域的表面锈蚀和硬结物，对于非纹饰区域稳定性能很好的锈蚀层加以保留。清理时避免伤及纹饰，重点清理断面茬口，便于日后拼接。

## （二）矫形

铜鼎盖表面和鼎的口沿及腹部处有多处严重变形，鼎矫形位置主要集中在鼎盖、口沿部位以及相关的残片。鼎盖口沿的矫形主要用C型钳一段一段慢慢矫形。残片的矫形：将残片放置于凹形铁錾上，用锡锤对变形部位进行适度的敲击。

## （三）焊接

接下来是对铜鼎口沿和鼎腹部较大碎片的矫形焊接，鼎口沿的变形主要集中体现在有一段口沿向内塌陷，先使用C型钳矫形，并用顶杆将塌陷的部位向外顶。经过矫形，一段时间后向内塌陷的口沿下方腹部有明显受力。口沿经过矫形后，再用圆形专用矫形工具对变形部位进行深度矫形。先把鼎口沿固定于矫形工具上，从变形最开始的部位选择一段，用C型钳施外力一段一段慢慢矫形。

## （四）补配

三条鼎腿都有不同程度的缺失。保存现有的鼎腿残片，无法为组成完整鼎腿提供参考，且无法确定鼎腿的高度，其中两段鼎腿残块，残缺处的位置有重叠。利用这个依据，我们用3D扫描建模的方法，把这两块残块扫描，将数字化的扫描结果输入电脑中，在3D软件中把残块位置重合的地方重叠，在电脑端重新数字化一个完整的鼎腿，用3D打印技术打印出一个鼎腿。在实际工作中，鼎腿的补缺是对其中一块较小的残块用硅胶翻模，将硅胶模套于较大的残块缺失部位，浇注缺失的石膏腿，再对石膏部分翻模，后将石膏模套于鼎腿缺失部位，用橡皮泥敷于石膏模中，橡皮泥的厚度就是鼎腿的厚度，浇注石膏芯，取出橡皮泥，烘干石膏芯和石膏外模，浇铸锡质残块于真实残块上。其他两条鼎腿也采用类似方法，省略了硅胶模的制作。

鼎盖和铜鼎的整体矫形和焊接完成后，统一用工具把焊接补配处的焊锡打磨平整，再用原子灰把打磨处反复涂抹打磨平整，反复多次，直至与周围平整度相同。

## （五）做旧

使用各种矿物颜料、无水乙醇、漆片。漆片是一种天然虫胶漆（洋干漆），无水乙醇主要用于泡融漆片，使之成汁，调色用。汁液黏度根据调配酒精、漆片比例，适宜为好，灵活掌握，调矿物颜料做假锈时用。对焊缝、补缺部位进行随色做旧，补缺打磨平整后，依据器物补配区域的锈色深浅，由轻至重，由浅至深，调出相应的色彩。

做旧时，一手持小牙刷或油画笔，另一手用小铲刀轻拨笔毛或牙刷毛，以这种弹拨的方式把泥浆弹拨在需要随色部位，用吹风机等工具吹干泥浆。依锈颜色的层次不同，反复弹拨不同颜色的漆料，以达到颜色锈逼真的效果。

### （六）封护

青铜鼎原来生存的大环境改变后，在现有的保存条件及空气质量难以有效遏制种种不利因素，加速健康青铜文物朝其相反方向渐变的情况下，封护就是一种比较理想的解决办法。目前青铜文物保护中，普遍采用的封护材料是丙烯酸类。分别采用浓度为1%、3%、5%的B-72丙酮溶液，进行喷涂试验。通过比对，1%B-72丙酮溶液封护效果不明显，5%B-72丙酮溶液涂抹后器表出现亮光，3%B-72丙酮溶液涂抹后基本上达到封护要求。采用3%B-72丙酮溶液，酌情刷涂一至多遍，避免造成器表色彩的偏差。封护工作就此完成。

# 第十五节 M6:56铜簠的修复保护

## 一、基本信息、保存现状与价值评估

### (一) 基本信息

表三十九 M6:56铜簠简要信息表

| 编号 | 名称 | 质地 | 时代 | 尺寸重量 | 备注 |
|---|---|---|---|---|---|
| M6:56 | 铜簠 | 青铜 | 战国 | 残高约20厘米，口径30厘米，腹深7厘米，重4270克，壁厚0.2毫米 | |

### (二) 保存现状

这件铜簠为战国中期器，1998年在河南省淅川县杨河墓地出土。铜簠由形制相同的两个方盘扣合而成。以器身为例，敞口，内平折沿，尖唇，斜直壁下收，腹壁两侧有一对龙首耳，龙吐舌下弯呈半环形，龙兽双角仅以浅刻纹示意，平底，盖顶及器底附有曲尺圈足。盖和器身形状相同，大小一样，上下对称，盖沿还附有六只兽面形小器扣，用于密合盖、体。器盖顶、腹部和器体腹部、足部均满饰蟠螭纹。出土后四只龙首耳一只上下不全，另外三只耳丢失。簠口沿有断裂和缺失，簠腹部和底部断裂分为两部分。簠腹和簠底四圈足都有缺失，铜簠下圈足两面缺失，口沿有8.5厘米×2.5厘米缺失。铜簠口沿至腹部变形严重，碎片多达六块且有五处断开裂缝。簠的腹部和足部附着绿色锈蚀和暗红色疑似铁锈，还有蓝色锈蚀，器体内上部有大片绿色锈蚀，片状分布。顶部有蓝色锈蚀凝结物，较致密。没有发现粉状锈等有损青铜文物健康的有害锈。铜簠器身有较深断裂的腐蚀层，部分残片断面两侧矿化，呈暗灰色和黑褐色。从残片断面观察该器矿化严重，铜质极差，部分铜器本体没有铜质。通过对这件器物现存状况的调研和对铜质的统计与评估，可以判断此件青铜簠的修复难度较大。

### （三）价值评估

簠是中国古代祭祀和宴飨时盛放稷、黍、稻、粱等饭食的方形器具。作为重要的礼器，除了展现战国时期非凡的铸造技术外，更能体现那个时期艺术家的智慧和创造力。这件青铜簠形制质朴，纹饰精美，为春秋晚期至战国早期最常见的样式，是淅川杨河楚墓遗址六号墓中的珍品。在分析铜簠由斜壁变化为折壁的原因时认为，簠的前身乃仿竹编的筐为之，故铜簠初制为浅腹，直壁。春秋中期有折壁式，器形加大，此式一直沿用至战国末期。现在所知时代最早的龙纹铜簠，其形状与日常生活中使用的竹筐相似，为追溯铜簠之产生提供线索，是这批青铜文物中较为有特点的一件，对研究战国楚文化、青铜礼器冶炼技术及其发展提供了非常重要的实物资料。从铸造工艺方面观察，铜簠是使用分范铸造和铸接的方法成器，事先把簠耳铸好，挖去少许耳内的范土，将其放入器身铸模内相应的部位，浇铸铜液，耳即铸接在器身成为一个整体。采用这种方法铸造的青铜器附件部分既可以批量生产，提高生产效率，合范成器后又非常牢固不易脱落。因此这件簠是研究战国时期南方青铜冶炼铸造技术的重要实物之一。

## 二、取样检测分析

**表四十 铜簠样品SEM-EDS成分分析**

| 实验编号 | 锈蚀程度评估 | 检测部位 | 主要元素含量（Wt%） | | | | | | 合金材质及微区相 |
| --- | --- | --- | --- | --- | --- | --- | --- | --- | --- |
| | | | Cu | Sn | Pb | Cl | Fe | O | 其他 | |
| XCJX45 | 基体中度腐蚀 | 基体微区相分析 | 30.33 | 6.58 | 14.68 | | 2.06 | 22.50 | C=20.44 S=0.75 | （α+δ）共析体 |

## 图表二十七 铜簠样品环境扫描电镜显微图片

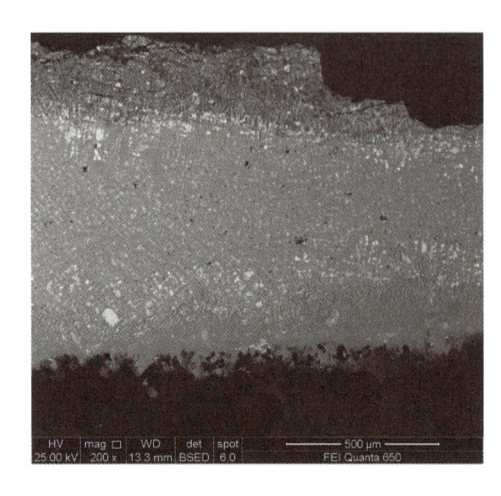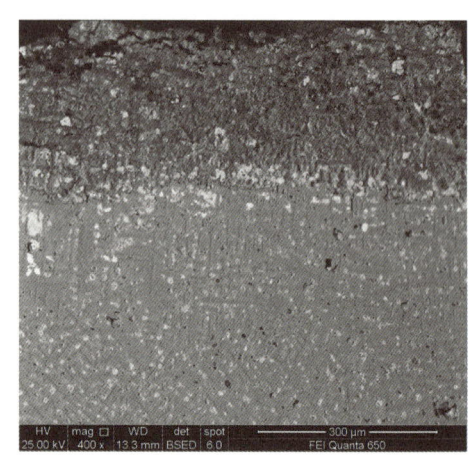

铜簠 XCJX45（SEM 背散射 200X&400X）

## 表四十一 铜簠样品金相显微组织分析

| 实验编号 | 取样部位 | 金相组织观察结果 | 制作方法 |
| --- | --- | --- | --- |
| XCJX45 | 碎片 | α 固溶体树枝晶偏析组织，大量（α+δ）共析体以岛屿状分布，铅呈细小颗粒状、大椭球状不均匀分布 | 铸造 |

## 图表二十八 铜簠样品金相组织显微图片

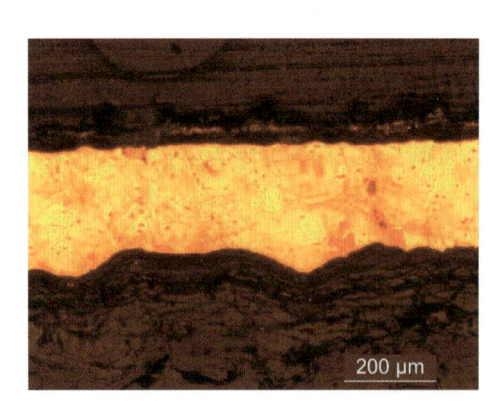

铜簠 XCJX45 基体金相组织

## 三、保护修复原则与目标

### (一)相关法律法规

文物保护修复的过程实际上就是去除文物病变的过程,只有保留文物本来面貌,才能保存其历史价值、艺术价值和科学价值。在这一过程中始终要严格遵守《中华人民共和国文物保护法》,同时按照国际文物保护界对藏品保护修复的基本原则"保持艺术品原状",严格遵守保护修复工作修复的适宜性、可辨识性、可再处理性的总原则。遵照"保护现状,修复原状,消除隐患,延长寿命"的工作目标,结合国际上通用的最小干预、可逆性和可再处理性三大原则,采用优化后的传统和现代技术相结合的方法,运用目前国内文物修复行业成熟的材料,按程序精心操作:清理器物表面的污垢,利用工具安全矫形,低温焊接,补缺封护,最大限度地恢复金属文物本来的艺术形象,并为文物的长期保存提供科学合理的建议,从而使其更好地服务于科学研究、陈列展览。

根据出土文物自身存在的病害特征和调查分析结果,参照《中华人民共和国文物保护行业可移动文物病害评估技术规程——金属类文物》(WW/T0058—2014),《中华人民共和国文物保护行业标准馆藏铁质文物病害与图示》(WW/T 0005—2007),《中华人民共和国文物保护行业标准馆藏青铜器病害与图示》(WW/T0004—2007)制定技术路线,主要分为四个流程(包含十二项):

文物基本信息采集

(影像资料、文字记录等)

↓

保存现状调查分析

(观测记录、锈蚀度监测分析、咨询专家)

↓

保护修复处理

(清洗除锈,工具矫形,低温铅、锡焊,补配,封护,做旧)

↓

建立文物修复档案

(完善文字记录,文物修复前、后照片,保存、搬运注意事项)

## （二）保护修复原则

（1）保持历史真实性。

在修复文物时，应尊重其历史真实性，必须对其艺术风格进行研究，以确保修复后的效果能体现该文物的原始风貌。另外，一件文物从诞生到今天，承载了不同时期各种因素附加在其上面的各种信息，这些信息必须得到尊重。作为修复者，不能凭主观想象而随意添加，创造或改变文物的外观形状或装饰图案。任何添加性的修复都必须有充分的依据。

（2）最小干预性。

要尽可能多地保留文物现状和原有结构，只在最有必要的地方实施干预，阻止或消除器物的病变给以后的再修复带来麻烦。随着科学技术的不断发展，会得到更好的材料与解决办法，因此修复的最小干预性显得尤为重要。

（3）可辨识性。

修复部位所采用的材料与工艺，最好是与原材料、原工艺相同，但应该保证修复部位可识别性，一定要能看出哪些部位是原始的，哪些部位是修复的，以便人们正确认识器物信息。同时，也不能因为要确保这种可识别性而破坏整体艺术品的观赏性和完整性，应做到远看一致，近观有别。

（4）可逆性。

在进行修复时，无论是处理方法还是选材，都应该充分要求其具有可逆性，即修复部位应易于拆除。我们目前所进行的修复工作，不能给以后的再修复带来麻烦。随着科学技术的不断进步，会得到更好的材料与解决办法，因此修复的可逆性显得尤为重要。并且，修复的可逆性还可以及时纠正修复过程中的偏差。

（5）兼容性。

所使用的修复材料对文物本体而言必须是兼容的。选用的补全材料同艺术品的原材料及其病变程度相适应，原材料与被选材料在物理、化学等性能上必须是相近的，不能改变或破坏艺术品的原材质，不能对文物造成新的伤害。

（6）安全耐久性。

修复所选用的材料应具有良好的耐光、耐热和化学稳定性，以保证修复效果的长久性。

经过反复研究，结合实际情况，严格遵守文物修复的"有效地最小干预"原则，以法律法规和行业规范、保护修复理念为指导，制定并实施了以下修复方案。

### （三）修复方案

根据文物现状和病害情况制定以下操作流程：

（1）修复前影像资料的保留。

在文物修复之前，基本信息的采集：包括有发掘出土时的器物编号，入库临时登记号、名称、来源、时代、质地等，仔细测量各部位的尺寸，做好文字详细记录和影像资料的拍照留存。另外，在文物保护修复过程中，注意做好修复日志，包括日常工作时出现的问题及解决难题的方法等。必须的前期准备要做到心中有数。由专业的文物摄影工作者对文物进行数字影像采集，然后建立档案。这是文物修复保护工作的基础步骤，可翔实地记录文物修复前的状貌，以备在后续的修复和研究工作中随时调用参考。

（2）绘制铜簠病害图。

绘制器物俯视图和侧视图，同时也将重点病害部位病害绘制成图，在病害图上标出病害符号，包含残缺、变形、全面腐蚀、表面硬结物等病害。

（3）分析检测。

保存情况及分析检测：金属文物出土时的现状和收藏情况，尤其是文物保存大环境变动之后，器表锈蚀物的稳定与变化作为一个详细观测的重点，这是决定保留有益锈维持现状不变、还是去除已经损害器物健康或正向无益文物长久保存蔓延发展的有害锈层问题的关键。检测室借助精密仪器分析鉴定器物内部合金构造成分和判别锈蚀物优劣，为下一步保护修复文物提供科学依据。

利用扫描电镜—能谱对其锈蚀物进行显微形貌观察及定量成分分析和X射线衍射（XRD）对其进行物相分析，利用金相显微镜对青铜基体进行合金形貌观察，检测并记录病害分析结果。通过分析结果对锈蚀进行选择性去除，采取必要的修复措施，恢复其形状，从而达到博物馆文物陈列要求。这些信息都将详细记录在修复日志中，也就是文物的"病历"。这些信息不仅是为下一步的工作提供基础技术数据，也为以后的修复研究工作提供参考数据。

参考对金属结构和重点锈蚀样品的检测分析，以及现场调查观测，器物内壁的绿色锈层稳固，附着力强，对青铜簠而言具有一定的保护器物本体作用；颗粒状的蓝绿锈层与器底的范土除有碍观瞻外无损簠整体的安全性，出土后在文物库房内存放，文物未有恒温、恒湿设备，环境随自然环境变化而变化，初步观察文物表层所有锈蚀没有发现变异现象，性质比较稳定，故决定暂缓做进一步的处理。

铜簠为铅锡青铜，浇口分散在底部与下腹交界的模线处，铸造过程中铅、锡在铜液内分布不均衡造成簠体上下铅、锡含量有所差异。由于受外力作用，簠的腹部破损，造成部分机体缺失，破损处产生纵向裂缝，部分口沿扭曲变形。根据文物产生的病害，主要任务是对变形部位采用无损矫形，裂隙则采用低温焊接，缺失部位采用黄铜皮补缺，直至恢复文物原有形貌。

（4）使用工具与材料。

工具主要有：电子天平、超声波、洁牙机、手术刀、棉签、刷子、台钳、C型钳、推拉器、自制整形工具、数码温控烘烤箱、电烙铁等。

材料主要有：助焊剂、双组分环氧树脂、去离子水、高分子透明虫胶片、0.4毫米铜皮、石膏、硅橡胶、硝酸银、六偏磷酸钠、碳酸钠、碳酸氢钠、锌粉、EDTA二钠盐、BTA、氢氧化钠、3A超能胶、UHU AB胶、百得AB胶、各种矿物颜料、倍半碳酸钠、氯化锌、Paroliod B-72、脱模剂等。

器皿有：烧杯、滴管、纸杯等。

化学试剂（AR）有：无水乙醇、丙酮、硝酸、盐酸等。

## 四、保护修复处理

### （一）清洗、除锈

出土的器物或者碎片上经常附着各种土锈、铜锈，除锈是进行下一步拼对修复的基础工作，也就是"创口"的消毒与清理。这也是一项技术含量很高的工作，简单粗暴的方法不仅达不到效果，还可能对文物造成二次伤害。先将此残簠放入去离子水中浸泡，用软毛刷轻轻刷洗，用木刻刀剔除各种因素侵袭形成的土垢薄锈，对有纹饰部位的锈蚀用超声波机去除。利用超声波振动的原理，超声波在清洗液（例如蒸馏水）中的辐射，使液体振动产生数以万计的微小气泡，气泡破裂产生的力量足以快速冲刷污垢，尤其是那些很难触及的位置，例如器表面纹饰的缝隙、兽耳里外纹饰。因为簠周围都是很细的蟠螭纹，要清理出一组清楚的纹饰出来，上面的锈色还得用超声波洁牙机清除。通过超声波推动洁牙器，将振动的洁牙器工作头接触器物锈层，电子振荡电路产生超声频率电脉冲波，从而达到击碎锈蚀的目的。除锈之后，这件器物纹饰和碎片就露出了本来的面貌。

## （二）整形

埋藏于地下的青铜器由于墓穴崩塌、地层变化等原因造成挤压变形，出土后往往需要整形。依据器物的变形程度和质地，确定使用工具进行矫形。整个铜簠一件器口沿往里面变形严重，就用三个拉力杆在里面往外顶，拉力杆和器物壁接触面要用自制木块垫住，避免拉力杆在施力过程中损害文物本体。然后慢慢给螺丝上劲，轻轻施压，直顶压到簠口沿向外弹性限度，让其在压力矫正下保持一段时间。矫正过程中要经常调整顶压部位，通过几十次的顶压矫正，直至形成所需的平整度为止。最后再焊接原有焊缝口恢复原器形。

## （三）拼对和焊接/黏接

一般按照从大到小、从整体到局部、从规则到不规则的原则。即先拼对好大块，再找小块；先拼对出器物的大形，然后再将剩下的碎块进行填充拼对；随后再进行不规则碎块的拼对。对于缝隙较大的部位，在中间加与器物厚度相当的铜皮条，减少胶量，使器物更结实。全部补缺焊接完成后，铜簠身上所有焊缝隙用环氧树脂胶进行封填、充实、加固，同时稍微加热使胶完全渗透。

锡焊法焊接采用我国成熟的传统低温锡焊法，电烙铁为主要工具，在断裂处用电磨打一斜坡口露出金属后，涂抹氯化锌溶液。所需的温度低（在250—450℃的范围内即可进行各种铜器的焊接），热度对文物的影响小，不会造成铜氧化，而且焊接的强度好，对铜器修复来说非常实用。但是在焊接过程中为了保证焊接的强度，必须在焊口上打磨掉腐蚀层，找到金属性质相对较好的铜基体用打磨机打磨出坡口，使用锡焊法将之前打磨过的、金属性质较好的部位进行焊接，利用高温将助焊剂与青铜基体连接在一起，形成牢固的整体。

由于残簠的断面及拐角严重矿化，传统的焊接已经不能适用。针对没有铜质的文物修复，多采用德国UHUAB胶、百得AB胶、3A超能胶等室温快速黏接剂。此三种胶经过文物修复实际应用的考验，具有黏接强度高、渗透力强等优点。综合了多种工艺技术和各种性能的材料。特别是百得强力环氧胶这种高分子材料，是近年来一直使用的黏接材料，实践证明这种黏接材料的优点是渗透快、固化时间短、粘贴牢固。也尽可能减少锉焊缝和焊剂对青铜器的人为干预。相对于焊接，黏接在矿化严重的器物上起到良好的连接作用。

### （四）补配、塑形

通过矫形、焊接、黏接等多种技术，不能完全达到预期的目的，器物本身残缺的部位需要补配。此件铜簠器口沿部分缺失，故采用薄铜皮进行补配：用剪刀在薄铜皮上剪出缺失的形状，用焊锡焊在器物上使其块与块之间连接。对缺失表面的细腻纹饰补配，用翻硅橡胶模调节原子灰紧贴硅胶纹饰面，待固化后粘贴在铜皮的上面，这样缺失部位就补配好了。

翻硅橡胶模要分几步进行：

（1）先清理所要翻模器物表面。

（2）涂抹脱模剂，涂抹要均匀，操作前手上也要涂抹脱模剂，便于清理。准备好纱布，大小和所要翻的面一样。

（3）待脱模剂晾干后调配硅橡胶，硅橡胶和固化剂的比例要调配好，均匀涂抹在器物表面，然后在硅胶上面贴上纱布，再在纱布上涂硅胶，让整个纱布置于硅胶中，待硅胶完全固化。

（4）在硅橡胶模具上均匀地抹上原子灰，厚度是根据器面补配的尺度，待原子灰快干时小心揭下，剪出补配形状，用环氧树脂粘贴在补配位置。

簠的两圈足缺失补配，采用石膏翻模来完成。根据对称图案来补配出缺损部分。我们对青铜簠相对称完整的一侧用石膏进行整体翻膜，在翻模过程中，除石膏外，还要加入棉麻丝或细铁丝以增强模子的强度。对外壁一侧翻膜完成后，用中硬的油泥置入烤箱使之变软化，按照器壁还要薄一点的厚度再贴一层油泥，这个厚度基本上就是后期浇注制作出的胎体厚度，作为"内模"。随后在油泥上用石膏涂5厘米厚，待石膏固化后去模，取出模具中间油泥，把石膏模具置入烘干箱加热，低温将其慢慢烤干，化锡进行浇铸成型后再焊接在原器物上。

铜簠腹部连接。因为受力大，就在簠内壁连接中间加筋固定好再焊接。不平整的地方用原子灰找平。在调配原子灰时，在里面加入绿色矿物粉，使补配材料与器物本身的颜色相近，便于做色。所要补的腻子要比原器物稍高，这样便于用细砂纸打磨平整。兽首耳的补配。从器物两侧兽首耳残破部位可以看出，簋面有铸出接榫，可以判断是榫卯式后铸法，即在铸造器体时，于预定部位铸出接榫，然后在器体上安放模具制范；或是安放已经制得的分范，浇注附件，和器体形成榫卯式连接的铸接方式。

焊接补配工作完成后，对铜簋进行脱酸、脱氯中和。就是要清洗氯化锌助焊剂附着物对焊接口侵蚀，避免对器物带来人为的新污染腐蚀源。将铜簋置于去离子水中浸泡三天，再换一次去离子水，后测试pH值为中性，脱酸工作才算完成。

### （五）上色、做旧

传统方法做旧，材料为虫胶漆汁和各种矿物颜料，主要颜料的品种包括砂绿、群青、土红、黑烟子、钛白，等等。根据器物颜色，用牙刷等工具蘸取少量虫胶漆汁与矿物颜料混合，轻弹拨在补配的器物上；做完一层待干后再做下一层，凸起的锈一般用大小不等的点泥法完成。弹拨的锈色干后，用棉球蘸颜料做局部处理。用涂、弹、抹、点、画等手段，使之做旧颜色完成。最后经黄泥汁进行揉蹭、压光，做出的效果与原器物锈色比较接近，且不会掉色。做旧是将文物修复处按照周围的锈蚀情况进行颜色和锈蚀效果的处理，这样修复的部位的视觉效果会与原件一致，使得整体观感完整统一。做旧时，除了要对文物本身的锈蚀进行细心观察和准确调色外，更重要的是把握铜簋整体锈蚀的层次和质感，力求模仿真锈的那种自内而外生成的感觉和状态。能否做好，将直接影响文物修复后的视觉效果。

### （六）封护

铜簋离开原来地下埋藏的大环境后，现有的保存条件及空气质量难以有效地遏制种种不利因素，加速了健康青铜文物朝其相反方向渐变发展。为了阻隔空气中的水分和含氯、硫、氮等有害气体及其他污染物的影响，提高器物的耐腐蚀性能，要在修复后的青铜器表面上涂覆一层保护膜，使青铜器处于稳定状态，达到防治锈蚀蔓延的目的，封护就是一种比较理想的解决办法。目前青铜文物保护中普遍采用的封护材料是丙烯酸类，如浓度为1%—3%的B-72丙酮溶液，于温室通风处刷涂或喷涂一至多遍，避免造成器表色彩的偏差。最后静置晾干。

## 五、预防性保护建议

保存环境是金属质文物保护修复后是否继续发生病变的决定因素，环境因素包括温、湿度，光辐射，空气污染物，生物的病菌、霉菌等多个方面，无论是物理、化学以及生物的有害物质，都能不同程度地直接或间接对文物造成污染或损害，所以在保存、展示时必须进行严格的环境控制。修复后的铜鼎在保存、展示时要有严格的环境控制。

### （一）控制温、湿度

青铜器腐蚀往往来自周围环境的改变，所以文物要保存在相对稳定的环境中，与周围环境建立一种平衡。适于青铜器的保存条件是：相对湿度40%，日波动范围<5%；温度 20℃，日波动范围<5℃。[国际文物保存科学会、ICOM（国际博物馆学会）、ICCROM（国际保存修复中心等）组织推荐。]

### （二）控制污染物接触

污染物具有迁移、转化、活性和持久性、腐蚀性，所以要控制和预防污染源对青铜器带来的物理、化学的危害。存放器物的场所要有通风、过滤设施，器物应存放在密闭的文物柜中，且修复完成的器物最好单独放置，严禁与未保护处理的器物放置在一起，以免病害传染。因此，定期观察和日常监控是抑制病害发生的有效手段。尽量做到及时发现并即时解决问题。

### （三）控制光照度

文物保护修复时黏接、封护等阶段所使用的材料如B-72、胶黏剂等均为有机质材料，光的照射对这些材料是危险的，不仅会导致修复材料变色，而且会导致材料强度的改变。故为文物的安全起见，应当在保护修复后保存或展示时采取以下措施：使用遮光的文物柜或囊匣；使用无紫外线光源，降低展示时的照度。

### （四）结语

经过近两个月的工作，这件铜簠终于从大小不一的碎片变成了一件完整的器物，保护修复后的铜簠通高20.4厘米，盖口径30厘米，器口径30厘米，腹宽22厘米，腹深7厘米，圈足径20.2厘米，圈足长28厘米。重4660克。

通过前期的检测和研究，制定出更有针对性地对铜簠的保护修复策略和技术路线，综合其他学科提升了传统技艺，结合新材料解决了一些传统技术难以攻克的难题，大大提高了金属文物保护修复工作的科学性。同时通过修复残损的铜簠文物，将其历史、艺术和科技等方面的价值得以更全面地展示，也让古代先民留下的珍贵文化遗产得以更有效地保护。

# 第十六节 M6∶58铜敦的修复保护

## 一、基本信息、保存现状与价值评估

### (一) 基本信息

表四十二　M6∶58铜敦简要信息表

| 编号 | 名称 | 质地 | 时代 | 病害描述 | 备注 |
|---|---|---|---|---|---|
| M6∶58 | 铜敦 | 青铜 | 战国 | 通体锈蚀、破碎、变形、缺失 |  |

### (二) 保存现状

铜敦出土时通体附着较厚的黑褐色锈蚀物，敦身有黑褐色和灰白色层状锈蚀，灰白色锈蚀呈片状分布叠压在黑褐色锈蚀之下；器身和足均有瘤状物分布，器内壁附着较厚的黑色腐蚀物，未发现粉状锈及有害腐蚀物。出土时碎为多块，严重变形。残高15.7厘米，底口径18.5厘米，盖口径21厘米，底腹深11.5厘米，盖腹深10厘米，壁厚0.3厘米。严重破损，整件器物破碎为10余片，口部、腹部、底部附着较厚的层状锈蚀和瘤状物，夹杂有附着力较强的土垢。从残片断面观察，该器矿化严重，铜质极差。该铜敦为陶范法铸造而成，底部依稀可看到打磨的范痕，据此初步推断，铜敦双环耳和铜敦足分铸，有补铸痕迹，器物外壁、内壁打磨光滑，金属氧化层表面呈褐绿色。

### (三) 价值评估

铜敦是由鼎和簋相结合演变而成，根据周代礼仪的规定，敦是专门盛黍、稷、稻、粱等粮食作物制成品的盛食具。敦的形态呈一个浑圆的球状或椭圆状，由上下两个造型完全相同的三足深腹钵扣合而成。上体为盖，倒置后也可盛食。敦产生于春秋中期，盛行于春秋晚期至战国后期，至秦代已基本消失。《周礼》中簋、敦不分，宋代称敦为鼎，至清代始有学者将敦单独析出。

淅川是目前楚国青铜器发现最多和最重要的地区之一，其中包括下寺、和尚岭、徐家岭、杨河、毛坪、吉岗、文坎、东沟长岭等，都出土了大量楚国青铜器。这些青铜器不仅种类繁多，器形优美，纹饰瑰丽，风格多样，而且铸造技巧娴熟，制作极为精致，许多器物上都有铭文，在中国青铜艺术发展史上占据重要地位。

## 二、取样检测分析

### 图表二十九 铜敦锈蚀物样品信息表

| 器物名称 | 器物编号 | 时代 | 实验编号 | 样品简介（锈蚀颜色） |
|---|---|---|---|---|
| 铜敦 | M6:58 | 战国 | XC16 | 蓝色锈蚀 |
| | M6:58 | 战国 | XC16-1 | 白色瘤状物 |

铜敦 XC16（蓝色锈蚀）色彩形貌（超景深 200X&400X）

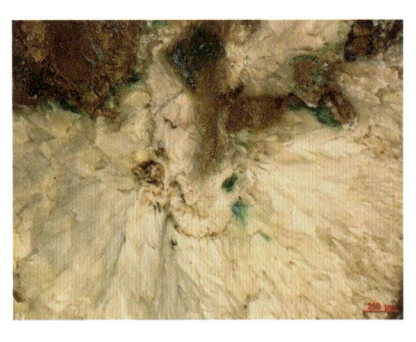

铜敦 XC16-1（白色瘤状物）色彩形貌（超景深 200X&400X）

### 表四十三 铜敦样品SEM-EDS成分分析

| 实验编号 | 锈蚀程度评估 | 器物名称 | 检测部位 | 主要元素含量（Wt%） | | | | | | | 合金材质及微区相 |
|---|---|---|---|---|---|---|---|---|---|---|---|
| | | | | Cu | Sn | Pb | Cl | Fe | O | 其他 | |
| XCJX47 | 基体轻度腐蚀 | 铜敦（器身） | 基体微区相分析 | 68.21 | 8.97 | 9.51 | | | 2.21 | C=11.10 | α 固溶体 |
| XCJX47-1 | 基体轻度腐蚀 | 铜敦（器盖） | 基体微区相分析 | 84.19 | 11.10 | 3.84 | | | 0.87 | | α 固溶体 |

### 图表三十 铜敦样品环境扫描电镜显微图片

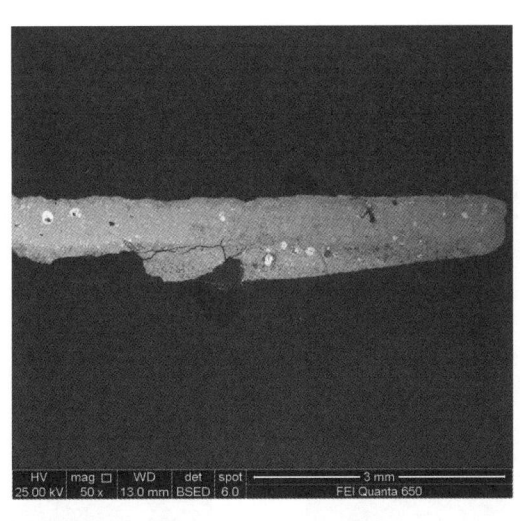

铜敦（器身）XCJX47（SEM 背散射 100X&200X）

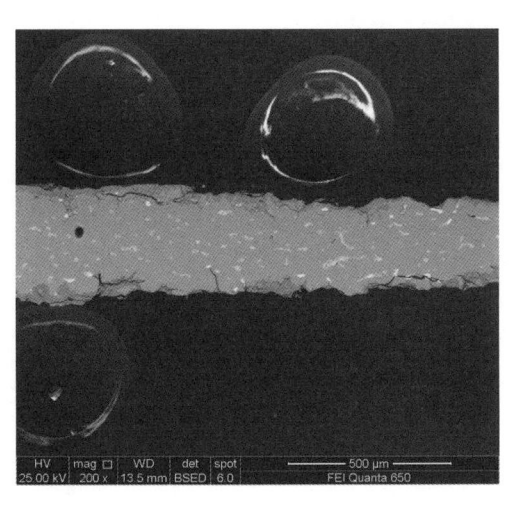
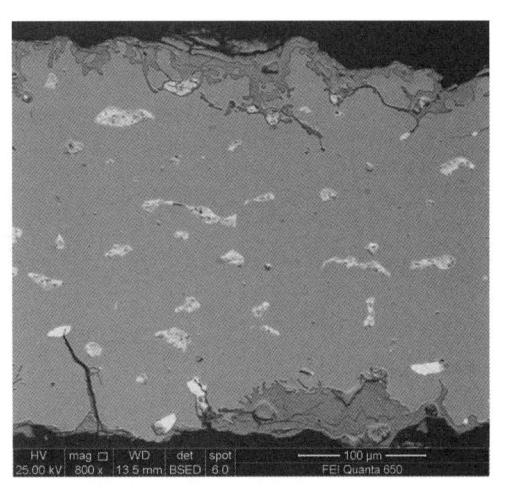

铜敦（器盖）XCJX47-1（SEM 背散射 100X&200X）

表四十四 铜敦样品金相显微组织分析

| 实验编号 | 取样部位 | 金相组织观察结果 | 制作方法 |
|---|---|---|---|
| XCJX47 | 碎片 | α固溶体树枝晶偏析组织，大量（α+δ）共析体以岛屿状分布，铅呈细小颗粒状、大椭球状不均匀分布 | 铸造 |
| XCJX47-1 | 碎片 | α固溶体树枝晶偏析组织，大量（α+δ）共析体以岛屿状分布，铅呈细小颗粒状、大椭球状不均匀分布 | 铸造 |

图表三十一 铜敦样品金相组织显微图片

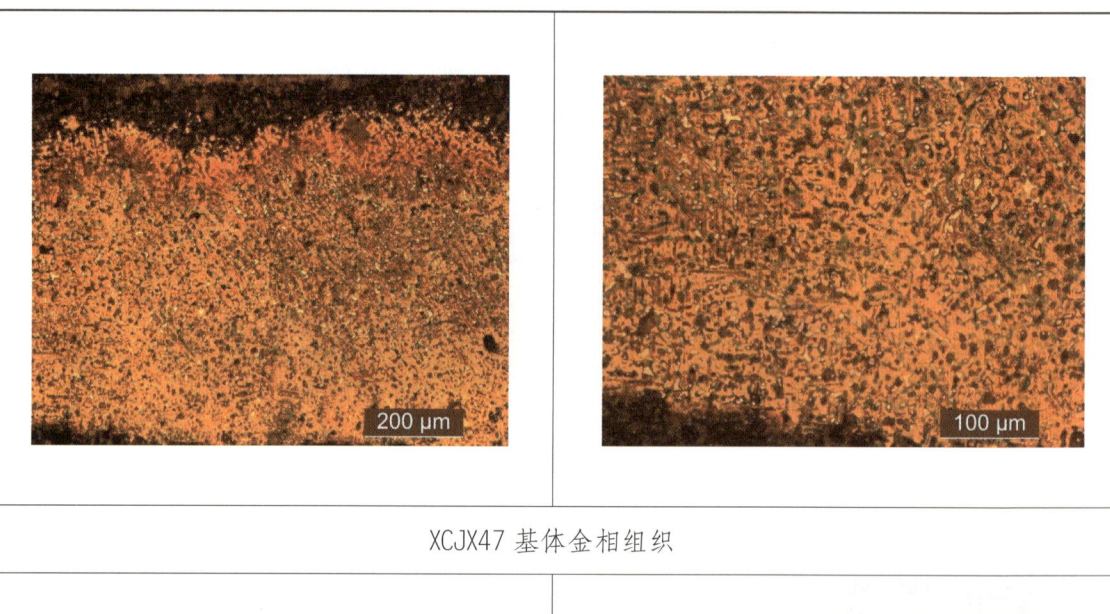

XCJX47 基体金相组织

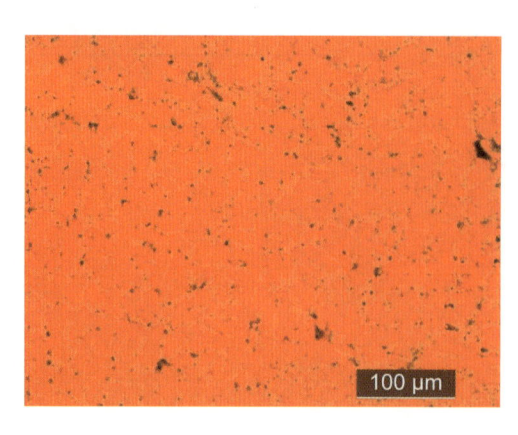
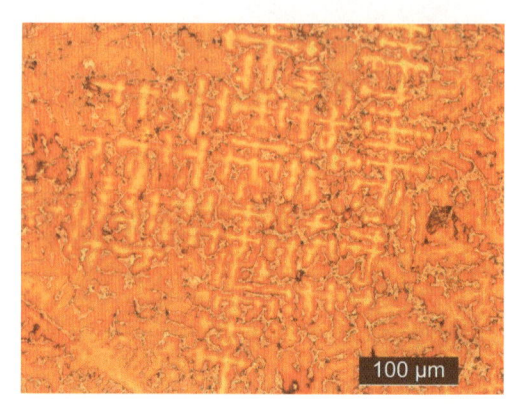

XCJX47-1 基体金相组织

## 三、保护修复工作原则、目标和技术路线

文物保护修复的过程实际上就是去除文物病变的过程，在这一过程中始终要严格遵守《中华人民共和国文物保护法》，同时坚持对文物修复保护过程中修旧如旧、不改变文物原貌的真实性及可操作性，最小干预、可逆性和可再处理性三大原则，采用传统和现代技术相结合的修复方法，运用目前国内文物修复行业成熟的材料，按程序精心操作：清理器物表面的污垢，利用工具安全矫形，低温焊接，补缺封护，最大限度地恢复铜鼎本来的艺术形貌，并为文物的长期保存提供科学合理的建议和坚持定期巡查监测制度，从而使其更好地服务于科学研究、陈列展览。

根据出土文物自身存在的病害特征和调查分析结果，参照《中华人民共和国文物保护行业标准可移动文物病害评估技术规程——金属类文物》（WW/T0058—2014），《中华人民共和国文物保护行业标准馆藏青铜器病害与图示》（WW/T0004—2007）制定技术路线，主要分为四个流程[包含十一项文物基本信息采集（影像资料、文字记录等），保存现状调查分析（观测记录、锈蚀度检测分析、咨询专家），保护修复处理（清洗除锈，工具矫形，低温铅锡、焊，补缺，封护，做旧），建立文物修复档案（完善文字记录，文物修复前、后照片，保存、搬运注意事项）]。

文物基本信息采集（影像资料、文字记录等）
↓
保存现状调查分析（观测记录、锈蚀度监测分析、咨询专家）
↓
保护修复处理（清洗除锈，工具矫形，低温铅、锡焊，补配，封护，做旧）
↓
建立文物修复档案（完善文字记录，文物修复前、后照片，保存、搬运注意事项）

## 四、保护修复处理

根据文物本体反映的病害特征，对其形貌调查分析，为青铜敦的保护修复处理提供了充分的保护方法和修复指导，依据文物保护技术流程图进一步制定出详细的技术操作步骤：

清洗除锈 → 拼接 → 矫形 → 焊接 → 补缺 → 封护 → 做旧

工具主要有：超声波、手术刀、棉签、刷子、台钳、C型钳、推拉器、自制整形工具、数码温控烘烤箱、电烙铁等。

材料主要有：助焊剂、双组分环氧树脂、去离子水、丙酮、无水乙醇、高分子材料、0.5毫米铜皮、石膏、硅橡胶、脱模剂、碳酸氢钠、锌粉、EDTA二钠盐、BTA、氢氧化钠、Paroliod B-72、各种矿物颜料、倍半碳酸钠、氯化锌等。

### （一）清洗除锈

铜敦矿化并酥解，附着较厚的锈蚀物和土垢结核，用5%EDTA溶液隔水加热至60℃，将铜敦残片浸泡，软化附着物，去除有害物质。再用去离子水中和，用毛刷及竹签细细剔除器物表面附着物及土锈。附着力较强的锈蚀物，需反复多次操作；对于稳定性能好的锈蚀层加以保留。鼎颈部和腹部锈蚀较为致密，采用超声波清洗机逐层清理，重点清理断面茬口，便于日后拼接。

### （二）拼接

青铜敦出土时整件器物碎为10余片，拼接难度较大。根据碎片裂痕的不同，进行反复比对拼接，在拼接过程中要了解清楚接合的缝隙是否紧密，彼此之间是否变形，每比对好一块残片，做好标识并且编上号码。通过拼接，鼎腹部存在轻微变形。

### （三）矫形

铜敦矿化严重，矫形过程中容易出现断裂。经过反复观察，在矫形之前，采用稀释后的环氧树脂加固处理，待强度增加后，逐步矫正。矫形采用多功能圆盘推拉矫形器进行工作，辅以C型钳和大力钳，边观察，边加力。多功能矫形器便于操作，推拉过程便于控制和掌握，可循序渐进，适可而止，使其归位，尽可能排除对变形部分金属受力点或面的人为破坏。经过一段时间，待变形部位完全归正后，矫形工作完成。

### （四）固接

在矫形过程中，铜器残片已经过加固处理，整体来看，铜敦铜质较差。矿化严重的部位则采用环氧树脂黏接，相对保存较好的口部则采用低温锡焊固接。黏接过程中，由于环氧树脂固化较慢，不易定型，因此在环氧树脂黏接过后要用热熔胶对其固定。黏接时做到黏缝紧密，不错位，使残片与器身融为一体，恢复文物本体的形貌。

## （五）补缺

铜敦口部、腹部及底部均出现不同程度的残缺现象，用黄铜片捶打出补缺的形状，使其和残缺部位完美结合为一体，再用低温锡焊将其焊接。全部补缺完毕后，用高分子材料填缝，直至全部完成。

## （六）封护

采用Paroliod B-72溶液进行封护。在文物保护中，丙烯酸树脂是比较成熟的封护材料，可以有效地阻挡有害物对文物本体的侵蚀，而且具有可逆性和再处理性，不会对文物造成破坏，是目前青铜文物保护中普遍采用的封护材料。使用前，对溶液比例进行反复试验，3%B-72丙酮溶液涂抹后基本上达到封护要求。将文物放置在通风橱中，用脱脂棉和3%B-72丙酮溶液对文物进行渗透封护。根据矿化情况，特别严重的部位，采用注射渗透封护，其余刷涂一至多遍，避免文物表面出现白色模痕，造成污染。封护工作即告完成。

## （七）做旧

将焊接、黏接、补缺部位打磨光滑，目测和器体一致，根据两侧的颜色不同，做局部做旧处理。使用无机矿物颜料，对文物本体不会造成二次伤害。黏合剂和固色剂均采用无水乙醇泡制的虫胶溶液，依据器物补配区域的锈色深浅调出相应的色彩，使用小刷子蘸调好的颜色漆料，采用弹、拨、涂、抹等手法，反复多次将颜色做到与周围一致。

## 第十七节 M6:59 铜豆的修复保护

### 一、基本信息、保存现状

#### （一）基本信息

表四十五 M6:59铜豆简要信息表

| 编号 | 名称 | 质地 | 时代 | 病害描述 | 备注 |
|---|---|---|---|---|---|
| M6:59 | 铜豆 | 青铜 | 战国 | 锈蚀，残破，裂隙，变形缺失 | |

#### （二）保存现状

铜豆分上、下两部分，分别是豆盖和器身，其中豆盖的弧腹几何纹处和器身鼓腹几何纹处与豆的圈足处，附着绿色锈蚀和蓝色锈蚀，器体内壁上部有大片蓝色和绿色锈，没有发现粉状锈等有损青铜文物危害的有害锈蚀。

由于受地下墓葬长期坍塌、自然外力及环境干湿度作用的影响，青铜豆发掘出土时，豆身豆盘底部与豆柱处断裂及残缺，分成两段。经过观察，此件铜豆铜质比较好，整件器物基本完整。铜豆盖整体呈圆形，盖面微隆，弧腹，平沿，由四组文饰带、三个卷状龙形钮和两个圆形钮组成。其中正中间饰圆弧状涡形纹，由上向下是一圈变形勾连纹，再向下饰一圈天禄纹，天禄纹每组之间各饰棱形纹，最后饰一圈几何形纹饰。其中三个龙形钮各置于三组天禄纹之间，龙形钮上面均有细小形纹饰，两个圆形钮分别置于两侧，两个圆形钮正侧两面各饰三圈凹形纹。

豆盘平沿直壁，弧形，深腹，上下分别由两圈几何形纹和一圈天禄纹组成，有两个圆形钮，置于豆盘腹部两侧。豆盘和圈足之间有豆柱连接，豆柱上部有突起箍状，下部有一圈棱形纹饰与一圈天禄纹圈足。器物通高28.8厘米，豆盖口径19.5厘米，豆盘口径16.6厘米，重3.74千克。

## 二、取样检测分析

### 图表三十二 铜豆锈蚀物样品信息表

| 器物名称 | 器物编号 | 时代 | 实验编号 | 样品简介（锈蚀颜色） |
|---|---|---|---|---|
| 铜豆 | M6:59 | 战国 | XC17 | 蓝色锈蚀 |

铜豆 XC17（蓝色锈蚀）色彩形貌（超景深 200X&400X）

铜豆 XC17-1（黄色锈蚀）色彩形貌（超景深 200X&400X）

### 表四十六 铜豆样品SEM-EDS成分分析

| 实验编号 | 锈蚀程度评估 | 检测部位 | 主要元素含量（Wt%） | | | | | | 合金材质及微区相 |
|---|---|---|---|---|---|---|---|---|---|
| | | | Cu | Sn | Pb | Cl | Fe | O | 其他 | |
| XCJX48 | 基体轻度腐蚀 | 基体微区相分析 | 76.76 | 13.84 | 1.47 | | | | C=7.93 | α 固溶体 |

### 图表三十三 铜豆样品环境扫描电镜显微图片

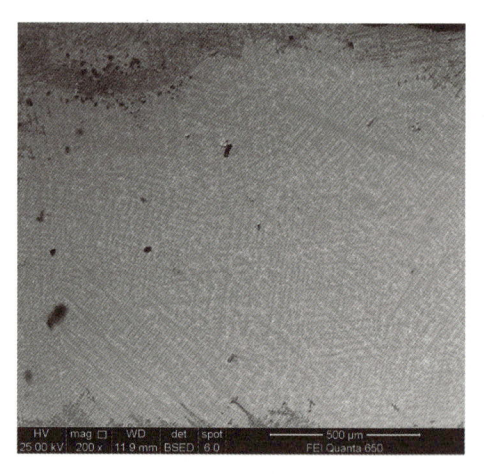

图 铜豆 XCJX48（SEM 背散射 100X&200X）

### 表四十七 铜豆样品金相显微组织分析

| 实验编号 | 取样部位 | 金相组织观察结果 | 制作方法 |
| --- | --- | --- | --- |
| XCJX48 | 碎片 | α固溶体树枝晶偏析组织，大量（α+δ）共析体以岛屿状分布，铅呈细小颗粒状、大椭球状不均匀分布 | 铸造 |

### 图表三十四 铜豆样品金相组织显微图片

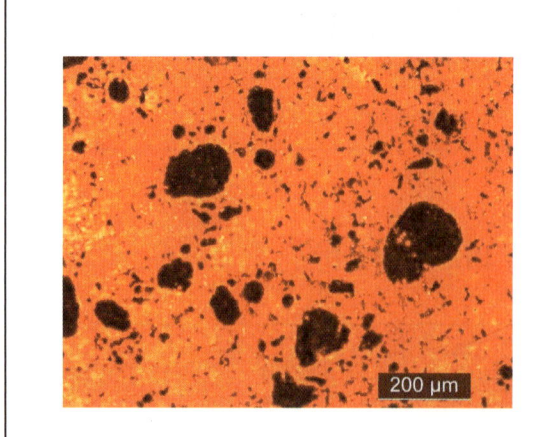
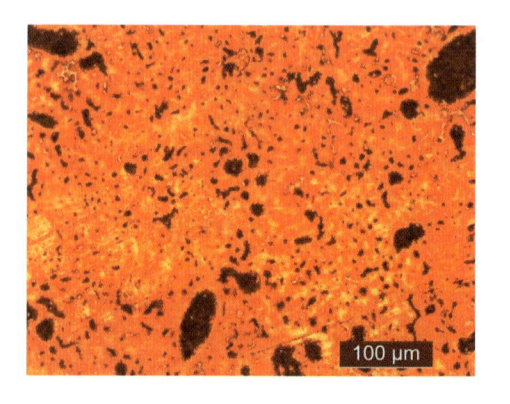

XCJX48 基体金相组织

## 三、保护修复工作原则、目标和技术路线

文物保护修复的过程实际上就是去除文物病变的过程，在这一过程中始终要严格遵守《中华人民共和国文物保护法》，同时坚持对文物修复保护过程中修旧如旧、不改变文物原貌的真实性及可操作性，和最小干预、可逆性和可再处理性三大原则，采用传统和现代技术相结合的修复方法，运用目前国内文物修复行业成熟的材料，按程序精心操作：清理器物表面的污垢，利用工具安全矫形，低温焊接，补缺封护，最大限度地恢复铜鼎本来的艺术形貌，并为文物的长期保存提供科学合理的建议和坚持定期巡查监测制度，从而使其更好地服务于科学研究、陈列展览。

根据出土文物自身存在的病害特征和调查分析结果，参照《中华人民共和国文物保护行业标准可移动文物病害评估技术规程——金属类文物》（WW/T0058—2014）、《中华人民共和国文物保护行业标准馆藏青铜器病害与图示》（WW/T0004—2007）制定技术路线，主要分为四个流程[包含十一项文物基本信息采集（影像资料、文字记录等）、保存现状调查分析（观测记录、锈蚀度检测分析、咨询专家）、保护修复处理（清洗除锈，工具矫形，低温铅、锡焊，补缺，封护，做旧）、建立文物修复档案（完善文字记录，文物修复前、后照片，保存、搬运注意事项）]。

文物基本信息采集

（影像资料、文字记录等）

↓

保存现状调查分析

（观测记录、锈蚀度监测分析、咨询专家）

↓

保护修复处理

（清洗除锈，工具矫形，低温铅、锡焊，补配，封护，做旧）

↓

建立文物修复档案

（完善文字记录，文物修复前、后照片，保存、搬运注意事项）

## 四、保护修复处理

根据对铜豆的基本信息采集，以及对铜豆存在的病害特征进行梳理，为保护修复处理提供了充分的方法理论指导，在文物保护技术流程图的框架之下，进一步制定出详细的技术步骤：

清洗 → 除锈 → 焊接 → 补配 → 打磨 → 做旧 → 封护 → 完善修复档

工具材料有：手术刀、洁牙机、热风枪、刷子、棉签、烙铁、铁皮剪等。

修复材料有：焊锡、漆片、3A胶、砂纸、铜皮等。

化学试剂（玻璃器皿）有：酒精、丙酮、三氯化铁、酒石酸钾钠、氢氧化钠、去锈凝胶。

### （一）清洗

铜豆出土时器表有大量附着物及土垢，先用去离子水对器物进行浸泡及软化，再用毛刷对表面附着物进行清洗。清洗完成以后，用吹风机将其表面吹干，对部分坚硬顽固的土垢，先用2A进行贴敷软化，然后用手术刀轻轻地剔除。

### （二）除锈

铜豆表面部分花纹处，有被蓝色和绿色铜锈遮挡，考虑到后期方便进行绘图，所以对其进行除锈，使花纹处全部露出。除锈前期，选用了三种去锈方法：物理去锈法，氢氧化钠、酒石酸钾钠混合溶液去锈法，除锈凝胶去锈法。经过前期试验效果对比，选用了除锈凝胶对器物进行除锈。先取出除锈凝胶，按除锈部位的大小，用剪子剪出锈蚀部位的尺寸，将其贴敷。凝胶是透明的，随着时间的推移，凝胶的表面会有绿色的或蓝色的颜色出现，说明除锈凝胶里面的银离子与铜锈发生了化学反应。经过数小时，凝胶里面的银离子会流失，凝胶会逐渐干去，凝胶表面边缘处会有微微卷起，说明凝胶已经干燥。再把凝胶揭除，使其表面花纹露出。

### （三）焊接

由于出土时受到墓葬坍塌等外力作用，铜豆豆盘底部部分和铜豆柱之间连接处部位断裂和缺失，用打磨机对缺失部位和豆柱的断裂处，打出新茬，再用电烙铁把锡熔化，对缺失部位豆盘和豆柱的连接处，打出新茬进行镀锡，再进行焊接。焊接处理之后，焊接过的地方要用去离子水浸泡，把焊接材料里面的氯离子置换出来，用吹风机吹干。

### （四）补配

用铜皮垫在铜豆豆盘底部，沿着缺失部位的边缘，用铅笔画出缺失部位的轮廓，把画好的铜皮从缺失部位拿下。再把裁剪好的铜皮放在空缺处进行比对，如果大小不对，可加以修整，把空缺处补配起来，再用十字定位的方法定位。位置定好以后，再把豆柱连接处放于补配好的地方，在铜皮上用铅笔画出轮廓线，顺着边缘进行裁剪。裁剪完后，露出豆柱和豆盘连接处的大小相当的空缺，进行焊接，考虑到以后的承重问题，可在表面加上一层胶，这样就会更加牢固。

### （五）打磨

对铜豆盘的底部和豆柱的连接之处焊接补配完之后，对其焊接之处用打磨机打磨。打磨后，对凸凹不平之处，用一层原子灰填平，待原子灰凝固之后，再用砂纸打磨平整，使补配部位与原有的部位一致。

### （六）做旧

对补配好打磨平整的地方，使用画笔点上三氯化铁，对焊接过的地方进行涂刷。涂刷之后，焊接过的地方表面会发黑，说明三氯化铁和锡发生了化学反应，这是为了和器物的底色接近，为后面做色打好基础。接下来根据补配过的颜色，用画笔调和出不同的颜色，采用点、喷、抹、涂的方法对补配地方进行着色处理，使之有层次感，与其他部位颜色一致或接近即可。

### （七）封护

修复完成之后用2%的B-72溶液，用毛刷对整件器物进行涂刷，这样器物表面会形成一层保护膜，与氧气进行隔绝，减少不利于器物保存环境的有害因素，能更好地使器物保存下去。

# 第十八节 环境安全控制及修复后的保存条件

环境安全控制及保护修复后的保存条件依据国家现行的法律法规和颁布的各项技术规范执行。

法律法规：

（1）《中华人民共和国文物保护法》（2017年修正本）；

（2）《文物行业标准管理办法》；

（3）《可移动文物修复管理办法》；

（4）《博物馆藏品管理办法》；

（5）《博物馆藏品保存环境试行规范》行业标准、技术规范。

标准、规范：

（1）GB/T 18883—2002，《室内空气质量标准》；

（2）GB/T 8978—1996，《污水综合排放标准》；

（3）GB/T 23862—2009，《文物运输包装规范》；

（4）GB/T 23863—2009，《博物馆照明设计规范》；

（5）GB/T 16571—2012，《博物馆和文物保护单位安全防范系统要求》；

（6）WW/T 0016—2008，《馆藏文物保存环境质量检测技术规范》；

（7）WW/T 0069—2015，《馆藏文物防震规范》；

（8）WW/T 0020—2008，《文物藏品档案规范》；

（9）WW/T 0018—2008，《馆藏文物出入库规范》；

（10）WW/T 0058—2014，《可移动文物病害评估技术规程金属类文物》；

（11）WW/T 0109—2020，《馆藏文物展藏多功能展柜技术要求》；

（12）WW/T 0046—2012，《馆藏文物保存环境检测气体扩散采样测定方法甲酸和乙酸的测定》；

（13）WW/T 0068—2015，《馆藏文物保存环境控制调湿材料》。

根据上述规范要求，首先严格控制青铜文物保护修复实验室场所的空气质量。修复保护过程中，避免使用污染危害环境安全的化学及生物材料，修复实验室配备有比较先进的通风、除尘、防火、防盗报警装置，安防条件达到风险等级验收标准，工作人员身着工作服，佩戴防尘面罩，按照可移动文物修复管理办法及相关条例安全操作。

不适宜的空气温、湿度变化是馆藏青铜文物产生病害并加剧自身损害的主要原因，因此金属文物对周围环境的温度、湿度、光照要求较高，应配备专业的文物柜架及相应的温、湿度监控、调节设备。修复后的器物应存放在温度为15℃—20℃博物馆文物库房中。将文物保存在恒温环境中，可以防止热胀冷缩情况发生。文物库房内加湿和除湿要依据文物材质而定，对于易腐蚀金属文物，相对湿度要控制在45%±5%的洁净通风环境。陈列时的光照，金属类文物以≤300lux最为适宜。定时巡检，专人负责，做好观测记录。保管人员要进行专业培训，文物库房工作人员在进行文物作业时，应按照操作规范进行，佩戴白手套，双手捧托，稳拿轻放。科研需要及展柜放置时避免化学和强光污染，严格控制温、湿度变化在规定的范围内，给文物提供一个比较合理的生存与活动空间。

# 第六章 青铜器铸造特征分析

青铜冶炼和铸造技术早在新石器时代就已被先民逐步掌握，后来形成了光辉灿烂的青铜文化。中国青铜时代的青铜器成形技术主要是铸造，其主流为陶范铸造，陶范铸造技术研究又是古代青铜器成形技术研究的基础。在出土实物中，以陶模为最常见，由于承袭了长期以来制陶、刻石的丰富经验，所以能制成形体复杂、纹饰华美的泥模。

所谓陶范铸造，是将金属熔炼成符合一定成分要求的液体并倾入预先制好的陶质铸型中，经冷却凝固、修整处理后得到有预定几何形状和物理化学性能的器件的铸造工艺过程。不同资料上的称谓不同，有的称之为泥范，有的称之为陶范。这是因为中国青铜时代陶范铸造，是与高超的制陶技术密切相关的。古人用泥制陶，所以泥范是指未烧结的范块，是湿型，在室温中逐渐干燥，干成适当的硬度时，进行纹饰的雕刻；陶范是指经过850℃—900℃焙烧之后的范块，可以直接用于浇铸金属成型。陶范并未陶瓷化，如果烧到1000℃—1300℃完全陶瓷化时，会变成脆硬而不透气，不宜做铸范。综上所述，泥范就是陶范，泥范铸造就是陶范铸造。陶范法铸造技术是以特定处理的泥质材料为铸型，浇铸前须经过缓慢的阴干和烘焙，铸型接近陶质。

陶范铸造青铜器，一般采用浑铸技术、分铸铸接技术、焊铸技术、叠铸技术等铸造工艺，将分次铸接的各个部件连接成一个整体，以获得结构复杂、具有立体感的青铜器物。随着陶范技术的日益成熟，青铜礼器、兵器、实用器等多种器物，均可采用陶范法铸造，为华夏文化的发展奠定了物质基础。

楚国青铜器的发展大抵可分为三个阶段：第一阶段为西周晚期，春秋早、中期；第二阶段为春秋晚期至战国早期；第三阶段为战国中、晚期，明显地反映出楚器风格的成熟，从此摆脱了传统的周式青铜器的束缚和影响，并开始以自己独特的风格转而影响其他文化铜器，在采矿、冶炼、铸造等方面均取得了辉煌成就。青铜器主要采用陶范法铸造，在合金冶炼、制模翻范、浇铸成型及打磨修整等流程中，有些工艺特征会或多或少地保留于器物内部或器表，为开展青铜器铸造工艺研究提供了实物材料。淅川杨河与郭庄楚墓出土青铜器为战国时期青铜器，其铸造特征如芯撑、范线、镶嵌、补铸等均体现了当时的铸造工艺水平。

## 一、金属芯撑

中国先秦时期青铜器铸造主要使用块范法，具体流程一般为根据器物造型制模，由模翻范，制芯，范芯组合，范芯之间留有型腔，最后将铜液浇铸在范与芯拼合好的型腔中以铸造出青铜器。在使用块范法铸造时，块范需要拼合，为了固定范与芯，古代工匠在范与芯或范与范之间设置一些泥质或者金属片的支撑物。

学者将前者称为泥质芯撑，后者称为垫片或金属芯撑。本文统一将后者称为"垫片"。先秦时期青铜器主要为容器，使用泥芯撑会使腹壁或器底留下孔洞，所以泥芯撑一般用在耳、足、圈足等部位。腹壁与器底一般使用垫片。

淅川郭庄与杨河楚墓出土青铜器中发现了一些泥质芯撑和垫片的痕迹（如图二十四至二十七）。目前发现的青铜器金属芯撑常用预制的纯铜或青铜小块，有些芯撑在较薄器物表面仍可以观察到，多呈现不同于器物本体的具有一定形状的铜质小块，因此也称为铜质芯撑。

图二十四 M6:35 铜鼎金属垫片

图二十五 M3:55 铜鼎金属垫片

## 二、泥芯撑

泥芯撑的使用不但可以减少铸造缺陷，而且还可减少铜的使用，节省铜矿资源，古代先民在长期的实践中已经掌握了此项技术。泥芯撑在器物铸造成型后，有些完全包裹于器物内部而不可见，也称之为盲芯，如图二十七；有些芯撑会部分裸露于器物外表或完全脱落呈现出规则的芯撑形状，如图二十六。

图二十六 青铜鼎耳内的泥芯

图二十七 青铜鼎足内的泥芯

## 三、范线

古代青铜器多采用分范浇铸技术，其工序一般是制模、翻范、制芯及合范浇铸等。合范时不同外范之间缝隙处会留下范线痕迹。在浇铸时铜水会沿着缝隙溢出，形成凸起线条即为范线（或称范缝）。有些青铜器范线曾经过打磨处理或因锈蚀物覆盖，在实物中体现的不是那么明显，而有些则可清晰辨认（图二十八、图二十九）。

铜容器铸型多为两分、三分或四分外范，且多为垂直分范，多在器身、器足和器底部出现。在M3：49铜鼎（图三十）中可以看出，器身铸型为三分外范，范线出现在铜鼎底部，呈近圆的三角形。

图二十八 M6：38 铜鼎足范线

图二十九 M6：37 铜鼎身范线

图三十 M3：49 铜鼎底部范线

## 四、加强筋

加强筋是青铜器铸造特征的一个重要方面,多用于青铜器底部与圈足连接处,纵向延伸,多为等距或对称分布,可以反映某个时期或者某些地域的铸造风格。加强筋作用主要在于防止器物连接处因凝固收缩应力作用导致裂纹出现,提高带有圈足的器物底部与圈足连接强度。不过很多青铜器在出土时,圈足处通常残存一些铸造时残留的范土,而范土覆盖的部位往往是加强筋所处的位置。因为范土中保存有青铜器重要的铸造信息,因此在清理保护过程中一般会将此类附着物保留,致使加强筋这类重要的铸造工艺信息可能因被遮挡而忽视。

青铜器加强筋一般有两种:一种是器物底部凸起的阳线加强筋,如在M6:44铜鼎底部发现的加强筋(图三十一);另一种仅在圈足器上存在,位于底部与圈足连接处,一般为网格状加强筋,如在M6:48铜卣的底部发现有鱼骨型加强筋(图三十二)。

图三十一 M6:44 铜鼎

图三十二 M6:48 铜卣

## 五、补铸

自商代至西周中期,新铸之器均无焊接痕迹,唯部分旧器破损处曾用铅、锡类金属进行过修补,这说明古代工匠很早就懂得并掌握了青铜器修补技术。淅川杨河与郭庄楚墓出土青铜器中个别器物因存在铸造缺陷而采取了补铸措施,且同一件器物不止一个部位采用了补铸工艺。如M3:49铜鼎,为了使得器物能够继续使用,在鼎身处有两处补铸痕迹,从内壁也可清晰观察到内补铸面(图三十三)(是古代比较常见的补铸形式)。由于补铸的两面均与原器物形成搭接面,双面均能为器物补铸部位提供良好的受力性能,因此耐久性和牢固性也比较好。青铜补铸工艺在铜矿资源紧缺的情况下,使得有缺陷的器物能够继续使用,节省矿料资源。

在修复过程中，还发现有些器物首次浇铸时存在铸造缺陷，导致部分部位缺失，而进行的二次浇铸补缺痕迹，如图三十四、三十五。

图三十三　M3：49 铜鼎补铸痕迹

图三十四　M6：55 铜簠二次浇铸痕迹　　图三十五 M3：52 铜壶二次浇铸痕迹

## 六、错金银

错金银，是指在青铜器凹槽处的铭文、纹饰、图案嵌上材质以金为主的金属丝片的工艺，是春秋战国时期青铜器铸造装饰中一项重要的工艺。此工艺较为复杂，用金丝或不同形状金片等作为装饰，嵌错到青铜器上，使其纹饰新奇，色泽华美，这种技术是古代工匠开创性的发明。

史树青先生在《我国古代的金错工艺》中详细解释了错金银中镶嵌法的操作方法。其制作分四个步骤：第一步是做母范预刻凹槽，以便铜器铸成后，在凹槽内镶嵌。第二步是錾槽："铜器铸成后，凹槽还需要加工錾凿，精细的纹饰，需在器表用墨笔绘成纹样，然后根据纹样，錾刻浅槽，这在古代叫刻镂，也叫镂金。"这时要把槽体修整成燕尾状，以便固定镶嵌金属。第三步是把要镶嵌的各类金属嵌入修整好的凹槽，因为采用的是金、银、铜等金属镶嵌，其自身都有很好的延展性。第四步是磨错：金丝或金片镶嵌完毕，铜器的表面并不平整，必须用错石磨错，使金丝或金片与铜器表面自然平滑，达到严丝合缝的地步。在淅川杨河与郭庄楚墓出土的青铜器中，也有部分兵器含有错金银工艺，但在出土时一些镶嵌金丝已经脱落，如图三十六。

图三十六 M3∶6 铜戈错金工艺

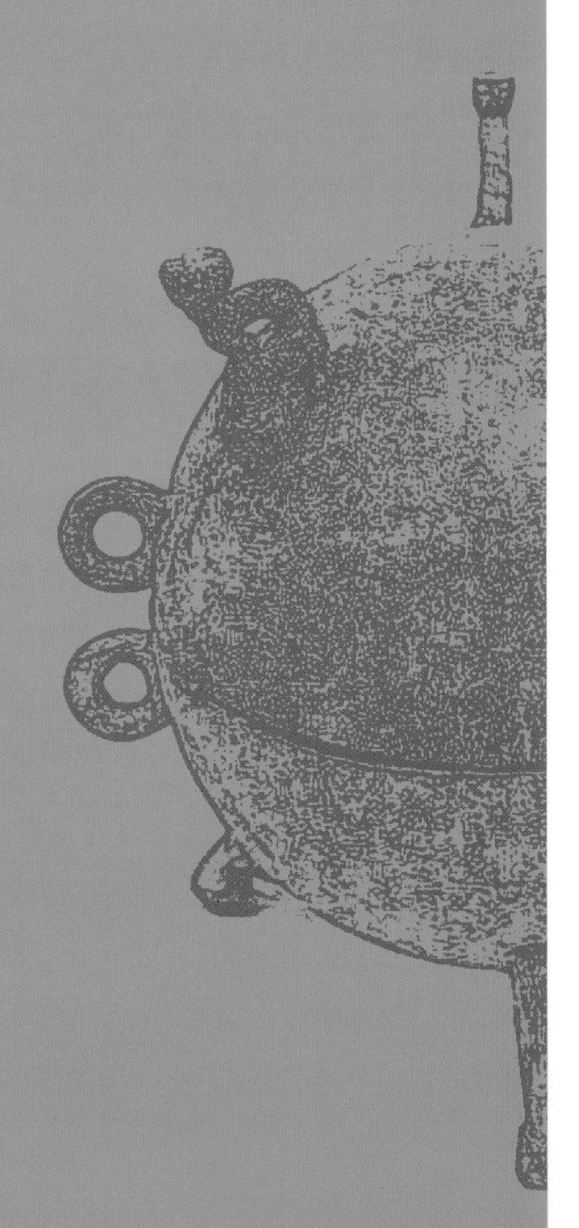

# 第七章 青铜器保护修复的思考与创新

河南省文物科技保护中心成立于2007年，隶属河南省文物考古研究院，是省级文物科技保护专业机构。先后牵头承担国家重点研发计划项目1项、国家文物局科研课题2项，河南省科技攻关3项、河南省科技厅课题11项、河南省文物局课题8项，编制国家文物保护行业标准2项，获得国家文物局"十二五"文物保护科学与技术创新二等奖1项、中国考古学大会文化资产保护"金尊奖"2项、全国文物保护修复优秀奖1项等多项科研奖励，获得发明及各类实用新型专利13项。此外，作为国家文物局文博人才培训基地，已为国内文博单位先后培养了260余名专业技能人才。中心的分析实验室与金属文物修复室为"淅川杨河与郭庄楚墓出土青铜文物保护修复"项目的检测分析与修复工作提供了基础保障。

在此次淅川杨河与郭庄楚墓出土青铜文物保护修复工作中，河南省文物科技保护中心继承传统，开拓创新，在传统修复的基础上尝试运用新技术和新手段解决新问题，主要体现在以下几点：

（1）严格遵守《中华人民共和国文物保护法》及国家文物局颁布的《馆藏金属文物保护修复方案编写规范》《馆藏金属文物保护修复档案记录规范》《馆藏青铜器病害与图示规范》等有关法律法规，遵循文物保护修复"修旧如旧"等基本原则，采用传统工艺结合现代科技方法，恢复和保持青铜文物原有形貌，使其便于开展历史性研究的同时满足展示陈列需求。

（2）2020年由我院牵头承担的国家重点研发计划"重大自然灾害监测预警与防范"专项（文化遗产保护利用专题任务）"馆藏脆弱青铜器保护关键技术研究"（项目编号：2020YFC1522000）项目正式立项。项目针对我国馆藏脆弱青铜器保护关键技术研发需求，聚焦脆弱青铜器无损检测分析、病害机理阐释、保护材料研发及数据库应用平台开发等研究方向，突破脆弱青铜器病害评估、腐蚀机理、保护材料研发、数据库开发应用等研究瓶颈，实现馆藏脆弱青铜器保护技术关键环节的全链条覆盖。

在处理本批青铜文物的粉状锈病害和矿化问题的过程中，就使用了"馆藏脆弱青铜器保护关键技术研究"项目中的最新科研成果。在分析检测中，使用了基于柔性衬底材料原位擦拭/黏接固相萃取腐蚀物的表面增强拉曼分析新技术实现无损检测。利用自剥离智能水凝胶除锈脱氯技术，温和去除青铜器表面有害锈病害，实现"粉状锈"原位转化。本批青铜文物保护修复中使用前沿技术的良好效果，也为"馆藏脆弱青铜器保护关键技术研究"项目提供了丰富的研究成果。

（3）本批青铜文物中存在大量破损、变形严重的问题，给修复工作带来了巨大挑战。在实际修复过程中，我们发现传统青铜器矫形工具已不能满足工作需要，在经历了大量的思考与实践后，我们发明了一系列矫形工具，包括：①一种矫形工具。通过安装环上设有快拆机构，能够将矫形杆快速安装至固定座和活动座之间，通过偏心轮组件，能够对活动座进行挤压，从而完成对矫形杆的快速固定。在实际使用的时候，不用再进行繁琐的旋转工作来达到矫形软头与青铜器的表面接触的目的，能够极大地提高工作人员对青铜器矫形的效率，使用起来更加方便。②一种青铜文物多点固定支撑修复整形装置。便于对文物进行夹持固定，便于进行挤压矫形，增加了多点位固定修复的功能，便于单个工作人员对多个点位进行固定修复，操作简单，效率高。③一种G字夹。便于调节G字夹的大小，从而对不同大小的物品进行夹持使用，可以夹持大的受力板，从而增大夹持物品的受力面积，提高对物品夹持的稳定性，便于快速对物品进行夹持和取下，提高了工作效率。④一种文物矫形仪。通过两种定位模块可以较为全面地覆盖青铜器的表面，通过相应的定位头可以对各种大小的青铜文物进行定位矫形，同时文物修复者不再需要用手去伸进青铜器内部调节定位端，只需通过手轮控制定位头即可对准矫形部位，使用非常方便。⑤一种金属文物变形弧度修复装置。便于对文物进行夹持固定，增加了对文物位置调节并固定的功能，提高文物修复的精度。上述发明共申请一项国家发明专利和四项实用新型专利。

"十四五"文物保护和科技创新规划强调："坚持科技创新引领。树牢文物保护要依靠科技的发展理念，改善文物科技创新生态，持之以恒加强基础研究，加快推进急需技术攻关和应用，加强人才培养和跨学科合作，推动文物保护利用提质增效。"

传统文物保护修复也要同科技创新相结合，注重产、学、研、用深度融合，以先进的科技手段解决重点难点和瓶颈问题。作为河南省最重要的文化遗产保护机构之一，更应致力于深化基础研究，加快专有装备研制升级，推进科技成果应用示范，为全面加强文物保护科技创新贡献自己的力量。

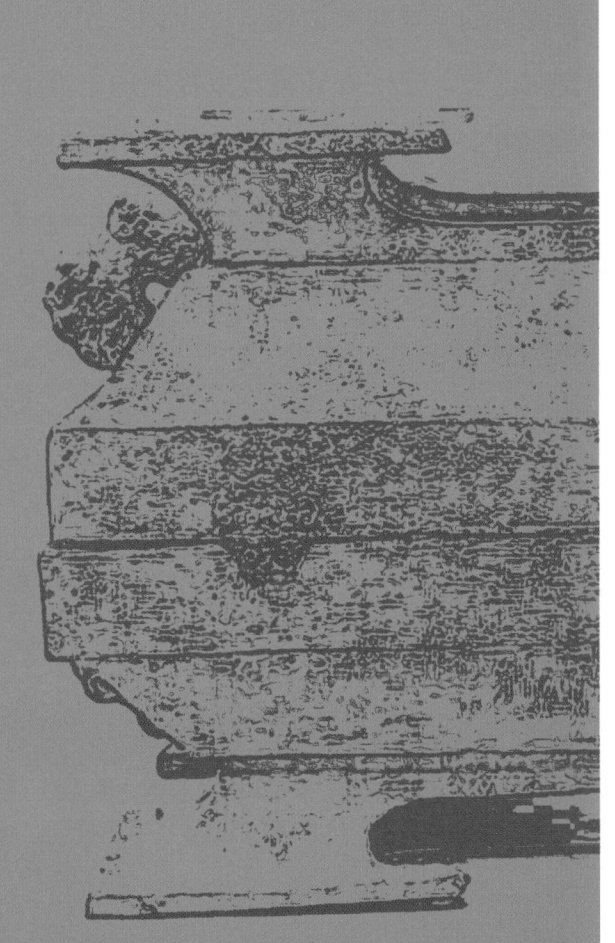

第八章 青铜器修复保护效果评价及保存环境、安全控制建议

## 第一节 修复后的保存环境

依据国家现行标准 GB/T 18883—2002和GB 8978—1996的有关规定，严格控制青铜文物保护修复运作场所的空气质量，避免使用污染危害公众环境安全的化学及生物材料。工作人员身着工作衣，佩戴防尘面罩，自觉遵循相关条例安全操作。

不适宜的空气温、湿度变化是馆藏青铜文物产生病害并加剧自身损害的主要原因，保护修复后的器物应存放在温度为15—20℃、相对湿度为45%±5%的洁净通畅环境内，定时巡检。在宏观环境难以控制的条件下，建议选用RP材料，即将文物设置在透明、密闭、干燥、除氧的特制密封的小环境内，如文物陈展时，最好是放置在具有密封效果的展柜里，同时在展柜中加入除湿材料，通过人为的调控措施，来制造一个小环境，保障文物的相对安全，最大限度降低环境对文物造成的损伤。专人负责，做好观测记录。

## 第二节 文物安全控制建议

文物库房应按照《文物系统博物馆安全防范工程设计规范》的要求，配备有比较先进的通风、除尘、防火、防盗报警装置，设置存放文物专用的钢木柜架，24小时有专人看管；工作人员应佩戴手套，双手捧托，避免文物与汗液接触，造成污染，要稳拿轻放。因科研需要及展柜放置时应避免化学和强光污染，严格控制温、湿度变化在规定的范围内，给文物提供一个比较合理的生存与活动空间。柜架摆放应按照库房文物摆放要求，瘦高文物应平放，建议将修复后的文物放置在定制的囊匣中。

附录 文物保护修复档案

# 淅川杨河与郭庄楚墓出土青铜文物保护修复项目

项目名称：淅川杨河与郭庄楚墓出土青铜文物保护修复项目

文物名称：铜簠

文物编号：M6∶56

修复单位：河南省文物考古研究院

2024 年 4 月 21 日

中华人民共和国国家文物局制

# 文物基本信息表 1

| 文物名称 | 铜簠 | | |
|---|---|---|---|
| 收藏单位 | 河南省文物考古研究院 | 文物登录号 | M6∶56 |
| 文物来源 | 河南省文物考古研究院 | 文物时代 | 战国 |
| 文物材质 | 单一材质 | 文物级别 | 未定级文物 |
| 文物质地 | 铜 | | |
| 方案设计单位 | 河南省文物考古研究院 | 保护修复单位 | 河南省文物考古研究院 |
| 方案名称及编号 | 淅川杨河与郭庄楚墓出土青铜器文物保护修复项目 | 批准单位及文号 | |
| 提取日期 | 2024年1月10日 | 提取经办人 | 吉鹏飞 |
| 返还日期 | 2024年3月26日 | 返还经办人 | 吉鹏飞 |
| 器物纹饰形制基本信息及价值评估 | 青铜簠是中国古代祭祀和宴飨时盛放稷、黍、稻、粱等饭食的方形器。盖身上宽下窄，圆腹。以器身为例，敞口，内平折沿，尖唇，斜直壁下收，腹壁两侧有一对龙首耳。龙吐舌下弯呈半环形，龙兽双角仅以浅刻纹示意，平底。盖顶及器底附有曲尺圈足，盖和器身形状相同，大小一样，上下对称。盖沿还附六只兽面形小器扣，用于密合盖、体，是一件很有研究价值的文物。四只龙首耳一只上下不全，另外三只丢失。簠口沿有断裂和缺失，簠腹部和底部断裂分为两部分，簠腹和簠底四圈足都有缺失。铜簠下圈足两面缺失，口沿有长8.5厘米×2.5厘米缺失，铜簠口沿至腹部变形严重，碎片多达六块且有五处断开裂缝。让其恢复原状是我们修复的重点。 | | |
| 历史修复情况 | 有无历史保护修复处理 | 无 | |
| | 有无原修复方案资料 | 无 | |
| | 有无原修复档案资料 | 无 | |

| 保护前尺寸（cm）重量（g） | 通长 | 通高 | 宽 | 腹深 | 底长 | 底宽 | 重量 |
|---|---|---|---|---|---|---|---|
| | 20 | 22 | 7 | 28 | 20.2 | | 4270 |
| | 测量单位：河南省文物考古研究院 | | | | | | |

# 文物基本信息表 2

| 文物馆藏保存环境 | 文物出土及馆藏保存环境 | |
|---|---|---|
| | 温度调控设备 | |
| | 湿度调控设备 | 无 |
| | 温度监测设备 | 无 |
| | 湿度监测设备 | 无 |
| | 库房面积（m²） | 100—150 |
| | 库房密封程度 | 半密闭式 |
| | 文物储放形式 | |
| | 环境现状综合评估 | 温度不可监测，不可调控 |
| | | 湿度不可监测，不可调控 |

| 文物病害信息 | | | |
|---|---|---|---|
| 病害描述 | | | |
| 序号 | 常见病害 | 病害有无（√） | 病害部位 |
| 1 | 残缺 | √ | 器口沿、圈足 |
| 2 | 断裂 | √ | 器腹、口下 |
| 3 | 裂隙 | √ | 腹部底 |
| 4 | 变形 | √ | 器腹口沿 |
| 5 | 层状堆积 | | |
| 6 | 孔洞 | √ | 器物腹部 |
| 7 | 表面硬结物 | √ | 器物表面 |
| 8 | 矿化 | | |
| 9 | 点腐蚀 | | |
| 10 | 微生物损害 | | |
| 11 | 含氯腐蚀产物 | | |

## 文物基本信息表 2

| 病害图 |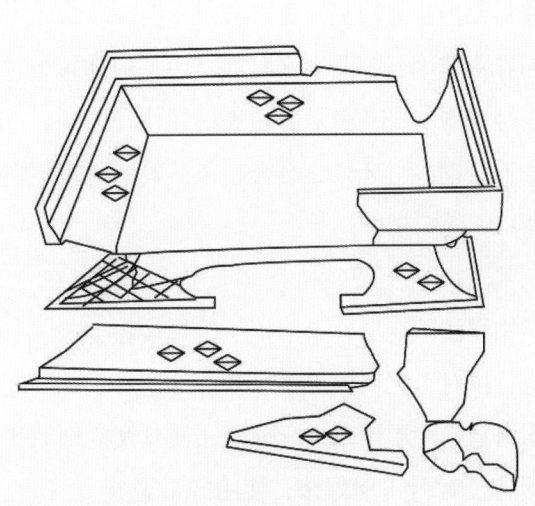

M6:56 铜簠病害图 |
|---|---|

| 病害检测分析 | 分析目的 | 样品类别 | 检测方法 | 检测结论 |
|---|---|---|---|---|
| | 病害认知 | | | |
| | 材料认知 | | | |
| | 工艺认知 | | | |
| | | | | |
| | | | | |
| | | | | |

# 文物保护修复表 3

## 1. 文物保护修复技术路线及工艺步骤

1）信息采集建档：保护修复的青铜器应进行前期影像资料采集，文物基本信息、文物保护现状记录及建立保护修复档案。

2）清洗：器物表面存留灰尘，用蒸馏水浸泡：一是清理灰尘，二是去除存留的盐分。清洗用较软的毛刷轻轻刷洗，减少对器物表面划伤。

3）除锈：使用手术刀、钢签、牙科钻结合超声波等清除覆盖在青铜花纹上的有害锈蚀物、表面硬结物和断口、茬口锈蚀。

4）脱氯：无。

5）加固：为了使器物焊接不变形，采用顶压后焊接。

6）拼对：对器物进行拼对，先大块再小块并做好记号。

7）整形：用拉拔器对器物变形地方进行顶压，使其恢复到原状。

8）黏接/焊接：铜质差的碎片不能焊接，使用3A胶黏接。

9）补配：对器物上缺失部分用3A胶掺滑石粉或铜皮进行补配。

10）做旧：按照原有颜色一层一层着色，每做一层喷涂泥汁。每个局部的色调不一致，要严格控制着色范围，达到同原器物颜色近似。

11）缓蚀封护：表面封护，使用3%B-72丙酮溶液对青铜文物进行涂刷封护处理，将环境中的氧气、水分与青铜器隔绝。

12）完成修复档案：记录修复后器物的基本信息，并拍摄器物修复后影像资料，完善保护修复档案。

## 2. 所用材料及工具

工具：电子天平、手术刀、镊子、电烙铁、刷子、调刀、砂纸、锉刀、手工钻、照相机、钳子、电吹风、电动打磨机、卷尺、自制矫形器、便携式洁牙机、烘干箱、毛笔、调色板等。

材料：焊锡、AB胶、原子灰、各种矿物颜料、虫胶漆等。

器皿：烧杯、滴管、纸杯等。

化学试剂（AR）：酒精、蒸馏水、B-72、丙酮等。

防护用具：一次性口罩、一次性手套、一次性帽子，护目镜等。

| 保护修复人 | 常青海 | 技术路线审核人 | 赵晟伟 |
|---|---|---|---|

# 文物保护修复表 4

| 保护修复前影像资料 | 基本信息图片 |
|---|---|
| |  |
| | 局部图片 |
| |  |

保护修复中影像资料

清洗

整形

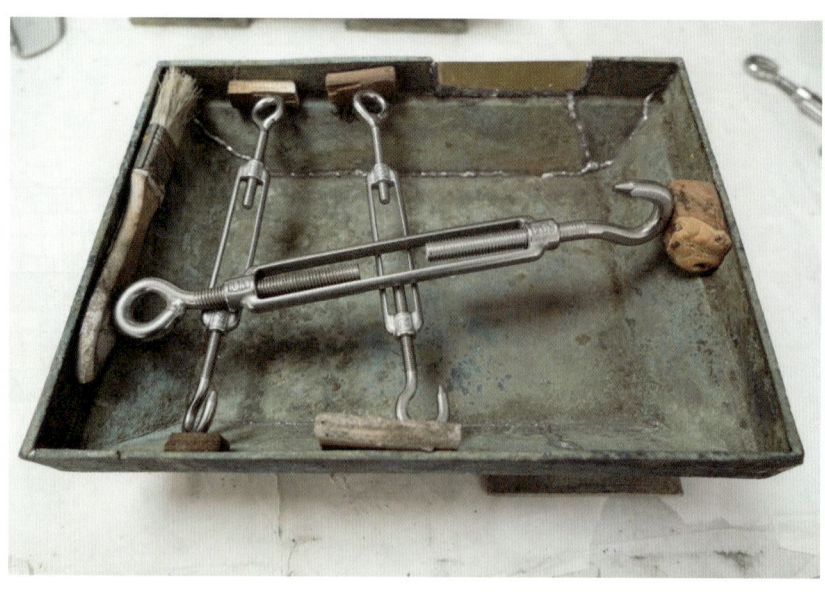

保护修复中影像资料

## 焊接

## 补配

做旧

做旧

# 文物修复后信息表 5

| 保护后<br>尺寸（cm）<br>重量（g） | 通长 | 通高 | 宽 | 腹深 | 底长 | 底宽 | 重量 |
|---|---|---|---|---|---|---|---|
| | | 20.4 | 22 | 7 | 28 | 20.2 | 4660 |

| 保护修复后图片 |  |
|---|---|
| 预防性保护建议 | 1）保护修复后的青铜器应存放于温度 15—20℃、相对湿度为 50% 以下稳定的洁净环境中。<br>2）文物修复后交由文博部门保管，外展时要轻拿轻放，包装合理，避免剧烈震动。<br>3）保管库房及展柜避免强光直接照射，尽量保持恒温、恒湿，防止有害气体入侵，以达到相对化学、环境平衡，有利于文物保护。定期巡检，发现问题及时处理。 |
| 完成日期 | 2024 年 3 月 25 日 | 保护修复人 | 常青海 | 审核人 | 赵晟伟 |

# 文物保护修复日志 6

## 保护修复步骤

（1）信息采集建档：领取修复文物，对铜簠测量直径、高度、未修复前重量，并详细记录器物未修复前原状及保存状况并拍摄照片留档。对铜簠进行照相记录、基本信息提取。

（2）先用去离子水清洗器物后，再进行整形。由于器物口沿下有变形，在器腹内用木块拉拔顶撑起来达到需要的宽度，用C型钳在器壁上轻施力度，长时间反复矫正，再焊接原有焊缝口，恢复原器形。焊接后，长和宽口也不对称，有变形，在器壁内用拉拔来回四道进行支撑，来回调整拉拔丝扣使之器壁逐渐恢复到原位。对缺失圈足部分的补配，用石膏在完整的圈足上翻模，加热锡条倒入翻好模具里，待锡凝固后去掉模具，这样缺失的圈足就做出来了。后用烙铁焊接在器物上，这样补配就完成了。对口沿缺失用纸张衬在器壁上，用钢笔画出所需的缺失部分，用剪刀对着纸和铜皮剪出缺失原样，把铜皮补配在器物上，用电烙铁焊接。上面纹饰补配：用油泥在完整口沿上按出纹饰图案，调原子灰薄薄贴合在油泥上，待原子灰固化后贴在补配的铜皮上，这样缺失的纹饰也就有了。用电动打磨机对器物上每条焊缝进行打磨，对不平整的地方用原子灰抹平。用粗细砂纸反复打磨，直至达到和器壁一致效果为止。

（3）对器身腐蚀的小孔洞用3A胶调颜料进行补配，对腐蚀严重没有铜质的部分也用胶填补，增加器物韧度，后打磨补配地方平整度，使其恢复原状。

（4）做旧前观察器物表面锈蚀的颜色层次，用红色、黑色、绿色和蓝色矿物颜料配漆皮进行做色，再用棉球蘸颜色在做旧地方点色，最后用泥土把颜色的亮光摩擦去除，有不足处的地方再做一遍，直到满意为止。最后再用B-72进行封护。

（5）对保护修复后的铜簠进行称重、测量、照相记录，填写完成对铜簠的保护修复档案。

# 淅川杨河与郭庄楚墓出土青铜文物保护修复项目

项目名称：淅川杨河与郭庄楚墓出土青铜文物保护修复项目

文物名称：铜鼎

文物编号：M6∶37

修复单位：河南省文物考古研究院

2024 年 3 月 22 日

中华人民共和国国家文物局制

# 文物基本信息表 1

| 文物名称 | 铜鼎 | | |
|---|---|---|---|
| 收藏单位 | 河南省文物考古研究院 | 文物登录号 | M6：37 |
| 文物来源 | 发掘 | 文物时代 | 战国 |
| 文物材质 | 单一材质 | 文物级别 | 未定级文物 |
| 文物质地 | 铜器 | | |
| 方案设计单位 | 河南省文物考古研究院 | 保护修复单位 | 河南省文物考古研究院 |
| 方案名称及编号 | 淅川杨河与郭庄楚墓出土青铜器文物保护修复方案 | 批准单位及文号 | 河南省文物局 |
| 提取日期 | 2023 年 10 月 20 日 | 提取经办人 | 吉鹏飞 |
| 返还日期 | 2024 年 3 月 22 日 | 返还经办人 | 吉鹏飞 |
| 器物纹饰形制基本信息及价值评估 | 该器物有盖，盖隆起，中间有一桥形钮，钮的两端各有一兽头，钮内套一圆环，盖周边有三个牺兽钮。器为子口内敛，圆角长方形附耳外侈，鼓腹，平底，下承三兽蹄足（足下半部残缺）。盖正中饰交叉蟠虺纹，其外饰一周绚索纹、一周S状云纹，又一周绚索纹，再外饰两周凸弦纹，外周凸弦纹内外侧各饰一周蟠虺纹。鼎耳饰蟠虺纹，鼎腹饰一周凸弦纹，其上下侧饰一周蟠虺纹。<br>历史价值：杨河与郭庄墓地是战国楚中期贵族墓葬，对研究战国时期楚国墓葬的葬制、葬俗以及与各国的关系具有重要意义。艺术价值：对于研究战国时期楚国青铜器铸造工艺、纹饰制作的工艺以及艺术风格具有很高的价值。科学价值：对于研究当时的经济社会状况具有重要价值。同时对代表战国中期楚文化的文物进行展览，可以传承、弘扬南阳地区历史文化，普及相关知识给广大群众。 | | |
| 历史修复情况 | 有无历史保护修复处理 | 无 | |
| | 有无原修复方案资料 | 无 | |
| | 有无原修复档案资料 | 无 | |

| 保护前尺寸（cm）重量（g） | 通长 | 通高 | 通宽 | 耳距 | 口径 | 底径 | 重量 |
|---|---|---|---|---|---|---|---|
| | | 残高 8.5 | | | 29.5 | | 4750 |
| 测量单位：河南省文物考古研究院 | | | | | | | |

# 文物基本信息表 2

| 文物出土及馆藏保存环境 |||||
|---|---|---|---|---|
| 文物馆藏保存环境 | 温度调控设备 | 无 |||
| | 湿度调控设备 | 无 |||
| | 温度监测设备 | 无 |||
| | 湿度监测设备 | 无 |||
| | 库房面积（m²） | 100—150 |||
| | 库房密封程度 | 半密闭式 |||
| | 文物储放形式 | 开放式橱柜 | 开放式金属质橱柜 ||
| | 环境现状综合评估 | 温度不可监测，不可调控 |||
| | | 湿度不可监测，不可调控 |||

| 文物病害信息 ||||
|---|---|---|---|
| 病害描述 | 1.鼎盖破碎、断裂、残缺，变形较严重，内部附着绿色锈蚀。鼎盖破碎大小约35块。盖口沿厚度0.6厘米，盖顶壁厚0.15厘米。<br>2.鼎身口沿完整，口沿局部变形略呈椭圆，鼎耳断裂，腹部出现断裂、缝隙病害。其中腹部严重变形，局部发现残缺；底部变形、断裂，底部有烟灰痕迹。鼎足残缺下半部分。器物表面有灰尘，口沿内部有蓝色锈蚀，腹部、底部有浅绿色锈蚀。<br>铜鼎身部破碎为大小28块，鼎身口沿厚度0.9厘米，腹部壁度0.15厘米，底部壁厚0.2厘米。 ||||
| 序号 | 常见病害 | 病害有无（√） | 病害部位 |
| 1 | 残缺 | √ | 鼎盖、腹部、底部、足部 |
| 2 | 断裂 | √ | 鼎盖、腹部、底部、足部 |
| 3 | 裂隙 | √ | 鼎盖、腹部、足部 |
| 4 | 变形 | √ | 鼎盖、口沿、腹部、底部 |
| 5 | 层状堆积 | | |
| 6 | 孔洞 | | |
| 7 | 表面硬结物 | | |
| 8 | 矿化 | | |
| 9 | 点腐蚀 | | |

# 文物基本信息表 2

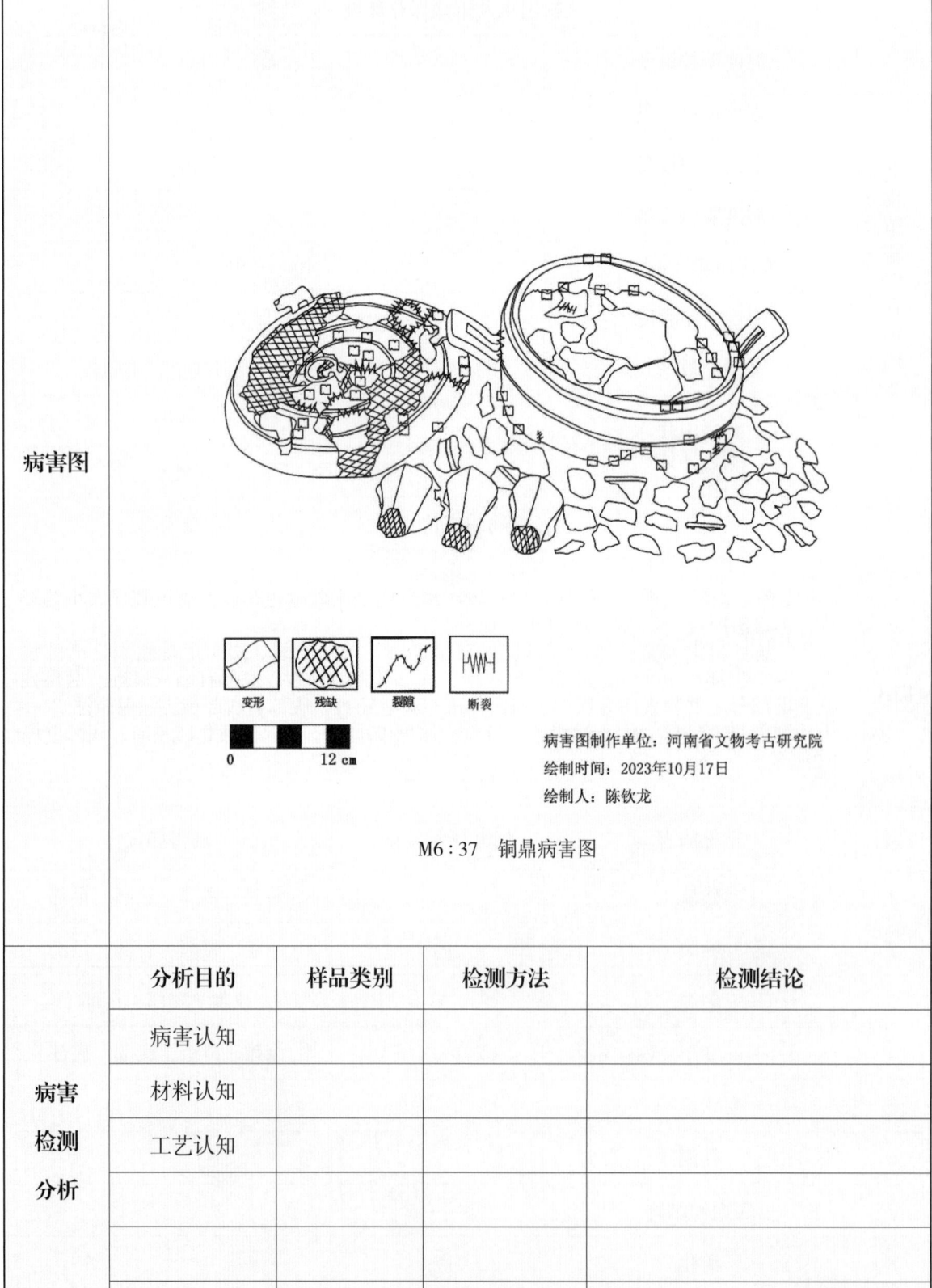

| | 分析目的 | 样品类别 | 检测方法 | 检测结论 |
|---|---|---|---|---|
| 病害检测分析 | 病害认知 | | | |
| | 材料认知 | | | |
| | 工艺认知 | | | |
| | | | | |
| | | | | |
| | | | | |

病害图

M6:37 铜鼎病害图

病害图制作单位：河南省文物考古研究院
绘制时间：2023年10月17日
绘制人：陈钦龙

# 文物保护修复表 3

## 1. 文物保护修复技术路线及工艺步骤

1）信息采集建档：对此次保护修复的铜鼎M3∶37进行前期影像资料采集，文物基本信息、文物保护现状记录及建立保护修复档案。
2）清洗：采用去离子水浸泡，用软毛刷清洗表面土垢。
3）整形：使用矫形工具，对器物变形部位进行矫形。
4）焊接/黏接：用电烙铁与焊锡配合焊接，用3A双组分胶进行配件与器物黏接。
5）补配：用铅锡、铜皮、速成铜胶棒、3A双组分胶进行补配。
6）封护：使用1%—3%B-72丙酮溶液对文物进行封护处理。
7）做旧：用矿物颜料与漆皮汁进行调色做色。
8）完成修复档案：保护修复后补充文物完整信息与照片。

## 2. 所用材料及工具

1）工具：自制矫形工具、G型钳、锡锤、牙刷、排笔、电磨、吹风枪等。
2）材料：焊锡、速成铜胶棒、铜皮、3A双组分胶、各种矿物颜料、漆皮汁、木筷、纸质胶带等。
3）器皿：烧杯、滴管、纸杯等。
4）化学试剂（AR）：B-72、乙醇、丙酮、去离子水等。
5）防护用具：一次性口罩、一次性手套、护目镜等。

| 保护修复人 | 陈钦龙 | 技术路线审核人 | 赵晟伟 |
|---|---|---|---|

# 文物保护修复表 4

| 基本信息图片 |
|---|
|  |
| 基本信息图片 |
|  |

保护修复前影像资料

保护修复中影像资料

清洗

鼎身整形

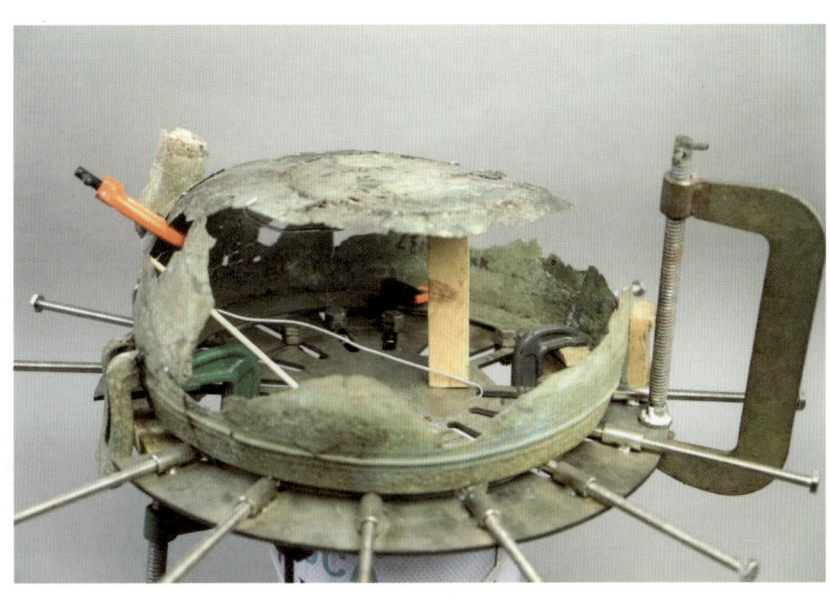

保护修复中影像资料

鼎身焊接

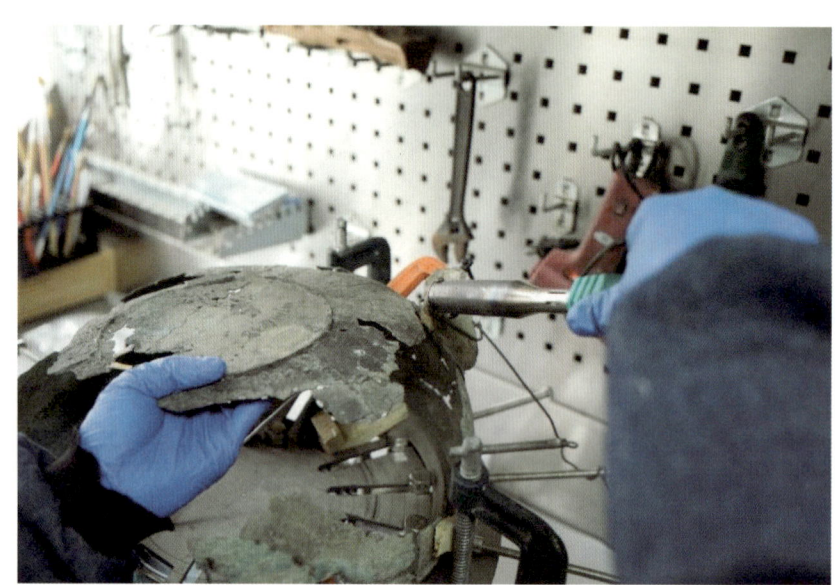

鼎盖黏接

## 保护修复中影像资料

### 铜皮补配

### 速成铜纹饰补配

## 保护修复中影像资料

### 打磨

### 鼎身补配

保护修复中影像资料

| 封护 |
|---|
|  |
| 做旧 |
|  |

# 文物修复后信息表 5

| 保护后<br>尺寸（cm）<br>重量（g） | 通长 | 通高 | 通宽 | 耳距 | 口径 | 底径 | 重量 |
|---|---|---|---|---|---|---|---|
| | | 残高 23.2 | | | 29.5 | | 5040 |

| 保护修复后图片 |  |
|---|---|
| 预防性保护建议 | 1）控制温、湿度<br>　　青铜器腐蚀往往来自周围环境的改变，所以文物要保存在相对稳定的环境中，与周围环境建立一种平衡。适于青铜器的保存条件是：相对湿度40%，日波动范围<5%；温度20℃，日波动范围<5℃。<br>2）控制污染物接触<br>　　污染物具有迁移、转化、活性和持久性、腐蚀性，所以要控制和预防污染源对青铜器带来的物理、化学的危害。在存放器物的场所要有通风、过滤设施，器物应存放在密闭的文物柜中，且修复完成的器物最好单独放置，严禁与未保护处理的器物放置在一起，以免病害传染。<br>3）控制光照度<br>　　文物保护修复时黏接、封护等阶段所使用的材料如B-72、胶黏剂等均为有机质材料，光的照射对这些材料是危险的，不仅会导致修复材料变色，而且会导致其强度的改变。故为文物的安全起见，应当在保护修复后保存或展示时采取以下措施：使用遮光的文物柜或囊匣；使用无紫外线光源，降低展示时的照度。 |
| **完成日期** | 2024 年 3 月 19 日 | **保护修复人** | 陈钦龙 | **审核人** | 赵晟伟 |

# 文物保护修复日志 6

## 保护修复日志

2023年10月20日

领取待修复的文物铜鼎进行测量直径、高度，未修复前重量，并详细记录器物修复前原状及保存状况并拍摄照片留档。

2023年10月23日

打印好需要取样部位白色指示箭头信息，裁剪好发在器物取样部位，使用手术刀提取锈蚀物、范土泥芯装入样品管内，用小型牙科钻进行基体残片微损切割，装入样品管内。取样如下：①基体标本类：铜鼎盖顶部M6：37JT1、铜鼎盖口部M6：37JT2、铜鼎腹部M6：37JT3、铜鼎底部M6：37JT4、铜鼎足部M6：37JT5；②锈蚀标本类：铜鼎盖内顶部M6：37XS1、铜鼎盖内口部M6：37XS2、铜鼎口部M6：37XS3、铜鼎腹部M6：37XS4；③泥芯标本类：铜鼎足部M6：37NX1；④残留物标本类：铜鼎底部M6：37CL1。

2023年10月24日

把铜鼎碎块放进塑料容器里，注入去离子水，水量浸没器物为准，浸泡12小时，用软毛刷子清洗表面的浮土灰尘，观察表面的清洗效果。如表面还有少量灰尘污渍，可以进行第二次浸泡清洗。清洗干净后放入加热烘干箱进行加热干燥处理，温度设置65℃，时间2小时，器物表面完全干燥。

2023年10月25日—2023年10月29日

铜鼎放在圆形矫形器上，转动螺杆固定口沿部位，口沿表面与螺杆之间放入橡胶垫，使用G型钳、F夹固定铜鼎内部口沿，转动螺杆使受力点向下收缩。腹部局部变形处使用大力钳整形，鼎耳处使用加热整形，把耐高温胶带贴在变形部位，使用丁烷便携气瓶点火加热，随后用大力钳整形。鼎底部变形处用两个G型钳与自制木块对局部凹陷处整形处理，操作过程中观察变化。

对鼎耳脱落的部位进行打磨焊接处理，腹部的碎块逐块拼对，复原的位置点焊。

2023年11月1日—2023年11月3日

鼎身碎块采用传统锡焊焊接技术。把器物不同残片按照从口部到底部的顺序进行焊接，需要在焊接处使用电磨打磨坡口，然后用电烙铁熔解焊锡焊接。先把腹部至底部的碎块按照拼对顺序逐块焊接，碎块变形处用大力钳与尖嘴钳配合整形，变形处复原后焊

## 保护修复日志

接。腹部受力处使用铁丝在内部牵引固定。

2023年11月6日—2024年11月7日

腹部碎块与底部碎变形处用G型钳固定整形，拼对焊接。其中鼎底部残块与鼎足残块，是从铜鼎M6：38中找到的。

2023年11月29日—2023年12月3日

继续进行腹部、底部碎块焊接，中间悬空部位使用铁丝临时固定，把足部焊接完整。

2023年12月5日—2024年12月10日

腹部、底腹部残缺的部位，进行铜皮补配。铜鼎底部用厚度0.1毫米铜皮、腹部用0.05毫米铜皮补配。首先用白色A4纸衬托器物内部，用铅笔画出残缺轮廓图，用裁纸刀剪出形状印在铜皮上，用铁皮剪裁剪，铜皮补配件放于铁砧上进行形状与弧度的敲打，把铜皮补配件放入缺失位置，用电磨打磨坡口，随后使用烙铁焊接。

2023年12月15日—2024年12月16日

铜皮焊接补配后浸泡去离子水48小时，最后烘干加热。

2023年12月18日—2024年12月22日

在使用3A双组分胶涂抹在铜皮内外，一个用来增加强度，另一个可对铜皮表面或焊接连接处进行批抹平整。

腹部、底部残缺面积较小部位，采用速成铜胶棒进行补配。首先，将缺失处断面上的浮锈清理干净。其次，取出塑料管中的速成铜胶体，切下所需用量，将胶体内芯与外皮不同颜色的材料用手充分揉和成一色（1—2分钟）。将揉好的胶体用力压实粘牢到修补处。混合后的黏体会在10—20分钟后即可变得非常坚硬。对固化后的补配处打磨修整，使补配处与周围器面形状与厚度一致。

2023年12月25日—2024年12月26日

鼎腹部纹饰处缺失部位，采用硅橡胶材料翻模补配。操作方法：①首先在器物铜鼎腹部找出与残缺部位相同的纹饰带，涂抹上一层脱模剂（洗洁精）等待干燥。②用硅橡胶按照比例100∶2与固化剂充分调和均匀，把胶液涂抹在器物表面上，贴敷一层纱布贴合，再涂抹第二遍硅橡胶胶液，等待完全固化。③固化后用石膏液体涂抹在硅橡胶表面做一层石膏外壳，用于托衬作用，防止硅胶变形。④把胶棒充分揉和后涂抹于硅橡胶磨

## 保护修复日志

具上，固化后取下用电磨或手术刀修裁形状，把纹饰补配件贴在腹部、鼎盖铜皮上，按照缺失纹路拼对，最后再用3A双组分胶黏接，固化后边缘处修整打磨。

2023年12月27日—2023年12月29日

铜鼎鼎足由于缺失下半部，无完整鼎足参考，故无法补配完整，只参考其中一个鼎足长度，补配另两个鼎足的长度。首先使用石膏在比较长的鼎足上翻制模具，做出两个鼎足的补配件。补配材料使用3A双组分胶与滑石粉，把胶体与滑石粉充分搅拌均匀，黏稠度达到似面团状，然后把胶体填入石膏模具中，固化后取出补配件。最后用热熔胶把补配件与鼎足残缺处黏接，使其三个鼎足都在一个平面上，保证铜鼎的整体稳固。后期补配处不做旧，便于以后找到鼎足可以去掉更换。

2024年1月5日—2024年1月9日

铜盖整形以铜鼎口沿的圆弧度为依据，把盖口沿碎块放在鼎口沿上，用热熔胶临时固定，把整个鼎盖口沿拼对黏接完整，其中有变形的部位，使用小型G型钳整形。

鼎盖碎块由于已失去金属质地无法采取焊接方法，采用高分子黏接材料进行黏接。黏接剂为3A双组分胶。首先对碎片进行"预拼"，以确定黏合的依次顺序，从而确保所有碎片都能最终拼上。按照使用说明，胶体和固化剂以1∶1进行配比混合。黏接前需要用无水乙醇清洗黏接位置，然后涂上3A双组分胶，把两块碎块茬口拼对，用力压紧，用脱脂棉蘸取少许酒精溶剂并挤成半干，将溢出断缝外的胶黏剂擦拭干净。为了防止接口在胶黏剂未固化前出现移动错位，对黏接拼合后的各部位仍用热熔胶固定，等待12小时胶体完全固化后修整打磨，除去热熔胶。

其中有些碎块悬空处使用铁丝、木杆临时固定，再用胶体黏接起来，等待胶体固化后再去除临时固定材料。

2024年2月1日—2024年2月6日

鼎盖残缺进行铜皮补配。首先用白色A4纸衬托器物内部，用铅笔画出残缺轮廓图，用裁纸刀剪出形状印在铜皮上，用铁皮剪裁剪。铜皮补配件放于铁砧上进行形状与弧度的敲打，把铜皮补配件放入缺失位置，用3A双组分胶黏接。

2024年2月19日—2024年2月23日

鼎盖纹饰缺失部位，采用硅橡胶材料进行翻模补配。操作方法：①首先在器物铜鼎盖上找出与残缺部位相同的纹饰带，涂抹上一层脱模剂（洗洁精）等待干燥。②用硅橡

## 保护修复日志

胶按照100∶2比例与固化剂充分调和均匀,把胶液涂抹在器物表面上,贴敷一层纱布贴合,随后再涂抹第二遍硅橡胶胶液,等待完全固化。③固化后,用石膏液体涂抹在硅橡胶表面做一层石膏外壳,用于托衬作用,防止硅胶变形。④把胶棒充分揉和后涂抹于硅橡胶磨具上,固化后取下,用电磨或手术刀修裁形状,把纹饰补配件贴在腹部、鼎盖铜皮上。按照缺失纹路拼对,最后再用3A双组分胶黏接。固化后,边缘处修整打磨。

2024年2月29日

更加有效地保护已修复铜鼎不受侵害。在完成以上修复程序后,选用1%—3%浓度的 Paraloid B-72 丙酮溶液作为封护剂,采取涂刷的方式对器物内外进行封护。此操作需重复两次,且每次涂刷时要选择相互交叉的方向进行,避免或减少眩光的产生。

2024年3月11日—2024年3月19日

使用漆片与酒精按比例配比成漆片汁,用排笔蘸漆皮汁和矿物颜料进行调和做旧,根据器物的锈色层次做出相近的色彩。做旧时为使色彩层次感强,应把握由浅至深原则。处理后的器物达到与原物锈色基本一致,陈列时看不出修复痕迹,但专业人员可辨识的效果。

2024年3月21日—2024年3月22日

保护修复工作完成后,对器物建立完整的修复档案,记录内容为器物编号、名称、时代、材质、级别、尺寸、重量、器形、纹饰,修复起止时间,修复后总结报告,修复者,修复前、后照片,采样检测数据修复中用材工艺流程等所有记录资料,均应归入藏品档案。

# 淅川杨河与郭庄楚墓出土青铜文物保护修复项目

项目名称：淅川杨河与郭庄楚墓出土青铜文物保护修复项目

文物名称：青铜鼎

文物编号：M6∶52

修复单位：河南省文物考古研究院

2023 年 5 月 31 日

中华人民共和国国家文物局制

# 文物基本信息表 1

| 文物名称 | | 青铜鼎 | | |
|---|---|---|---|---|
| 收藏单位 | 河南省文物考古研究院 | | 文物登录号 | M6：52 |
| 文物来源 | 河南省文物考古研究院 | | 文物时代 | 战国 |
| 文物材质 | 单一材质 | | 文物级别 | 未定级文物 |
| 文物质地 | 铜 | | | |
| 方案设计单位 | 河南省文物考古研究院 | | 保护修复单位 | 河南省文物考古研究院 |
| 方案名称及编号 | 淅川杨河与郭庄楚墓出土青铜器保护修复项目 | | 批准单位及文号 | |
| 提取日期 | 2022年4月8日 | | 提取经办人 | 吉鹏飞 |
| 返还日期 | 2023年3月23日 | | 返还经办人 | 陈钦龙 |
| 器物纹饰形制基本信息及价值评估 | 鼎口微敛，字母口，带盖，鼎腹较深，双附耳是由双头蛇弯曲而成，鼎底略鼓，有兽面三蹄足，鼎盖中间略微隆起，有铺首衔环。随同鼎出土的还有一对鼎铉。<br>铜鼎是淅川楚墓出土，年代明确为战国时期，造型优美，工艺高超，对研究战国时期的社会政治、经济、文化、制度等具有十分重要的意义。 | | | |
| 历史修复情况 | 有无历史保护修复处理 | | 无 | |
| | 有无原修复方案资料 | | 无 | |
| | 有无原修复档案资料 | | 无 | |

| 保护前尺寸（cm）重量（g） | 通长 | 通高 | 通宽 | 耳距 | 口径 | 底径 | 重量 |
|---|---|---|---|---|---|---|---|
| | | | | 29 | 25 | | 2960 |
| 测量单位：河南省文物考古研究院 | | | | | | | |

# 文物基本信息表 2

| 文物出土及馆藏保存环境 ||||
|---|---|---|---|
| 文物馆藏保存环境 | 温度调控设备 | 无 ||
| | 湿度调控设备 | 无 ||
| | 温度监测设备 | 无 ||
| | 湿度监测设备 | 无 ||
| | 库房面积（m²） | 100—150 ||
| | 库房密封程度 | 半密闭式 ||
| | 文物储放形式 | 开放式橱柜 | 开放式金属质橱柜 |
| | 环境现状综合评估 | 温度不可监测，不可调控 ||
| | | 湿度不可监测，不可调控 ||
| 文物病害信息 ||||
| 病害描述 | 铜鼎及鼎盖通体附着绿色、浅蓝色锈蚀，鼎盖的局部有类似铁锈的黄色锈蚀。鼎盖和器身破损严重，有一侧鼎耳脱落，三条鼎腿均有不同程度的缺失。鼎口沿变形很严重。 |||
| 序号 | 常见病害 | 病害有无（√） | 病害部位 |
| 1 | 残缺 | √ | 鼎盖、鼎腹部 |
| 2 | 断裂 | √ | 鼎盖、鼎腹部 |
| 3 | 裂隙 | √ | 鼎盖、鼎腹部 |
| 4 | 变形 | √ | 鼎盖、鼎口沿 |
| 5 | 层状堆积 | | |
| 6 | 孔洞 | √ | 鼎盖、鼎腹部 |
| 7 | 表面硬结物 | | |
| 8 | 矿化 | | |
| 9 | 点腐蚀 | | |
| 10 | 微生物损害 | | |

# 文物基本信息表 2

| 病害图 | 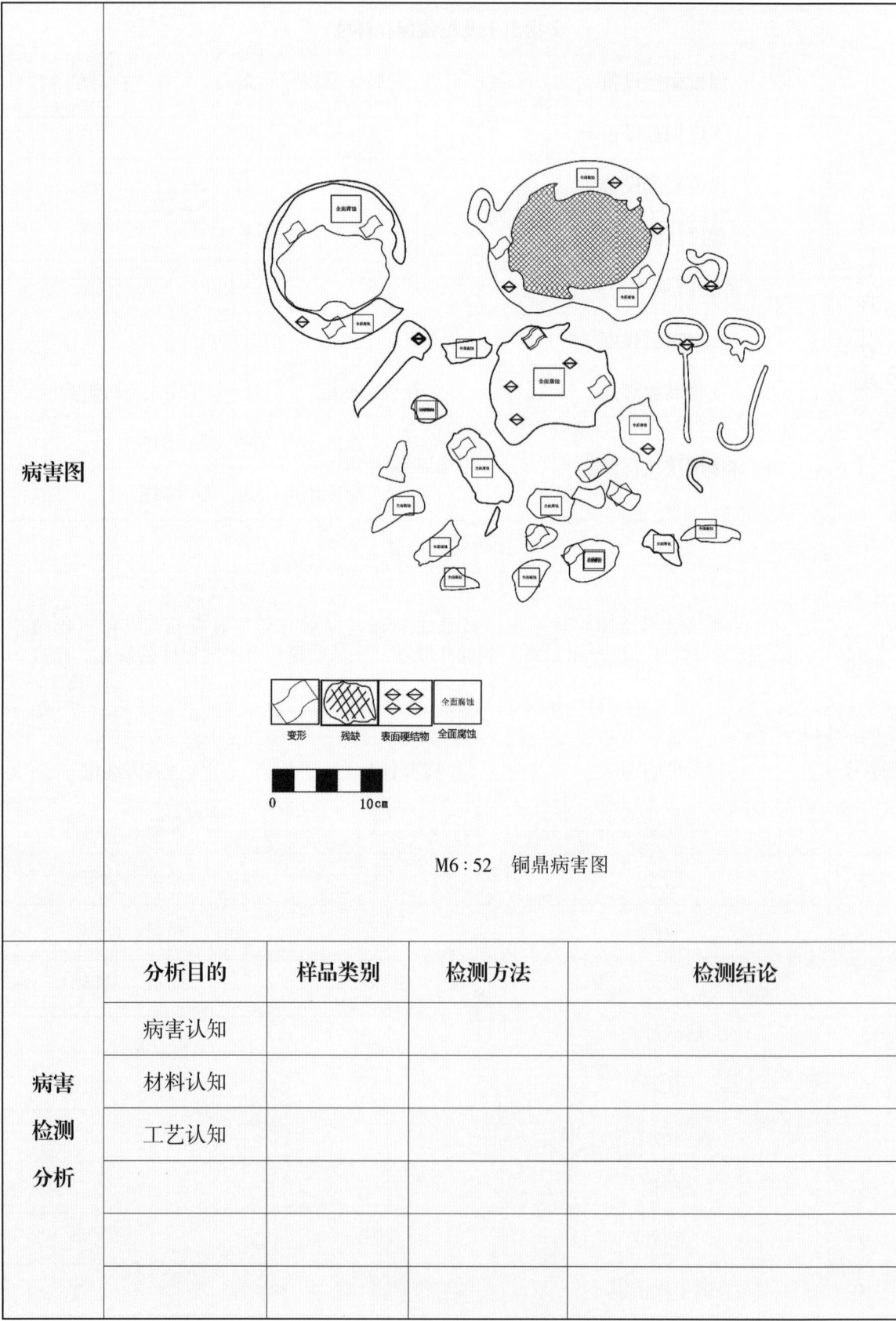 M6:52 铜鼎病害图 | | | |
|---|---|---|---|---|
| 病害检测分析 | 分析目的 | 样品类别 | 检测方法 | 检测结论 |
| | 病害认知 | | | |
| | 材料认知 | | | |
| | 工艺认知 | | | |
| | | | | |
| | | | | |
| | | | | |

# 文物保护修复表3

## 1. 文物保护修复技术路线及工艺步骤

1）信息采集建档。
2）清洗：去离子水浸泡。
3）除锈：用手术刀剔除上面的土锈。
4）脱氯：无。
5）加固：上面的朱砂用B-72保护。
6）拼对：将青铜器残块进行拼对。
7）整形：用C型钳、圆形整形等矫形工具矫形。
8）黏接/焊接：用锡焊对断裂脱落部分进行焊接。
9）补配：用铜皮补配。
10）做旧：用矿物颜料和漆皮汁做旧。
11）缓蚀封护：B-72封护。
12）完成修复档案：记录修复后器物的基本信息，并进行拍摄器物修复后影像资料，完善保护修复档案。

## 2. 所用材料及工具

工具：电子天平、手术刀、镊子、电烙铁、刷子、调刀、砂纸、锉刀、手工钻、相机、钳子、电吹风、电动打磨机、卷尺、自制矫形器、便携式洁牙机、烘干箱、毛笔、调色板等。
材料：焊锡、安特固AB胶、原子灰、各种矿物颜料、虫胶漆等。
器皿：烧杯、滴管、纸杯等。
化学试剂（AR）：酒精、硝酸银、蒸馏水、B-72、丙酮等。
防护用具：一次性口罩、一次性手套、一次性帽子，护目镜等。

| 保护修复人 | 郭晓钟 | 技术路线审核人 | 赵晟伟 |
|---|---|---|---|

# 文物保护修复表 4

| 基本信息图片 |
| --- |
|  |
| 局部图片 |
|  |

保护修复前影像资料

## 清洗

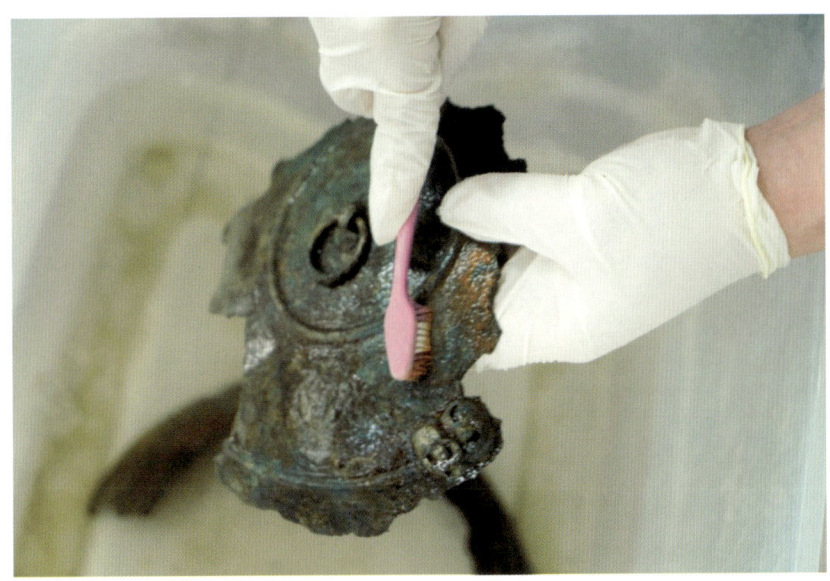

## 矫形

保护修复中影像资料

保护修复中影像资料

矫形

矫形、焊接

保护修复中影像资料

打磨

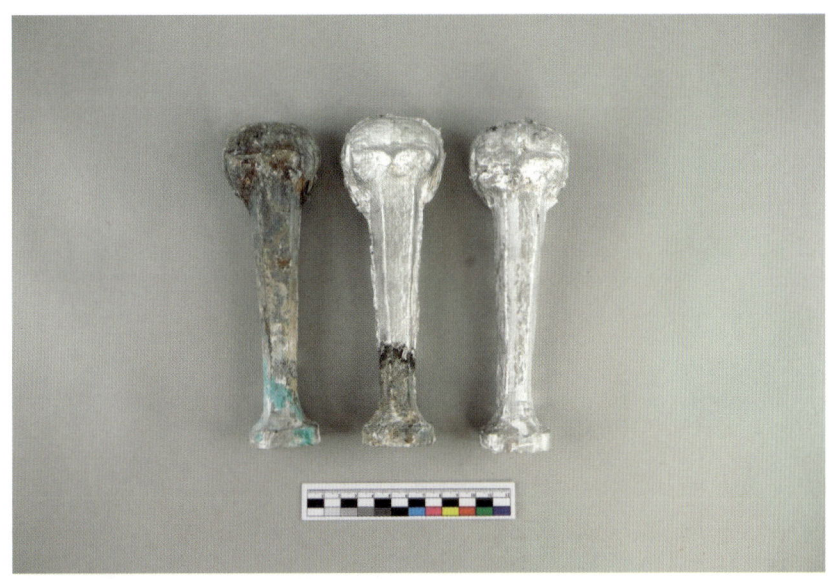

做旧

附录一 文物保护修复档案

## 文物修复后信息表 5

| 保护后<br>尺寸（cm）<br>重量（g） | 通长 | 通高 | 通宽 | 耳距 | 口径 | 底径 | 重量 |
|---|---|---|---|---|---|---|---|
| | | 28.5 | | 33 | 23.5 | | 3420 |

| 保护修复后图片 |
|---|
|  |

| 预防性保护建议 |
|---|
| 1）保护修复后的青铜器应存放温度于 15—20℃、相对湿度为 50% 以下稳定的洁净环境中。<br>2）文物修复后交由文博部门保管，外展时要轻拿轻放，包装合理，避免剧烈震动。<br>3）保管库房及展柜避免强光直接照射，尽量保持恒温、恒湿，防止有害气体入侵，达到相对化学、环境平衡，有利于文物保护，定期巡检，发现问题及时处理。 |

| **完成日期** | 2023 年 3 月 23 日 | **保护修复人** | 郭晓钟 | **审核人** | 赵晟伟 |
|---|---|---|---|---|---|

# 文物保护修复日志 6

## 保护修复日志

2022年4月28日—4月29日

（1）建立M6∶52铜鼎的保护修复档案。使用数码照相机对器物各个面以及细节部分照相记录。对铜鼎测量直径、高度，未修复前重量，并详细记录器物未修复前原状及保存状况并拍摄照片留档。

（2）进行病害调查，描绘完成器物病害图，补充文物档案相关信息。

2022年4月30日—5月9日

（3）先用去离子水浸泡，然后用手术刀等工具把土锈剔除掉。

2022年5月10日—2023年5月11日

（4）铜鼎盖表面和鼎的口沿及腹部有多处严重变形，开始进入矫形焊接工作程序。鼎盖矫形位置主要集中在鼎盖口沿部位以及相关的残片。鼎盖口沿的矫形主要用C型夹一段一段慢慢矫形。残片的矫形：将残片放置于凹形铁砧上，用锡锤对变形部位进行适度的敲击。

（5）对铜鼎口沿和鼎腹部较大碎片的矫形焊接。鼎口沿的变形主要集中体现在有一段口沿向内塌陷。先采用C型钳矫形，并用顶杆把塌陷的部位向外顶。经过矫形一段时间后，向内塌陷的口沿下方腹部有明显受力，口沿经过矫形后，再用圆形专用矫形工具对变形部位进行深度矫形。先把鼎口沿固定于矫形工具上，从变形最开始的部位选择一段用C夹施外力，一段一段慢慢矫形。三条鼎腿都有不同程度的缺失，无法组成完整鼎腿供参考，且无法确定鼎腿的高度，其中两段鼎腿残块，残缺处的位置有重叠。利用这个依据，我们用3D扫描建模的方法，把这两块残块进行数字化扫描，把扫描结果输入电脑中，在3D软件中把残块位置重合的地方重叠，在电脑端重新数字化一条完整的鼎腿，用3D打印技术打印出一个鼎腿。在实际工作中，鼎腿的补配运用的是：对其中一块较小的残块硅胶翻模，将硅胶模套于较大的残块缺失部位，浇注缺失的石膏腿。再对石膏部分翻模，再将石膏模套于鼎腿缺失部位，用橡皮泥敷于石膏模中，橡皮泥的厚度就是鼎腿的厚度。浇注石膏芯，取出橡皮泥，烘干石膏芯和石膏外模。浇铸锡质残块于真实残块上。其他两条鼎腿也采用类似方法，省略硅胶模的制作。

## 保护修复日志

2023年3月12日—3月21日

（6）鼎盖和铜鼎的整体矫形和焊接完成后，统一用工具把焊接补配处的焊锡打磨平整，再用原子灰把打磨处涂抹平整，反复多次，直至与周围平整度相同。

（7）根据铜鼎表面锈蚀的颜色层次，采用矿物颜料、泥土，经过不同的配比调和出相近色调，进行做色。分别用抹、弹等不同的方式做旧。

（8）表面封护：使用3%的B-72丙酮溶液，对青铜鼎进行涂刷封护，使用毛刷蘸B-72丙酮溶液直接涂刷于器物表面。做旧部位用装有B-72丙酮溶液的喷壶封护处理。

2023年3月22日—3月23日

对保护修复后铜鼎称重、测量。在背景布下，使用数码照相机对修复后各面进行照相记录。

（9）填写完成M6∶52铜鼎保护修复档案。

# 淅川杨河与郭庄楚墓出土青铜文物保护修复项目

项目名称：淅川杨河与郭庄楚墓出土青铜文物保护修复项目

文物名称：青铜壶

文物编号：M6∶31

修复单位：河南省文物考古研究院

2023 年 4 月 21 日

中华人民共和国国家文物局制

# 文物基本信息表 1

| 文物名称 | 青铜壶 | | |
|---|---|---|---|
| 收藏单位 | 河南省文物考古研究院 | 文物登录号 | M6：31 |
| 文物来源 | 河南省文物考古研究院 | 文物时代 | 战国 |
| 文物材质 | 单一材质 | 文物级别 | 未定级文物 |
| 文物质地 | 铜 | | |
| 方案设计单位 | 河南省文物考古研究院 | 保护修复单位 | 河南省文物考古研究院 |
| 方案名称及编号 | 淅川杨河与郭庄楚墓出土青铜器文物保护修复项目 | 批准单位及文号 | |
| 提取日期 | 2022 年 4 月 8 日 | 提取经办人 | 陈钦龙 |
| 返还日期 | 2022 年 10 月 8 日 | 返还经办人 | 陈钦龙 |
| 器物纹饰形制基本信息及价值评估 | 此件青铜壶鼓腹短颈，壶身饱满，两侧肩部有双衔环。腹部有云雷纹饰，壶盖铸有四钮，中间有刻涡纹。铜壶制作工艺精湛，造型优美，纹饰形象生动，具有较高的历史与艺术价值。 | | |
| 历史修复情况 | 有无历史保护修复处理 | 无 | |
| | 有无原修复方案资料 | 无 | |
| | 有无原修复档案资料 | 无 | |

| 保护前尺寸（cm）重量（g） | 通长 | 通高 | 宽 | 耳距 | 口径 | 底径 | 重量 |
|---|---|---|---|---|---|---|---|
| | | 24 | | | 10.5 | 15.5 | 2560 |
| 测量单位：河南省文物考古研究院 | | | | | | | |

# 文物基本信息表2

| 文物出土及馆藏保存环境 |||
|---|---|---|
| 文物馆藏保存环境 | 温度调控设备 | 无 ||
| | 湿度调控设备 | 无 ||
| | 温度监测设备 | 无 ||
| | 湿度监测设备 | 无 ||
| | 库房面积（m²） | 100—150 ||
| | 库房密封程度 | 半密闭式 ||
| | 文物储放形式 | 开放式橱柜 | 开放式金属质橱柜 |
| | 环境现状综合评估 | 温度不可监测，不可调控 ||
| | | 湿度不可监测，不可调控 ||

| 文物病害信息 ||||
|---|---|---|---|
| 病害描述 | 壶身壶颈部位残缺、壶腹纹饰处残缺，壶颈断裂有孔洞，断裂碎片变形，壶身变形，壶盖处有表面硬结物，壶下腹部位有点腐蚀。 ||||
| 序号 | 常见病害 | 病害有无（√） | 病害部位 |
| 1 | 残缺 | √ | 壶身 |
| 2 | 断裂 | √ | 壶身 |
| 3 | 裂隙 | √ | 壶颈 |
| 4 | 变形 | √ | 壶身 |
| 5 | 层状堆积 | | |
| 6 | 孔洞 | | 壶颈 |
| 7 | 表面硬结物 | √ | 表面 |
| 8 | 矿化 | | |
| 9 | 点腐蚀 | √ | 表面 |
| 10 | 微生物损害 | | |
| 11 | 含氯腐蚀产物 | | |

## 文物基本信息表 2

| 病害图 | 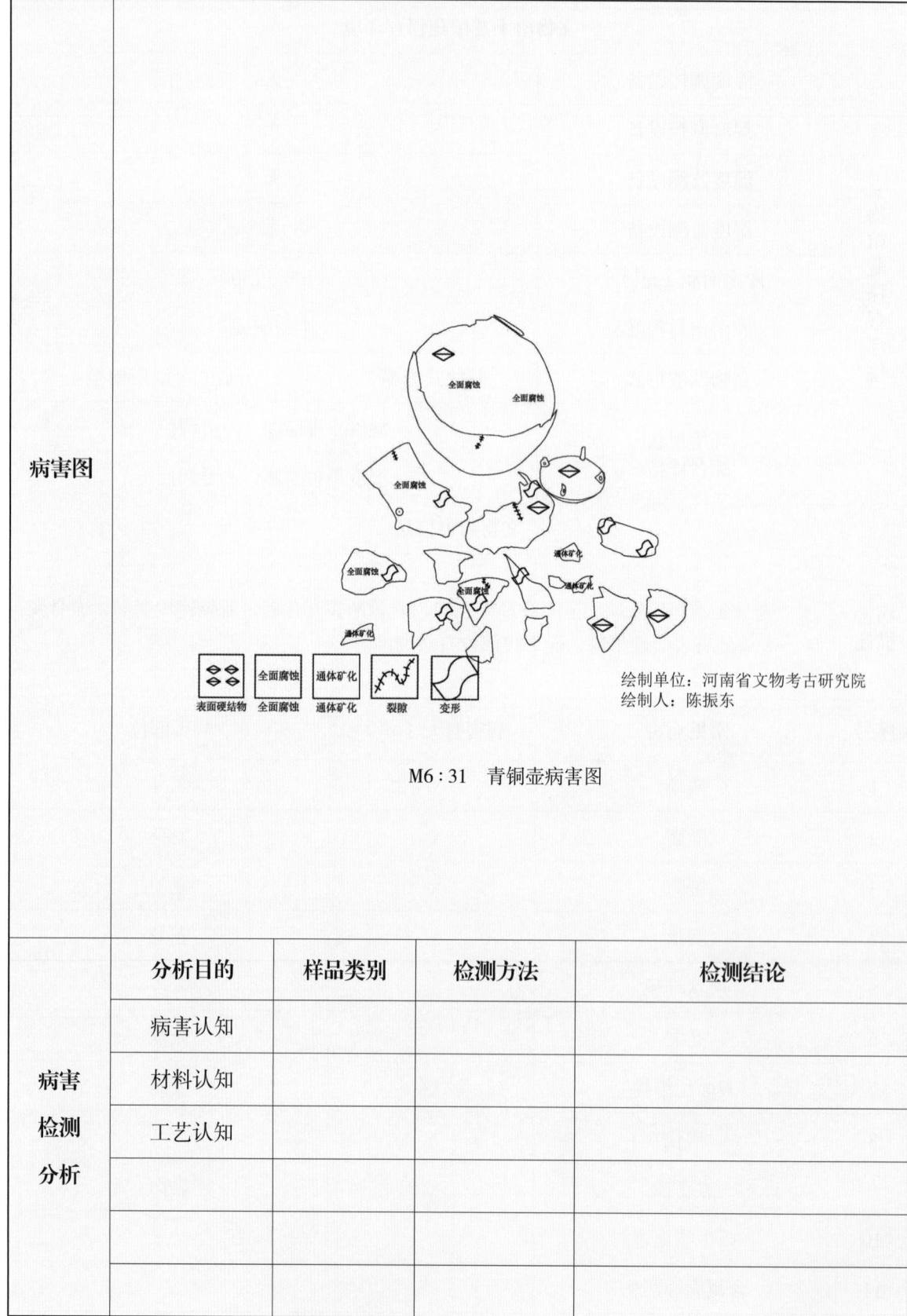<br>绘制单位：河南省文物考古研究院<br>绘制人：陈振东<br><br>M6∶31　青铜壶病害图 |
|---|---|

| 病害检测分析 | 分析目的 | 样品类别 | 检测方法 | 检测结论 |
|---|---|---|---|---|
| | 病害认知 | | | |
| | 材料认知 | | | |
| | 工艺认知 | | | |
| | | | | |
| | | | | |

# 文物保护修复表 3

## 1. 文物保护修复技术路线及工艺步骤

1）信息采集建档：对待保护修复的青铜器进行前期影像资料采集，文物基本信息、文物保护现状记录及建立保护修复档案。

2）清洗：器物表面存留灰尘，用蒸馏水浸泡：一是清理灰尘，二是去除存留的盐分。清洗用较软的毛刷轻轻刷洗，减少对器物表面划伤。

3）除锈：使用牙科钻结合超声波等清除覆盖在铜壶身有害锈蚀物、表面硬结物和断口茬口锈蚀。

4）拼对：利用茬口对残断部位依次拼接并临时固定。

5）整形：使用整形工具对变形部位进行矫形。

6）黏接/焊接：打磨断裂坡口处进行锡焊焊接。

7）补配翻模：对器物上缺失部分用3A双组分胶掺滑石粉结合铜皮进行补配。纹饰处先翻模，再黏接到补配部位。

8）做旧：按照原有颜色一层一层着色，每做一层喷涂泥汁。每个局部的色调不一致，要严格控制着色范围，达到同原器物颜色近似。

9）缓蚀封护：表面封护，使用3%B-72丙酮溶液对青铜文物进行涂刷封护处理，将环境中的氧气、水分与青铜器隔绝。

10）完成修复档案：记录修复后器物的基本信息，并拍摄器物修复后影像资料，完善保护修复档案。

## 2. 所用材料及工具

工具：电子天平、手术刀、镊子、电烙铁、刷子、调刀、砂纸、锉刀、手工钻等；
照相机、钳子、电吹风、电动打磨机、卷尺、便携式洁牙机、烘干箱、毛笔、调色板等。

材料：焊锡、原子灰、各种矿物颜料、虫胶漆等。

器皿：烧杯、滴管、纸杯等。

化学试剂（AR）：酒精、蒸馏水、B-72、丙酮等。

防护用具：一次性口罩、一次性手套、一次性帽子，护目镜等。

| 保护修复人 | 陈振东 | 技术路线审核人 | 赵晟伟 |
|---|---|---|---|

## 文物保护修复表 4

| 保护修复前影像资料 | 修复前图片 |
| --- | --- |
| |  |
| | 清洗 |
| | 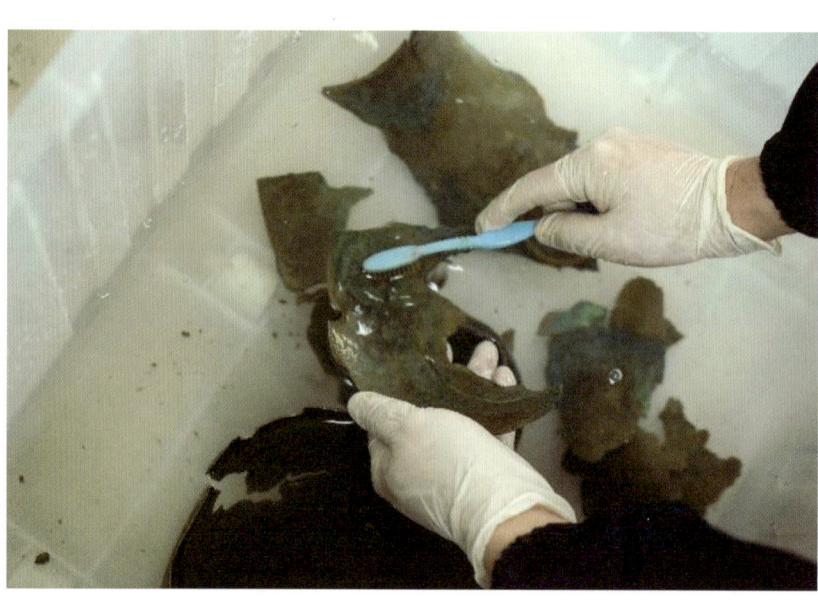 |

## 保护修复中影像资料

### 拼接

### 矫形

保护修复中影像资料

矫形

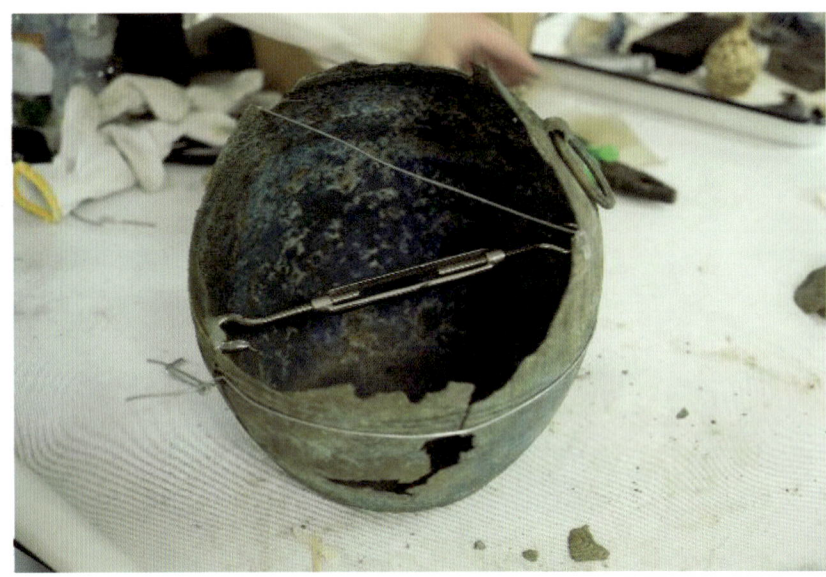

矫形

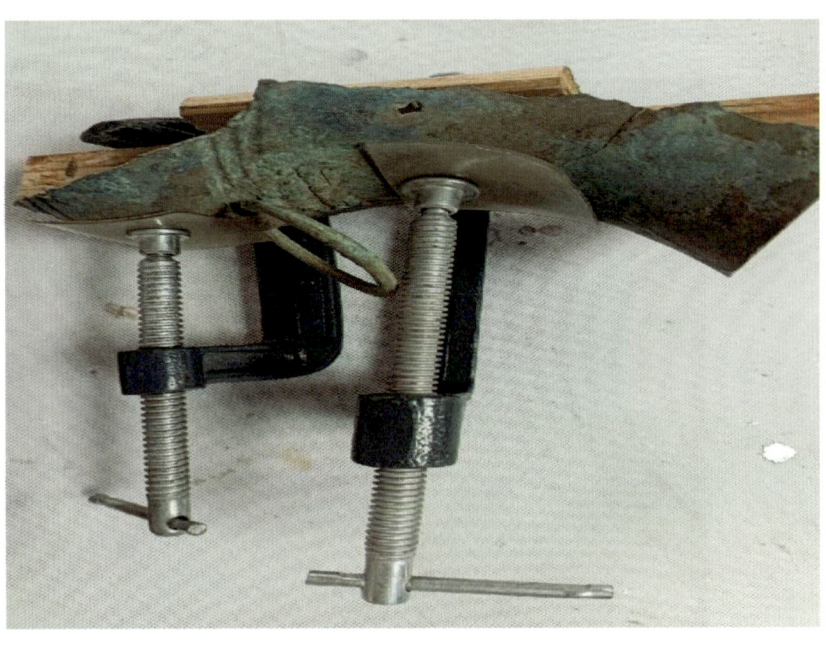

保护修复中影像资料

焊接

补配

保护修复中影像资料

补配

做旧

| 封护 |
|---|
| 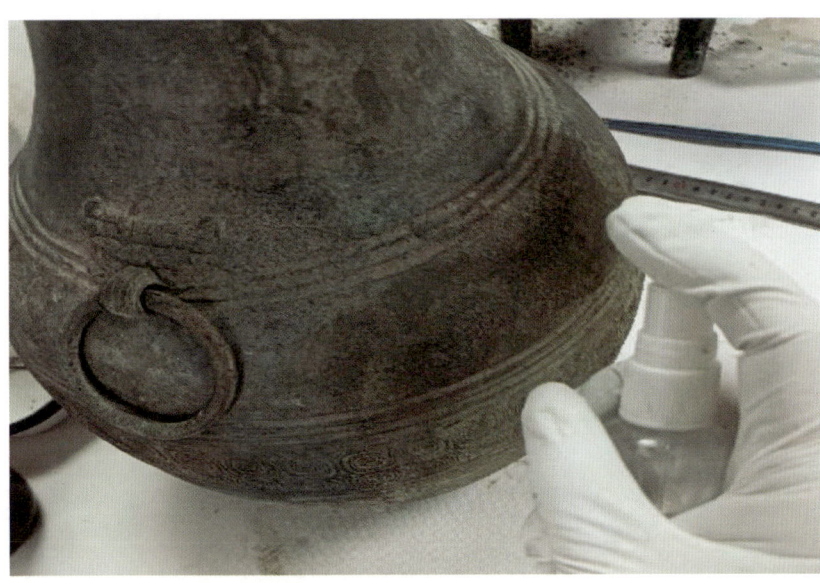 |
| 测量 |
|  |

保护修复中影像资料

## 文物修复后信息表 5

| 保护后<br>尺寸（cm）<br>重 量（g） | 通长 | 通高 | 宽 | 耳距 | 口径 | 底径 | 重量 |
|---|---|---|---|---|---|---|---|
| | | 36 | | | 11 | 15.5 | 2680 |

| 保护修复后图片 |  |
|---|---|
| 预防性保护建议 | 1）保护修复后的青铜器应存放于温度 15—20℃、相对湿度为 50% 以下稳定的洁净环境中。<br>2）文物修复后交由文博部门保管，外展时要轻拿轻放，包装合理，避免剧烈震动。<br>3）保管库房及展柜避免强光直接照射，尽量保持恒温、恒湿，防止有害气体入侵，达到相对化学、环境平衡，有利于文物保护。定期巡检，发现问题及时处理。 |
| **完成日期** | 2022 年 10 月 8 日 | **保护修复人** | 陈振东 | **审核人** | 赵晟伟 |

# 文物保护修复日志 6

## 保护修复步骤

2022年4月8日

（1）对保护修复的青铜壶进行前期影像资料采集，文物基本信息，文物保护现状记录及建立保护修复档案。

2022年4月11日—2022年4月15日

（2）清洗。器物表面存留灰尘，先用蒸馏水浸泡，再用较软的毛刷轻轻刷洗，减少对器物表面的划伤。

2022年4月20日—2022年4月22日

（3）除锈。依次使用手术刀、钢钎、牙科钻等工具清除覆盖在器物表面的土锈、表面硬结物和断口、茬口的锈蚀层。土锈和易清除掉的锈蚀用手术刀和钢钎清理，表面硬结物和较难清理的锈蚀用牙科钻清理。

2022年4月29日—2022年5月17日　　2022年6月6日—2022年7月25日

（4）整形。器物口沿部位和壶身部位变形，将铜壶放置在大小合适的矫形器内，先用铁丝捆扎固定后进行矫形。口沿部位使用G型钳压在变形处，两边同时向下施压。可根据器物的承受力情况，缓缓向下施压，避免用力过大造成器物断裂。用G型钳时为防止对器物造成伤害，需在整形工具与器物接触部位垫上木板。

2022年6月6日—2022年6月29日　　2022年8月15日—2022年9月12日

（5）拼对焊接。将器物底部等断裂部位拼对起来，要求茬口对应，用打磨机将拼接部位打出坡口，露出铜质，将助焊剂均匀地涂抹在坡口处，之后用电烙铁利用锡焊将断裂部位焊接起来。用打磨机打坡口时应注意避免对器物的伤害。

2022年7月5日—2022年8月1日　　2022年8月15日—2022年9月12日

（6）补配。器物缺失部位用3A胶掺滑石粉和矿物颜料补配，为增强3A胶的坚固程度，进行补配时在缺失部位先垫一层纱布。焊接凹凸不平的地方用3A胶掺滑石粉进行补配找平。较大的缺失部位选择合适的铜皮进行焊接，焊接后再用3A补配。纹饰处使用硅胶和石膏先翻出模具，再浇注出纹饰，黏接到缺失部位。

2022年9月13日—2022年9月15日

（7）打磨。将补配部位进行打磨。用粗细不同的砂纸对补配部位表面打磨，使其表面光滑。对于补配质地较硬的部位，用打磨机先将表面打磨平整后，边喷水边用砂纸打

## 保护修复日志

磨。补配的一足用打磨机进行打磨平整。

2022年9月16日—2022年9月25日

（8）做旧。根据铜壶表面锈蚀的颜色层次，采用化学颜料、矿物颜料、漆片汁经过不同的配比调和相近色调，进行做色。分别用抹、弹、拨、画、描、点、喷等不同的技巧做色，每做一层颜色后喷涂一层泥汁，要严格控制着色范围，使其达到与原器物颜色相近似。

2022年9月26日

（9）表面封护。使用3%的B-72丙酮溶液，对青铜壶进行涂刷封护，使用毛刷直接蘸B-72丙酮溶液轻轻刷在器物表面。为避免溶液改变做旧的颜色，做旧部位用喷壶喷出B-72丙酮溶液进行封护，将环境中的氧气、水分与器物隔绝，最大限度降低有害成分对器物的侵害。

2022年9月30日

（10）建立档案。修复保护工作完成后，对器物进行修复后的拍照、称重等，建立完整的修复方案。

# 淅川杨河与郭庄楚墓出土青铜文物保护修复项目

项目名称：淅川杨河与郭庄楚墓出土青铜文物保护修复项目

文物名称：铜浴缶

文物编号：M6∶45

修复单位：河南省文物考古研究院

2023 年 7 月 25 日

中华人民共和国国家文物局制

# 文物基本信息表 1

| 文物名称 | 铜浴缶 | | |
|---|---|---|---|
| 收藏单位 | 河南省文物考古研究院 | 文物登录号 | M6：45 |
| 文物来源 | 发掘 | 文物时代 | 战国 |
| 文物材质 | 单一材质 | 文物级别 | 未定级文物 |
| 文物质地 | 铜器 | | |
| 方案设计单位 | 河南省文物考古研究院 | 保护修复单位 | 河南省文物考古研究院 |
| 方案名称及编号 | 淅川杨河与郭庄楚墓出土青铜器文物保护修复方案 | 批准单位及文号 | 河南省文物局 |
| 提取日期 | 2023年6月1日 | 提取经办人 | 吉鹏飞 |
| 返还日期 | 2023年7月25日 | 返还经办人 | 吉鹏飞 |
| 器物纹饰形制基本信息及价值评估 | 该器物有盖，折沿，直领，广肩。肩上两侧有竖环耳一对，耳内套铜环，腹向下内收成平底。盖顶部微向下凹，正中有平环握手，握手下六个向外弯曲的铜柱支撑。握手上与支撑柱饰窃曲纹。盖正中及盖沿处饰以圆点纹为底纹的T形勾连纹，其间有凸起圆饼四个，上饰羽翅纹。浴缶肩上有羽翅纹带一周，其间有凸起的羽翅纹圆饼六个。浴缶耳浮雕兽头，耳内套有环，一面饰窃曲纹，另一面饰绚索纹，较为精致。<br>　　铜浴缶是古代用来盛装液体的器具，最早可追溯到春秋战国时期。除了盛装液体的功能，铜浴缶还有其他用途，例如，它可以作为沐浴的礼器。这件铜浴缶是淅川郭庄楚墓墓葬出土，年代明确为战国时期，造型优美，纹饰精细，工艺高超，反映战国时期的社会政治、经济、文化、生活、制度，意义重大。<br>　　铜浴缶具有很高的历史价值、艺术价值和科学价值，是研究淅川地区历史的重要实物资料。 | | |
| 历史修复情况 | 有无历史保护修复处理 | 无 | |
| | 有无原修复方案资料 | 无 | |
| | 有无原修复档案资料 | 无 | |

| 保护前尺寸（cm）重量（g） | 通长 | 通高 | 通宽 | 耳距 | 口径 | 底径 | 重量 |
|---|---|---|---|---|---|---|---|
| | | 残高31 | | | 21.5 | 19 | 5300 |
| 测量单位：河南省文物考古研究院 | | | | | | | |

# 文物基本信息表2

| 文物出土及馆藏保存环境 | | | |
|---|---|---|---|
| 文物馆藏保存环境 | 温度调控设备 | 无 | |
| | 湿度调控设备 | 无 | |
| | 温度监测设备 | 无 | |
| | 湿度监测设备 | 无 | |
| | 库房面积（m²） | 100—150 | |
| | 库房密封程度 | 半密闭式 | |
| | 文物储放形式 | 开放式橱柜 | 开放式金属质橱柜 |
| | 环境现状综合评估 | 温度不可监测，不可调控 | |
| | | 湿度不可监测，不可调控 | |
| 文物病害信息 | | | |
| 病害描述 | ①铜浴缶盖基本完整，顶部平环握手处纹饰带局部残缺，口沿处有2.5cm长裂隙，内外表面均附着蓝色、绿色锈蚀。以绿色锈蚀为主。②铜浴缶器身破损，变形严重，口沿变形上下扭曲略呈椭圆形，肩部及腹部破损，变形严重，局部残缺，底部变形扭曲。器身颈部、肩部局部有土垢，大部分附着绿色、蓝色锈蚀。以蓝色锈蚀为主。 | | |
| 序号 | 常见病害 | 病害有无（√） | 病害部位 |
| 1 | 残缺 | √ | 盖平环握手、肩部、腹部、底部圈沿 |
| 2 | 断裂 | √ | 口沿、肩部、腹部 |
| 3 | 裂隙 | √ | 盖口沿 |
| 4 | 变形 | √ | 口沿、肩部、腹部、底部 |
| 5 | 层状堆积 | √ | 腹部 |
| 6 | 孔洞 | | |
| 7 | 表面硬结物 | √ | 肩部、腹部 |
| 8 | 矿化 | | |
| 9 | 点腐蚀 | | |
| 10 | 微生物损害 | | |
| 11 | 含氯腐蚀产物 | | |

# 文物基本信息表 2

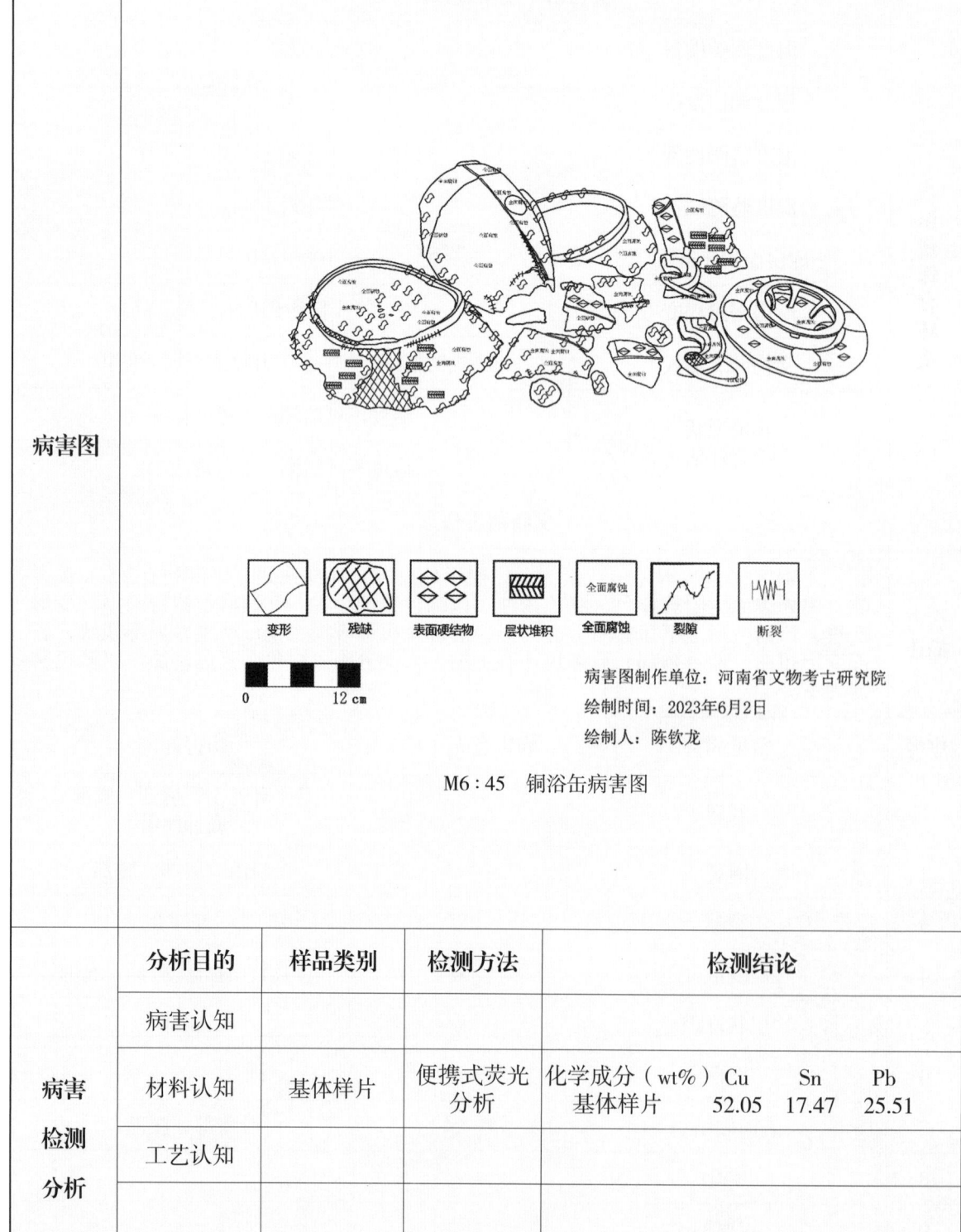

病害图

M6:45 铜浴缶病害图

病害图制作单位：河南省文物考古研究院
绘制时间：2023年6月2日
绘制人：陈钦龙

| | 分析目的 | 样品类别 | 检测方法 | 检测结论 |
|---|---|---|---|---|
| 病害检测分析 | 病害认知 | | | |
| | 材料认知 | 基体样片 | 便携式荧光分析 | 化学成分（wt%） Cu　　Sn　　Pb<br>基体样片　　52.05　17.47　25.51 |
| | 工艺认知 | | | |
| | | | | |
| | | | | |

# 文物保护修复表 3

## 1. 文物保护修复技术路线及工艺步骤

1）信息采集建档：对此次保护修复的M6∶45铜浴缶进行前期影像资料采集，文物基本信息、文物保护现状记录。
2）取样：使用手术刀对器物锈蚀物、器物基体取样。
3）清洗：采用去离子水浸渍，同时清除表面附着泥垢。
4）整形：使用矫形工具对变形部位矫形。
5）黏接/焊接：对开裂部位用电烙铁焊接或3A双组分胶黏接。
6）补配：使用3A双组分胶与铜皮、速成铜进行补配。
7）做旧：使用黏合剂复合化学颜料进行做旧处理。
8）封护：使用1%—3%B-72丙酮溶液对青铜文物进行涂刷封护处理。
9）完成修复档案：记录M6∶45铜浴缶修复后器物的基本信息，并拍摄影像资料，完善保护修复档案。

## 2. 所用材料及工具

工具：手术刀、电烙铁、刷子、调刀、排笔、调色板、砂纸、锉刀、电磨、G型钳、F型钳、方形矫形器、圆盘矫形器、大力钳、热风枪等。
材料：焊锡、速成铜、铜皮、3A双组分胶、滑石粉、原子灰、各种矿物颜料、漆皮汁、木块、纸质胶带等。
器皿：烧杯、滴管、纸杯等。
化学试剂（AR）：乙醇、丙酮、B-72、去离子水等。
防护用具：一次性口罩、一次性手套，护目镜等。

| 保护修复人 | 陈钦龙 | 技术路线审核人 | 赵晟伟 |
|---|---|---|---|

# 文物保护修复表 4

| 基本信息图片 |
|:---:|
|  |
| 基本信息图片 |
|  |

保护修复前影像资料

保护修复中影像资料

超声波清洗

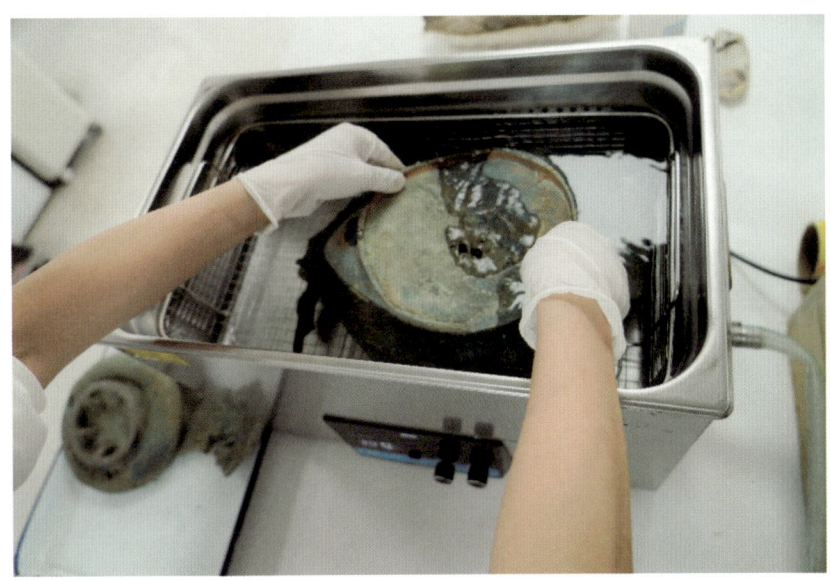

超声波清洗

腹部局部整形

保护修复中影像资料

缶身整形

保护修复中影像资料

铜皮补配

打磨

保护修复中影像资料

肩部硅橡胶翻模

纹饰补配

保护修复中影像资料

封护

做旧

# 文物修复后信息表 5

| 保护后尺寸（cm）重量（g） | 通长 | 通高 | 通宽 | 耳距 | 口径 | 底径 | 重量 |
|---|---|---|---|---|---|---|---|
| | | 30.8 | | | 20.5 | 20.7 | 5645 |

| 保护修复后图片 |  |
|---|---|
| 预防性保护建议 | 1）控制温、湿度<br>　　青铜器腐蚀往往来自周围环境的改变，所以文物要保存在相对稳定的环境中，与周围环境建立一种平衡。适于青铜器的保存条件是：相对湿度40%，日波动范围＜5%；温度20℃，日波动范围＜5℃。<br>2）控制污染物接触<br>　　污染物具有迁移、转化、活性和持久性、腐蚀性，所以要控制和预防污染源对青铜器带来的物理、化学的危害。存放器物的场所要有通风、过滤设施，器物应存放在密闭的文物柜中，且修复完成的器物最好单独放置，严禁与未保护处理的器物放置在一起，以免病害传染。<br>3）控制光照度<br>　　文物保护修复时黏接、封护等阶段所使用的材料如B-72、胶黏剂等均为有机质材料，光的照射对这些材料是危险的，不仅会导致修复材料变色，而且会导致其强度的改变。故为文物的安全起见，应当在保护修复后保存或展示时采取以下措施：使用遮光的文物柜或囊匣；使用无紫外线光源，降低展示时的照度。 |

| **完成日期** | 2023 年 7 月 20 日 | **保护修复人** | 陈钦龙 | **审核人** | 赵晟伟 |
|---|---|---|---|---|---|

# 文物保护修复日志 6

**保护修复日志**

2023年6月6日

（1）对修复前的文物进行拍摄，记录局部病害，修复前尺寸（口径、腹径、通高、底径，器物厚度）、重量等档案。

（2）打印好需要取样部位的白色指示箭头信息，裁剪好发在器物取样部位，使用手术刀提取锈蚀物、范土泥芯装入样品管内，用小型牙科钻进行基体残片微损切割，装入样品管内。取样如下：①基体标本类：铜浴缶肩部M6：45JT1、铜浴缶腹部M6：45JT2、铜浴缶底部M6：45JT3、铜浴缶肩部补铸块M6：45JT4、铜浴缶腹部补铸块M6：45JT5、铜浴缶底部补铸块M6：45JT6、铜浴缶缶耳内残留物M6：45JT7；②锈蚀标本类：铜浴缶肩部M6：45XS1、铜浴缶腹部M6：45XS2；③泥芯标本类：铜浴缶缶盖内M6：45NX1、铜浴缶缶耳内M6：45NX2、铜浴缶底部圈足内M6：45NX3。

2023年6月7日

把需要清洗的碎块放进超声波清洗机里，注入去离子水，水量浸没器物为准，盖上盖子，把温度设置为40℃，工作时间为30分钟，观察铜浴缶的清洗效果。如果铜浴缶表面还有少量污渍，则再重新清洗一次。清洗干净后放入加热烘干箱，设置温度50℃，进行加热干燥处理。

2023年6月8日

第一阶段：把底部变形残块放入金属方形架内，底部下垫两块木块于变形处，底部放上千斤顶，器物与千斤顶之间垫上一层缓冲橡胶垫，调节好角度后开始加压工作。操作中要观察底部变形处的弧度有没有下降或展平现象，不可以一次性加力太大，防止器物断裂。经过加压处理，观察变形处弧度下降0.4厘米，等待器物变形处慢慢泄力。

2023年6月9日—6月11日

（1）底部在方形架内继续整形，千斤顶继续加压，变形处弧度下降0.5厘米，停止加压。

（2）为了使浴缶口沿圆弧度、平整度得到恢复，需要把器物口部放在圆形矫形盘上，计算出缶口径约外径20.5厘米、内径19.5厘米，画出同心圆，调整圆盘上的内外螺丝角度，使用扳手拧紧内部螺丝。再把变形缶口部放在矫形盘上，防止螺丝对器物外表造成损伤，需要内外之间垫上橡胶片，随后转动圆盘上螺杆进行施加压力，使变形处缓缓

## 保护修复日志

复位。口沿起翘不平整，使用铁丝绞紧拉置在圆盘平面上，整形过程循序渐进。

（3）腹部残块局部凹陷处使用"凹"型金属工具放于残块外部，内部放置木块。凹型金属工具与器物之间垫上橡胶片，再使用G型钳进行操作。旋转螺杆，使变形塌凹处慢慢隆起，整形过程观察器物变化，将器物变形处矫正，防止变形处力道再反弹回去。

2023年6月12日—6月13日

（1）第二阶段：使放置在方形矫形器内的千斤顶继续加压，另外配合G型钳固定在底部变形处，旋转螺杆加力，使变形部位下降至1厘米。停止加压，继续观察。

（2）把另一半变形的口部残块放在画好的直径线上，转动螺杆使变形口部位置逐步复原，而口部不平整的起翘位置，用小型F型钳在器物口沿内部与圆盘底部拉力固定，防止起翘。口部圆弧度恢复完整后，对断裂处进行点焊焊接。

2023年6月14日—6月15日

（1）第三阶段：浴缶底部下面置换长18.5厘米、宽6.5厘米、高1厘米木块，底部上面置换长14厘米、宽7.5厘米、高1厘米的木块，继续使用千斤顶顶压整形，使底部恢复平整。

（2）浴缶肩部由于整形，导致肩部弧度往下下降与口沿不协调，需要借助方木块进行顶托，使肩部变形部位复原弧度。由于肩部外面装饰有纹饰，不能进行破坏损伤，需要在器物内壁进行焊接处理。

2023年6月16日—6月19日

（1）为了底部平整度恢复，继续用千斤顶顶压。底部周边有三处变形部位，使用G型钳与自制凹形木块配合操作。

（2）继续调整缶身腹部与肩部变形的角度，复原处进行焊接处理。

2023年6月20日—6月21日

（1）底部经过长时间的矫形与不断调整方法，使底部平整度得以恢复。

（2）把底部与腹部进行拼对点焊，底部与腹部点焊后发现底部、腹部有局部变形，使用F型钳从上往下进行拉力。

2023年6月22日—6月26日

腹部与底部连接处进行点焊接。继续调整腹部变形问题，腹部较薄的部位铜质较差而且变形凹陷，采用竹签放置缶内部进行顶撑，拉力器内部进行收力操作，使变形处恢复弧度焊接。局部腹部块与块之间悬空处，使用铁丝临时连接固定。

## 保护修复日志

2023年6月28日—7月2日

对腹部、肩部等部位残缺位置进行铜皮补配。首先画出轮廓线，进行铜皮裁剪、敲打成合适的弧度，再打磨焊接。浴缶肩部用1毫米铜皮、腹部0.08毫米铜皮补配。第一步，用白色A4纸衬托器物内部，用铅笔画出残缺轮廓图，用裁纸刀剪出形状印在铜皮上，用铁皮剪裁剪。第二步，把铜皮补配件放于铁砧上进行形状与弧度的敲打，敲打好的铜皮补配件放入缺失位置。第三步，用电磨打磨坡口，使用烙铁焊接。最后一步，对铜皮补配不平整处用电磨把铜皮表面进行毛糙处理，用3A双组分胶加滑石粉找平，干燥后打磨光滑，其作用有利于后期做色。

2023年7月3日—7月4日

对焊接铜皮补配完成后进行浸泡。把器物放入塑料容器，倒入去离子水淹没器物，每隔12小时换水一次，共两次。完成后放入烘干箱加热干燥。

2023年7月5日—7月6日

（1）器物局部补配。部分位置没有铜基体无法焊接，采用黏接，黏接剂为3A双组分胶，按照使用说明进行配比调合。黏接前需要用纸胶带把局部黏接缝隙贴补，防止胶液渗漏，用批刀按照缝隙走向批抹一遍，最后等待12小时，使胶体完全固化。

（2）残缺面积较小部位的补配。采用速成铜胶棒进行补配。首先，将缺失处断面上的浮锈清理干净。其次，取出塑料管中的速成铜胶棒，切下所需用量，将胶体内芯与外皮不同颜色的材料用手充分揉和成一色（1—2分钟），直到均匀为止。将揉好的胶体用力压实粘牢到修补处。混合后的黏体醒10—20分钟后即可非常坚硬。对固化后的补配处打磨修整，使补配处保持与周围器面形状与厚度一致。

2023年7月7日—7月8日

用电磨对焊接的焊锡、黏接的多余胶体修整打磨，打磨后出现局部不平整的地方，用原子灰批抹平整。固化后，用砂纸从粗到细打磨平整。

2023年7月11日—7月12日

浴缶肩部缺失的纹饰部分，需要找出一块与之相同的纹饰地带，采用硅橡胶与石膏翻模。首先，在翻模部位涂上一层脱模剂等待干燥，用硅橡胶按照100∶2比例与固化剂充分调和均匀，随后把胶液涂抹在器物表面上，贴敷一层纱布贴合；随后再涂抹第二遍硅橡胶胶液，等待完全固化。固化后，用石膏液体涂抹在硅橡胶表面做一层石膏外壳，用于托衬作用，防止硅胶变形。

把3A双组分胶加滑石粉、矿物颜料进行调拌，然后把胶体涂抹在硅橡胶磨具上，固

## 保护修复日志

化后取下用手术刀修裁形状，把纹饰贴在铜皮上。按照缺失纹路拼对，用3A双组分胶黏接，固化后进行接缝处修整。

2023年7月13日—7月14日

缶耳黏接：采用3A双组分胶按照1∶1比例混合，把掉落的缶耳与器身进行连接。首先，用无水乙醇清洗黏接部位的断面，把缶耳按照位置用热熔胶临时固定，断面连接的缝隙处用橡皮泥进行围堵；其次，将调配好的胶液灌进缶耳内黏接，待胶液固化后，再用手术刀、锉刀对其表面进行剔除和打磨修整。

2023年7月16日

为了阻止环境因素、人为因素对器物可能造成的二次损害，更加有效地保护修复后铜浴缶不受侵害，应对其表面做封护处理。主要是在器物与大气之间形成一个隔离膜，以阻止可能出现的新的腐蚀。选用的防护剂为1.5%的丙烯酸树脂B-72进行一至二遍表面封护。

2023年7月17日—7月20日

为满足陈列展览效果，需要对器物焊接、残缺补配的部位进行做色处理。做色前应将补配区域参考器物周边色彩做上色处理，用虫胶乙醇溶液添加矿物颜料，调出与器物表面相近的颜色，采取点、涂、弹、拨等方式，对器物补配部位进行做旧处理，使器物整体颜色和谐一致。使用稀释后的漆片加入矿物颜料做出器物底色黄灰色，在黄灰底色表面弹拨泥浆，泥浆可以使用牙刷、排笔进行喷洒。等泥浆干燥后，在薄泥浆表面喷涂二层色，主色绿色。颜色干燥后，上第二层泥浆，干后用排笔喷涂三层色，主色为蓝色，局部喷点灰黑色，加热吹干。上色时为使色彩层次感强，应把握由浅至深原则。

2023年7月24日—7月25日

记录铜浴缶修复后器物的基本信息，并拍摄影像资料，完善保护修复档案。

# 淅川杨河与郭庄楚墓出土青铜文物保护修复项目

项目名称：淅川杨河与郭庄楚墓出土青铜文物保护修复项目

文物名称：铜壶

文物编号：M3∶52

修复单位：河南省文物考古研究院

2023 年 4 月 21 日

中华人民共和国国家文物局制

# 文物基本信息表 1

| 文物名称 | 铜壶 | | |
|---|---|---|---|
| 收藏单位 | 河南省文物考古研究院 | 文物登录号 | M3∶52 |
| 文物来源 | 河南省文物考古研究院 | 文物时代 | 战国 |
| 文物材质 | 单一材质 | 文物级别 | 未定级文物 |
| 文物质地 | 铜 | | |
| 方案设计单位 | 河南省文物考古研究院 | 保护修复单位 | 河南省文物考古研究院 |
| 方案名称及编号 | 淅川杨河与郭庄楚墓出土青铜器文物保护修复项目 | 批准单位及文号 | |
| 提取日期 | 2022年4月8日 | 提取经办人 | 吉鹏飞 |
| 返还日期 | 2022年9月29日 | 返还经办人 | 吉鹏飞 |
| 器物纹饰形制基本信息及价值评估 | 这件青铜壶由壶盖和壶身两部分组成。盖身上宽下窄,圆腹,壶盖上有四个里圆外方状的捉手。盖为圆弧状。壶侈口,束颈,颈两侧有兽首衔环耳;鼓腹略下垂,底部圈足外侈。用途是盛酒之器。是一件很有研究价值的文物。由于此文物断裂、缺失、变形,其碎片多达20余块,让其恢复原状是修复的重点。 | | |
| 历史修复情况 | 有无历史保护修复处理 | 无 | |
| | 有无原修复方案资料 | 无 | |
| | 有无原修复档案资料 | 无 | |

| 保护前尺寸(cm)重量(g) | 通长 | 通高 | 通宽 | 耳距 | 口径 | 底径 | 重量 |
|---|---|---|---|---|---|---|---|
| | | 33 | | | 10.5 | 25 | 3000 |
| 测量单位:河南省文物考古研究院 | | | | | | | |

# 文物基本信息表 2

| 文物出土及馆藏保存环境 |||
|---|---|---|
| 文物馆藏保存环境 | 温度调控设备 | 无 |
| | 湿度调控设备 | 无 |
| | 温度监测设备 | 无 |
| | 湿度监测设备 | 无 |
| | 库房面积（m²） | 100—150 |
| | 库房密封程度 | 半密闭式 |
| | 文物储放形式 | 开放式橱柜　　开放式金属质橱柜 |
| | 环境现状综合评估 | 温度不可监测，不可调控 |
| | | 湿度不可监测，不可调控 |

| 文物病害信息 ||||
|---|---|---|---|
| 序号 | 常见病害 | 病害有无（√） | 病害部位 |
| 1 | 残缺 | √ | 器腹 |
| 2 | 断裂 | √ | 器腹和壶盖 |
| 3 | 裂隙 | √ | 壶口以下 |
| 4 | 变形 | √ | 器腹 |
| 5 | 层状堆积 | | |
| 6 | 孔洞 | √ | 器物腹部 |
| 7 | 表面硬结物 | √ | 器物表面 |
| 8 | 矿化 | | |
| 9 | 点腐蚀 | | |
| 10 | 微生物损害 | | |
| 11 | 含氯腐蚀产物 | | |

# 文物保护修复表 3

## 1. 文物保护修复技术路线及工艺步骤

1）信息采集建档：保护修复的青铜器先进行前期影像资料采集，文物基本信息、文物保护现状记录及建立保护修复档案。

2）清洗：器物表面存留灰尘，用蒸馏水浸泡：一是清理灰尘，二是去除存留的盐分。清洗时用较软的毛刷轻轻刷洗，避免对器物表面划伤。

3）除锈：使用手术刀、钢签、牙科钻结合超声波等清除覆盖在青铜花纹上的有害锈蚀物、表面硬结物和断口、茬口锈蚀。

4）脱氯：无。

5）加固：为使器物焊接不变形，采用顶压后焊接。

6）拼对：对器物进行拼对，先大块再小块并做好记号。

7）整形：用整形器对器物变形地方顶压，使其恢复到原状。

8）黏接/焊接：铜质差的碎片不能焊接就用3A双组分胶黏接。

9）补配：对器物上缺失部分用3A双组分胶掺滑石粉或铜皮进行补配。

10）做旧：按照原有器物颜色一层一层着色，每做一层喷涂泥汁，每个局部的色调不一致。要严格控制着色范围，达到同原器物颜色近似。

11）缓蚀封护：表面封护，使用3%B-72丙酮溶液对青铜文物进行涂刷封护处理，将环境中的氧气、水分与青铜器隔绝。

12）完成修复档案：记录修复后器物的基本信息，并拍摄影像资料，完善保护修复档案。

## 2. 所用材料及工具

工具：电子天平、手术刀、镊子、电烙铁、刷子、调刀、砂纸、锉刀、手工钻等；照相机、钳子、电吹风、电动打磨机、卷尺、自制矫形器、便携式洁牙机、烘干箱、毛笔、调色板等。

材料：焊锡、AB双组分胶、原子灰、各种矿物颜料、虫胶漆等。

器皿：烧杯、滴管、纸杯等。

化学试剂（AR）：酒精、蒸馏水、B-72、丙酮等。

防护用具：一次性口罩、一次性手套、一次性帽子，护目镜等。

| 保护修复人 | 常青海 | 技术路线审核人 | 赵晟伟 |
|---|---|---|---|

# 文物保护修复表 4

| 修复前图片 |
|---|
|  |
| 病害图 |
| 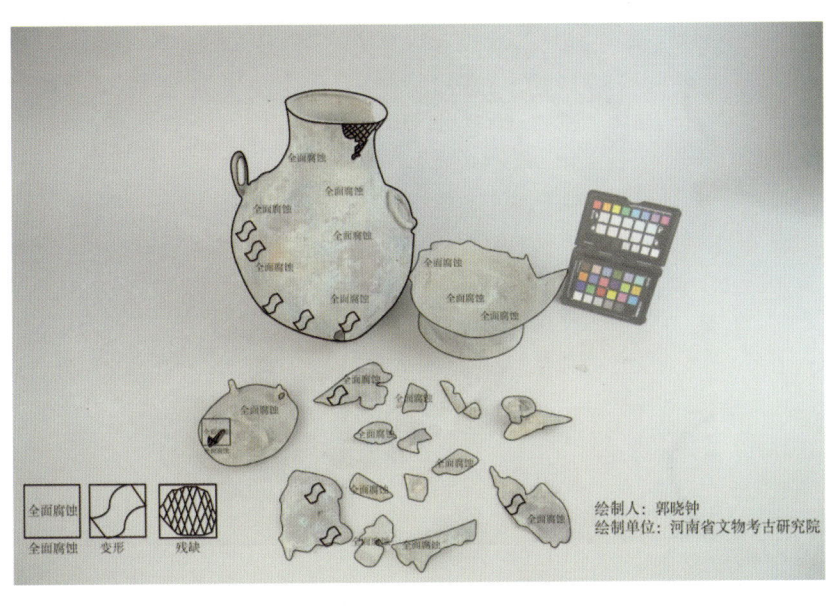 |

保护修复前影像资料

## 保护修复中影像资料

### 清洗

### 整形

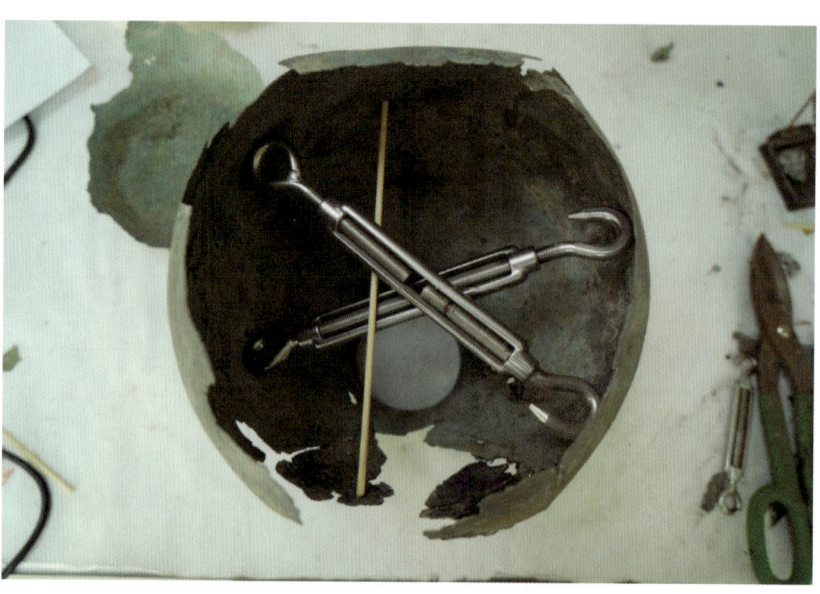

| 保护修复中影像资料 | 补配 |
|---|---|
| |  |
| | 焊接 |
| |  |

## 保护修复中影像资料

### 补配

### 打磨

# 文物修复后信息表 5

| 保护后<br>尺寸（cm）<br>重量（g） | 通长 | 通高 | 通宽 | 耳距 | 口径 | 底径 | 重量 |
|---|---|---|---|---|---|---|---|
| | | 38.5 | | | 10.7 | 25 | 3100 |

| 保护修复后图片 |   |
|---|---|
| 预防性保护建议 | 1）保护修复后的青铜器应存放于温度 15—20℃、相对湿度为 50% 以下稳定的洁净环境中。<br>2）文物修复后交由文博部门保管，外展时要轻拿轻放，包装合理，避免剧烈震动。<br>3）保管库房及展柜避免强光直接照射，尽量保持恒温、恒湿，防止有害气体入侵，达到相对化学、环境平衡，有利于文物保护。定期巡检，发现问题及时处理。 |
| 完成日期 | 2022 年 9 月 29 日 | **保护修复人** | 常青海 | **审核人** | 赵晟伟 |

# 文物保护修复日志 6

## 保护修复步骤

（1）信息采集建档：领取修复文物，对铜壶测量直径、高度，未修复前重量，详细记录器物未修复前原状及保存状况并拍摄照片留档。对铜壶进行照相记录，基本信息提取。

（2）先用去离子水清洗器物后，进行整形。在器腹内用木条和拉拔顶撑起来达到需要器腹的弧度。经过长时间反复矫正，再焊接原有焊缝口使其恢复原器形。缺失部分的补配。用纸张衬在器壁上，用铅笔画出所需要的缺失部分，用剪刀对着纸和铜皮剪出缺失原样，把铜皮补配在器物上。用电烙铁焊接。用电动打磨机对器物每条焊缝打磨，对不平整的地方用原子灰找平。用粗细砂纸反复打磨，直至达到和器壁一致的效果。

（3）对器身的腐蚀孔洞用原子灰进行补配，然后打磨平整，恢复原状。

（4）做旧前观察器物的表面锈蚀的颜色层次，用红色、黑色、绿色和蓝色矿物颜料配漆皮进行做色，再在做旧的地方点色，最后用泥土把亮光的颜色摩擦去除，有不足之处的再做一遍，直到满意为止。最后再用B-72进行封护。

（5）对保护修复后的铜壶进行称重、测量、照相记录，填写完成对铜壶的保护修复档案。

# 淅川杨河与郭庄楚墓出土青铜文物保护修复项目

项目名称：淅川杨河与郭庄楚墓出土青铜文物保护修复项目

文物名称：铜鼎

文物编号：M3∶49

修复单位：河南省文物考古研究院

2022 年 9 月 23 日

中华人民共和国国家文物局制

## 文物基本信息表 1

| 文物名称 | 铜鼎 | | |
|---|---|---|---|
| 收藏单位 | 河南省文物考古研究院 | 文物登录号 | M3∶49 |
| 文物来源 | 发掘 | 文物时代 | 战国 |
| 文物材质 | 单一材质 | 文物级别 | 未定级文物 |
| 文物质地 | 铜器 | | |
| 方案设计单位 | 河南省文物考古研究院 | 保护修复单位 | 河南省文物考古研究院 |
| 方案名称及编号 | 淅川杨河与郭庄楚墓出土青铜器文物保护修复方案 | 批准单位及文号 | 河南省文物局 |
| 提取日期 | 2022年4月8日 | 提取经办人 | 吉鹏飞 |
| 返还日期 | 2022年9月23日 | 返还经办人 | 吉鹏飞 |
| 器物纹饰形制基本信息及价值评估 | 该器物有盖，盖隆起。中间有一桥形钮，钮的两端各有一兽头，钮内套一圆环，盖周边有三个牺兽钮。器为子口内敛，圆角长方形附耳外侈，鼓腹，平底，下承三兽蹄足（足下半部残缺）。盖正中饰交叉蟠螭纹，其外饰一周绚索纹，一周S状云纹，又一周绚索纹，再外饰两周凸弦纹，外周凸弦纹内外侧各饰一周蟠螭纹。鼎耳饰蟠螭纹，鼎腹饰一周凸弦纹，其上下侧饰一周蟠螭纹。<br>历史价值：墓地是战国楚中期贵族墓葬，对研究战国时期楚国墓葬的葬制、葬俗以及与各国的关系具有重要意义。艺术价值：对于研究战国时期楚国青铜器铸造工艺、纹饰制作的工艺以及艺术风格具有很高的价值。科学价值：对于研究当时的经济社会状况具有重要价值。同时对代表战国中期楚文化的文物进行展览，可以传承、弘扬南阳地区历史文化。 | | |
| 历史修复情况 | 有无历史保护修复处理 | 无 | |
| | 有无原修复方案资料 | 无 | |
| | 有无原修复档案资料 | 无 | |

| 保护前尺寸（cm）重量（g） | 通长 | 通高 | 通宽 | 耳距 | 口径 | 底径 | 重量 |
|---|---|---|---|---|---|---|---|
| | | 残高12 | | | 21.5 | | 2900 |
| 测量单位：河南省文物考古研究院 | | | | | | | |

# 文物基本信息表 2

| 文物出土及馆藏保存环境 | | | |
|---|---|---|---|
| 文物馆藏保存环境 | 温度调控设备 | 无 | |
| | 湿度调控设备 | 无 | |
| | 温度监测设备 | 无 | |
| | 湿度监测设备 | 无 | |
| | 库房面积（m²） | 100—150 | |
| | 库房密封程度 | 半密闭式 | |
| | 文物储放形式 | 开放式橱柜 | 开放式金属质橱柜 |
| | 环境现状综合评估 | 温度不可监测，不可调控 | |
| | | 湿度不可监测，不可调控 | |

| 文物病害信息 | | | |
|---|---|---|---|
| 病害描述 | 1.铜鼎盖顶部变形，残缺，开裂，表面局部有土垢，附着蓝色锈蚀。<br>2.铜鼎口沿变形略呈椭圆形，残缺一耳。鼎身腹部破损变形、大面积残缺，底部变形，破损，其中一个鼎足局部残缺，另外两个鼎足缺失下半部分。鼎身局部有土垢、局部有绿色锈蚀，纹饰中填有烟灰。 | | |
| 序号 | 常见病害 | 病害有无（√） | 病害部位 |
| 1 | 残缺 | √ | 鼎盖、鼎耳、腹部、底部、足部 |
| 2 | 断裂 | √ | 鼎盖、腹部、底部 |
| 3 | 裂隙 | | |
| 4 | 变形 | √ | 鼎盖、口沿、腹部、底部 |
| 5 | 层状堆积 | | |
| 6 | 孔洞 | | |
| 7 | 表面硬结物 | √ | 鼎盖、鼎腹部 |
| 8 | 矿化 | | |
| 9 | 点腐蚀 | | |
| 10 | 微生物损害 | | |
| 11 | 含氯腐蚀产物 | | |

# 文物基本信息表 2

| 病害图 | 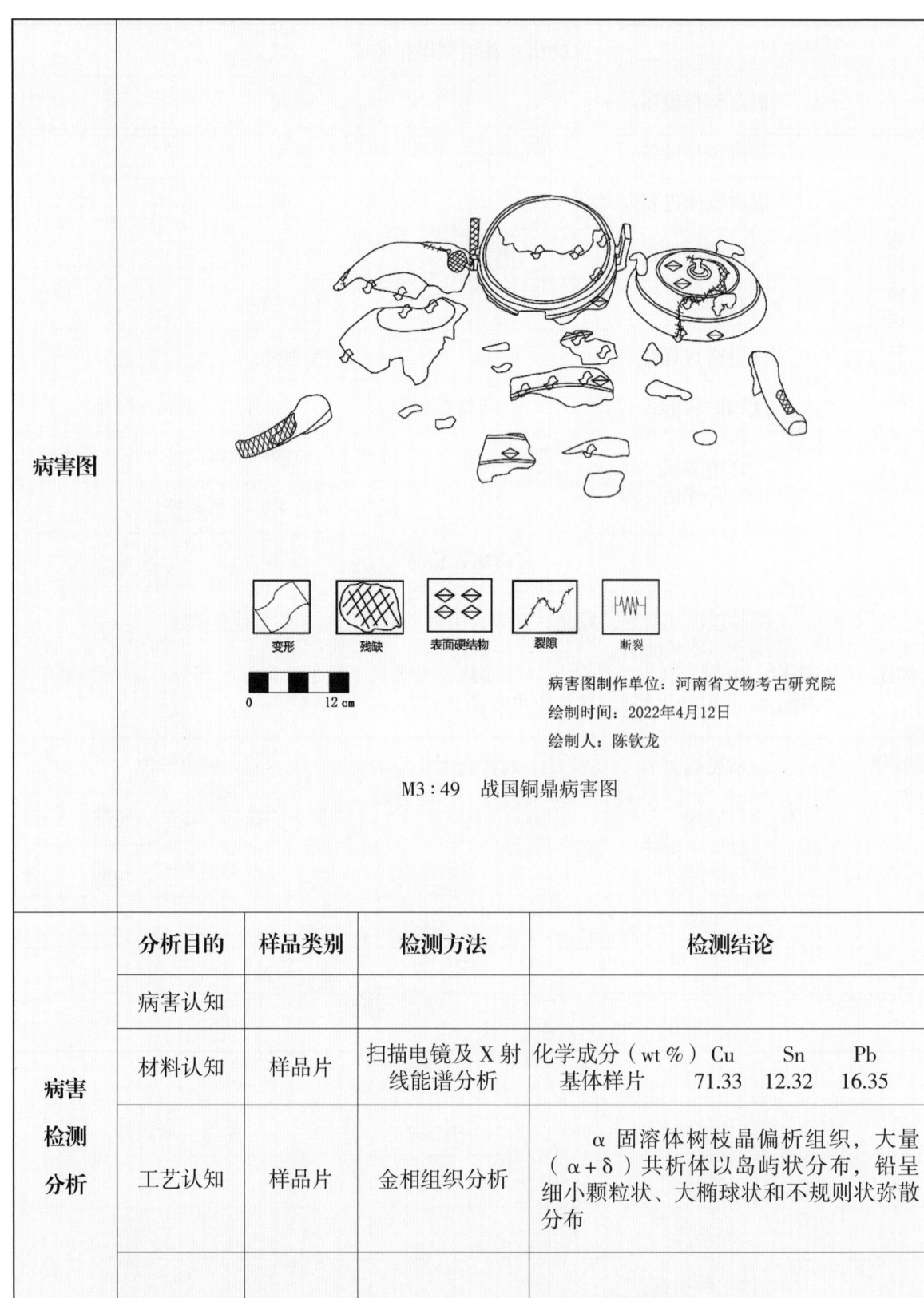<br>M3:49 战国铜鼎病害图 | | | |
|---|---|---|---|---|
| 病害检测分析 | 分析目的 | 样品类别 | 检测方法 | 检测结论 |
| | 病害认知 | | | |
| | 材料认知 | 样品片 | 扫描电镜及X射线能谱分析 | 化学成分（wt%） Cu　　Sn　　Pb<br>基体样片　　71.33　12.32　16.35 |
| | 工艺认知 | 样品片 | 金相组织分析 | α固溶体树枝晶偏析组织，大量（α+δ）共析体以岛屿状分布，铅呈细小颗粒状、大椭球状和不规则状弥散分布 |
| | | | | |
| | | | | |

# 文物保护修复表 3

## 1. 文物保护修复技术路线及工艺步骤

1）信息采集建档：对此次保护修复的M3∶49铜鼎进行前期影像资料采集，文物基本信息、文物保护现状记录。
2）取样：使用手术刀对器物锈蚀物、器物基体取样。
3）加固：使用B-72丙酮溶液对铜鼎局部残留的痕迹进行加固处理。
4）清洗：采用去离子水浸渍，同时清除表面附着泥垢。
5）整形：使用矫形工具对变形部位矫形。
6）黏接/焊接：对开裂部位用电烙铁焊接，或用3A双组分胶黏接。
7）补配：使用3A双组分胶与铜皮、锡铅进行补配。
8）封护：使用2%B-72丙酮溶液对青铜文物进行涂刷封护处理。
9）做旧：使用黏合剂复合化学颜料进行做旧处理。
10）完成修复档案：记录M3∶49铜鼎修复后器物的基本信息，并拍摄影像资料，完善保护修复档案。

## 2. 所用材料及工具

工具：手术刀、电烙铁、刷子、调刀、排笔、调色板、砂纸、锉刀、电磨、G型钳、方形矫形器、刻石刀、钳子、热风枪等。
材料：焊锡、速成铜、铜皮、3A双组分胶、原子灰、各种矿物颜料、漆皮汁、木筷、纸质胶带等。
器皿：烧杯、滴管、纸杯等。
化学试剂（AR）：B-72、乙醇、丙酮、去离子水等。
防护用具：一次性口罩、一次性手套，护目镜等。

| 保护修复人 | 陈钦龙 | 技术路线审核人 | 赵晟伟 |
|---|---|---|---|

# 文物保护修复表 4

| 基本信息图片 |
|---|
|  |
| 基本信息图片 |
|  |

保护修复前影像资料

保护修复中影像资料

超声波清洗

鼎盖整形

保护修复中影像资料

鼎身整形

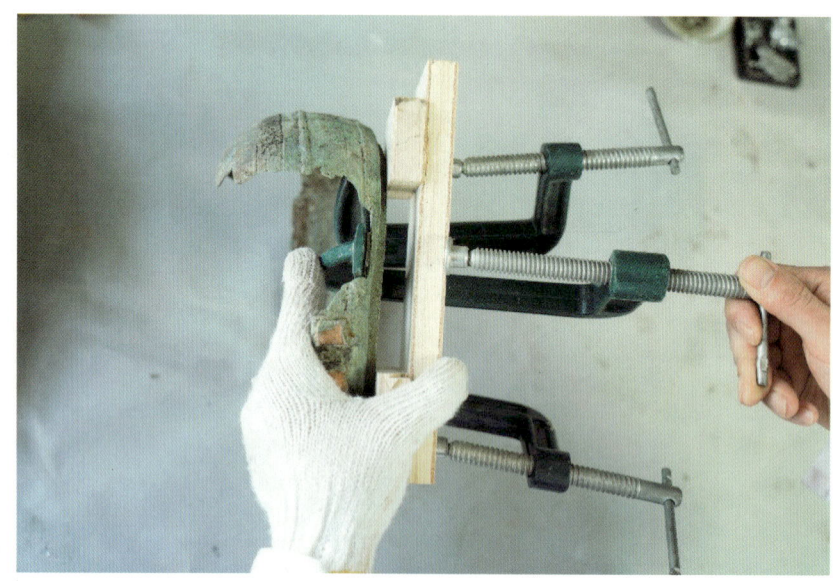

鼎身整形

保护修复中影像资料

鼎盖焊接

鼎身焊接

保护修复中影像资料

鼎盖翻模

鼎耳石膏翻模

保护修复中影像资料

鼎耳铅锡件黏接

鼎身打磨

保护修复中影像资料

封护

做旧

## 文物修复后信息表 5

| 保护后<br>尺寸（cm）<br>重量（g） | 通长 | 通高 | 通宽 | 耳距 | 口径 | 底径 | 重量 |
|---|---|---|---|---|---|---|---|
| | | 23.2 | | | 21.2 | | 3240 |

| 保护修复后图片 |  |
|---|---|

预防性保护建议

1）控制温、湿度

　　青铜器腐蚀往往来自周围环境的改变，所以文物要保存在相对稳定的环境中，与周围环境建立一种平衡。适于青铜器的保存条件是：相对湿度40%，日波动范围＜5%；温度20℃，日波动范围＜5℃。

2）控制污染物接触

　　污染物具有迁移、转化、活性和持久性、腐蚀性，所以要控制和预防污染源对青铜器带来的物理、化学的危害。存放器物的场所要有通风、过滤设施，器物应存放在密闭的文物柜中，且修复完成的器物最好单独放置，严禁与未保护处理的器物放置在一起，以免病害传染。

3）控制光照度

　　文物保护修复时黏接、封护等阶段所使用的材料如B-72、胶黏剂等均为有机质材料，光的照射对这些材料是危险的，不仅导致修复材料变色，而且会导致其强度的改变。故为文物的安全起见，应当在保护修复后保存或展示时采取以下措施：使用遮光的文物柜或囊匣；使用无紫外线光源，降低展示时的照度。

| 完成日期 | 2022年9月20日 | 保护修复人 | 陈钦龙 | 审核人 | 赵晟伟 |
|---|---|---|---|---|---|

# 文物保护修复日志 6

## 保护修复日志

2022年4月10日

领取待修复文物铜鼎进行测量直径、高度，未修复前重量，详细记录器物修复前原状及保存状况并拍摄照片留档。

2022年4月22日

进行取样分析，首先把白色指示箭头放在需要取样部位上，并进行拍照。取样工具分别有手术刀、尖嘴钳、自封袋、标签纸，把取下的样品放入自封袋进行编号并标注需要检测的目的（基体成分、锈蚀产物）。以下是取样信息：①提取鼎足内金属物质。②鼎盖顶部样片。③铜鼎腹部样本。④铜鼎底部样本。⑤铜足样本。⑥鼎盖上蓝色锈蚀物。⑦铜鼎腹部绿色锈蚀物。⑧铜鼎腹部、底部的黑色物质。

2022年5月11日

上午对铜鼎腹部纹饰、底部范线部位的黑色灰痕局部进行加固，用2％B-72进行第一遍的加固处理，使用滴管将其滴注在加固部位，等待干燥。随后再使用10％B-72进行第二遍加固，使加固处有一定强度。

下午把需要清洗的碎块放入超声波清洗机里，倒入去离子水，水量以浸没器物为准，盖上盖子，把温度设置为40℃，时间为30分钟。观察铜鼎的清洗效果。若铜鼎表面还有少量污渍，则再重新清洗一次。清洗干净后，放入加热烘干箱进行加热干燥。

2022年5月12日

对鼎盖变形部位进行整形。先解决鼎盖口沿开裂变形问题，以开裂处为中心点分别在两端设置一个整形支撑点，用两把大力钳夹在鼎盖边沿处，在夹口部位垫上一层橡胶手套保护器物表面，把大力钳锁住。在两个大力钳中间放置一个拉力杆，拉力杆两端用尼龙带固定在大力钳端，随后旋转。拉力杆螺杆使其把大力钳两端的力度往里回收，使开裂的口沿处进行复合。过程中观察整形的变化，直到变形处复原。

开裂处复原后，需要对焊接开裂处使用电磨进行打磨。在打磨后，器物表面涂抹焊油（盐酸锌），然后用电烙铁熔解焊锡进行通体焊接。

2022年5月13日

鼎盖中部裂缝同样用焊锡焊接方法，局部缺失部位用铜皮补配。裁剪一块厚度比器物略薄的红铜皮，把铜皮放在缺失部位的下面，用铅笔沿着缺失部位的轮廓画出来，再

## 保护修复日志

用剪刀沿着铅笔画的轮廓线裁剪，随后用锤子将铜皮敲打出需要的形状、弧度，最后用电烙铁将铜皮与器物焊接。所有焊接完成后，把鼎盖放入去离子水容器里，进行24小时浸泡，使焊接处的焊剂残留成分充分地溶解，使用刷子刷洗焊接部位，完成后放入加热烘干箱加热处理。

2022年5月16日

铜鼎口沿用木块自制整形工具，把鼎口沿放在上面，用G型钳夹住口沿端，在G型钳口与器物之间放上橡胶垫片，旋转螺杆使力度向内收缩。不要一次转动太多，慢慢矫形，一步步调整，使变形部位恢复原状。

2022年5月17日

用G型钳对铜鼎腹部、底部局部变形位置进行整形。

2022年5月18日

在鼎盖上找出一块与残缺部位相同的纹饰地带进行翻模，采用硅橡胶与石膏翻模。首先，在翻模部位涂上一层脱模剂等待干燥，用硅橡胶按照100：2比例与固化剂充分调和均匀，随后把胶液涂抹在器物表面上，贴敷一层纱布贴合。再涂抹第二遍硅橡胶胶液，等待完全固化。固化后，用石膏液体涂抹在硅橡胶表面做一层石膏外壳，用于托衬作用，防止硅胶变形。

把原子灰涂于硅橡胶磨具上，固化后取下原子灰，用手术刀修裁形状，把纹饰贴在铜皮上按照缺失纹路拼对，用3A双组分胶黏接。

2022年5月19日—5月20日

铜鼎腹部继续用G型钳整形，局部复原的部位用烙铁进行点焊固定。

2022年5月23日—5月26日

把铜鼎底部碎块拼对焊接，底部碎片为两块，把其中一块碎片与腹部茬口局部点焊，确定无问题，进行第二块拼对焊接。局部有变形，需要用尼龙带捆扎，使底部弧度略鼓起来。

鼎足与鼎身部位连接点较少，为了使鼎足固定，使用铁丝临时作为鼎足与鼎身之间的连接点焊接。

## 保护修复日志

2022年5月29日—6月2日

铜鼎底部用0.1毫米铜皮、腹部用0.05毫米铜皮补配。首先用白色A4纸衬托器物内部，用铅笔画出残缺轮廓图，用裁纸刀裁出形状印在铜皮上，用铁皮剪裁剪，铜皮补配件放于铁砧上进行形状与弧度的敲打。把铜皮补配件放入缺失位置，用电磨打磨坡口，随后使用烙铁焊接。

2022年6月9日—6月10日

器物局部补配部位没有铜基体，无法焊接。采用黏接方法，黏接剂为3A双组分胶，按照使用说明进行配比调和。黏接前需要用纸胶带把局部黏接缝隙贴住，防止胶液渗漏，用批刀按照缝隙走向批抹一遍，最后等待12小时，使胶体完全固化。

2022年6月13日—6月16日

用电磨对焊接的焊锡、黏接的多余胶体修整打磨。打磨后出现局部不平整的地方，用原子灰批抹平整。固化后，用砂纸从粗到细打磨平整。

2022年7月2日—7月8日

铜鼎腹部缺失的纹饰，同样是找出一块与残缺部位相同的纹饰地带进行翻模，采用硅橡胶与石膏翻模。首先，在翻模部位涂上一层脱模剂等待干燥，用硅橡胶按照100∶2比例与固化剂充分调和均匀，随后把胶液涂抹在器物表面上，贴敷一层纱布贴合。再涂抹第二遍硅橡胶胶液，等待完全固化。固化后，用石膏液体涂抹在硅橡胶表面做一层石膏外壳，用于托衬作用，防止硅胶变形。

把原子灰涂于硅橡胶磨具上，固化后取下，用手术刀修裁形状，把纹饰贴在铜皮上按照缺失纹路拼对，用3A双组分胶黏接。

2022年7月20日—7月27日

鼎足、鼎耳缺失的配件，在铜鼎相同部位用石膏翻模。①在器物表面涂抹脱模剂等待干燥。②在橡胶碗里倒入水，放入石膏粉调和适宜的黏稠度。③用批抹刀涂抹在器物表面，厚度适宜，使用刀具修整，等待石膏凝固。④再用脱模剂涂抹器物的另一半与石膏范。⑤同样使用石膏翻制。

把翻好的石膏模具放入加热干燥箱加热，温度50—100℃，进行24个小时加热。干固后熬制铅、锡浇铸。最后打碎石膏模具，取出铅、锡件修整打磨，再用3A双组分胶把配

## 保护修复日志

件与器物黏接，等固化后修整平整，为下一步做色做准备。

2022年8月6日—8月20日

使用稀释后的漆片加入仿矿物颜料做出器物原始底色黑灰色，在黑灰底色表面覆盖薄泥浆，薄泥浆可以使用牙刷、拨片进行喷洒。等泥浆干燥后，在薄泥浆表面覆盖二层色，主色绿色。准备制作器物表面锈蚀色，锈蚀色以绿色为主，使用排笔、拨片进行锈色上色处理，加热吹干。上色时为使色彩层次感强，应把握由浅至深的原则。

2022年9月19日

为了阻止环境、人为因素对器物可能造成的二次损害，更加有效地保护已修复铜鼎不受侵害，在完成以上修复程序后，对其表面做封护处理。主要是在器物与大气之间形成一个隔离膜，以阻止可能出现的新的腐蚀。选用的防护剂为3%的丙烯酸树脂B-72进行表面封护。

2022年9月20日—9月23日

记录铜鼎修复后器物的基本信息，并拍摄影像资料，完善保护修复档案。

# 淅川杨河与郭庄楚墓出土青铜文物保护修复项目

项目名称：淅川杨河与郭庄楚墓出土青铜文物保护修复项目

文物名称：青铜壶

文物编号：M6∶32

修复单位：河南省文物考古研究院

2023 年 6 月 1 日

中华人民共和国国家文物局制

# 文物基本信息表 1

| 文物名称 | 青铜壶 | | | | | | |
|---|---|---|---|---|---|---|---|
| 收藏单位 | 河南省文物考古研究院 | | | 文物登录号 | | M6∶32 | |
| 文物来源 | 河南省文物考古研究院 | | | 文物时代 | | 战国 | |
| 文物材质 | 单一材质 | | | 文物级别 | | 未定级文物 | |
| 文物质地 | 铜 | | | | | | |
| 方案设计单位 | 河南省文物考古研究院 | | | 保护修复单位 | | 河南省文物考古研究院 | |
| 方案名称及编号 | 淅川杨河与郭庄楚墓出土青铜器保护修复项目 | | | 批准单位及文号 | | | |
| 提取日期 | 2023 年 6 月 1 日 | | | 提取经办人 | | 吉鹏飞 | |
| 返还日期 | 2023 年 7 月 23 日 | | | 返还经办人 | | 陈钦龙 | |
| 器物纹饰形制基本信息及价值评估 | 口沿微侈，颈细长，近腹处有两道弦纹；圆鼓腹，腹上部和腹下部各饰两道弦纹，鼓腹中间饰两圈云纹。双铺首衔环，有盖，盖作圆顶，无圈足。 | | | | | | |
| 历史修复情况 | 有无历史保护修复处理 | | | 无 | | | |
| | 有无原修复方案资料 | | | 无 | | | |
| | 有无原修复档案资料 | | | 无 | | | |
| 保护前尺寸（cm）重量（g） | 通长 | 通高 | 通宽 | 耳距 | 口径 | 底径 | 重量 |
| | | | | | 11 | | 2480 |
| | 测量单位：河南省文物考古研究院 | | | | | | |

# 文物基本信息表 2

| 文物出土及馆藏保存环境 | | | |
|---|---|---|---|
| 文物馆藏保存环境 | 温度调控设备 | 无 | |
| | 湿度调控设备 | 无 | |
| | 温度监测设备 | 无 | |
| | 湿度监测设备 | 无 | |
| | 库房面积（m²） | 100—150 | |
| | 库房密封程度 | 半密闭式 | |
| | 文物储放形式 | 开放式橱柜 | 开放式金属质橱柜 |
| | 环境现状综合评估 | 温度不可监测，不可调控 | |
| | | 湿度不可监测，不可调控 | |
| 文物病害信息 | | | |
| 病害描述 | 青铜壶整体破损变形严重，壶口沿、颈部、腹部均有不同程度的缺失。变形主要集中在腹部及接近底部周围。壶盖基本完整，口沿处有少许缺失。 | | |

| 序号 | 常见病害 | 病害有无（√） | 病害部位 |
|---|---|---|---|
| 1 | 残缺 | √ | 口沿、颈部、腹部、底部 |
| 2 | 断裂 | √ | 口沿、颈部、腹部、底部 |
| 3 | 裂隙 | | |
| 4 | 变形 | √ | 口沿、颈部、腹部、底部 |
| 5 | 层状堆积 | | |
| 6 | 孔洞 | | |
| 7 | 表面硬结物 | | |
| 8 | 矿化 | | |
| 9 | 点腐蚀 | | |
| 10 | 微生物损害 | | |
| 11 | 含氯腐蚀产物 | | |

# 文物基本信息表 2

<table>
<tr><td>病害图</td><td colspan="4">
全面腐蚀
变形
残缺
表面硬结物
层状堆积
全面腐蚀
病害图制作单位：河南省文物考古研究院
绘制时间：2023年6月2日
绘制人：郭晓钟
0
10cm

M6：32　铜壶病害图</td></tr>
<tr><td rowspan="7">病害<br>检测<br>分析</td><td>分析目的</td><td>样品类别</td><td>检测方法</td><td>检测结论</td></tr>
<tr><td>病害认知</td><td></td><td></td><td></td></tr>
<tr><td>材料认知</td><td></td><td></td><td></td></tr>
<tr><td>工艺认知</td><td></td><td></td><td></td></tr>
<tr><td></td><td></td><td></td><td></td></tr>
<tr><td></td><td></td><td></td><td></td></tr>
<tr><td></td><td></td><td></td><td></td></tr>
</table>

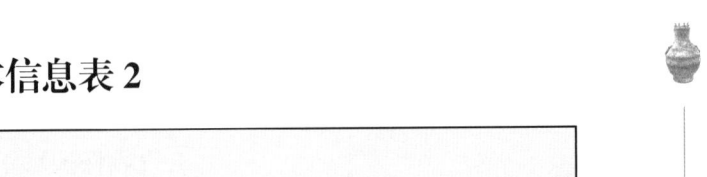

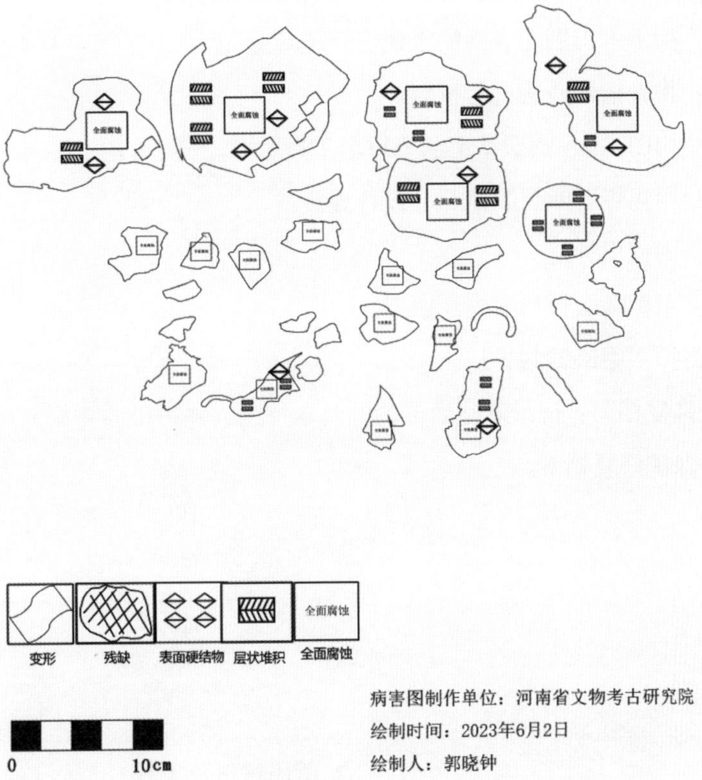

# 文物保护修复表 3

## 1. 文物保护修复技术路线及工艺步骤

1) 信息采集建档。
2) 清洗：用去离子水浸泡。
3) 除锈：用手术刀剔除表面的土锈。
4) 拼对：将青铜器残块进行拼对。
5) 整形：用C型钳、圆形整形器等矫形工具矫形。
6) 焊接：用锡焊对断裂脱落部分进行焊接。
7) 补配：用铜皮补配。
8) 做旧：用矿物颜料和漆皮汁做旧。
9) 缓蚀封护：用B-72封护。
10) 完成修复档案：记录修复后器物的基本信息，并拍摄器物修复后影像资料，完善保护修复档案。

## 2. 所用材料及工具

工具：电子天平、手术刀、镊子、电烙铁、刷子、调刀、砂纸、锉刀、手工钻等；照相机、钳子、电吹风、电动打磨机、卷尺、自制矫形器、便携式洁牙机、烘干箱、毛笔、调色板等。

材料：焊锡、安特固AB胶、原子灰、各种矿物颜料、虫胶漆等。

器皿：烧杯、滴管、纸杯等。

化学试剂（AR）：酒精、硝酸银、蒸馏水、B-72、丙酮等。

防护用具：一次性口罩、一次性手套、一次性帽子、护目镜等。

| 保护修复人 | 郭晓钟 | 技术路线审核人 | 赵晟伟 |
|---|---|---|---|

# 文物保护修复表 4

| 基本信息图片 |
| --- |
|  |
| 局部图片 |
|  |

保护修复前影像资料

## 保护修复中影像资料

清洗

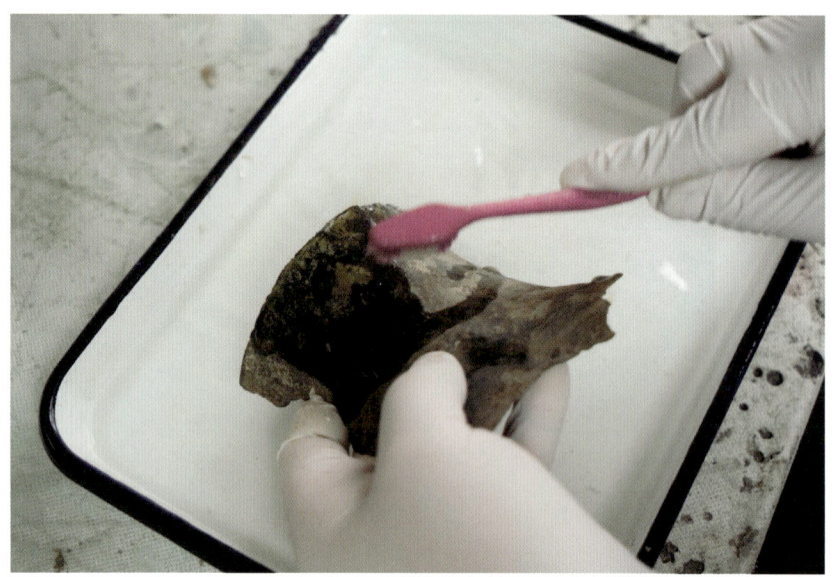

矫形

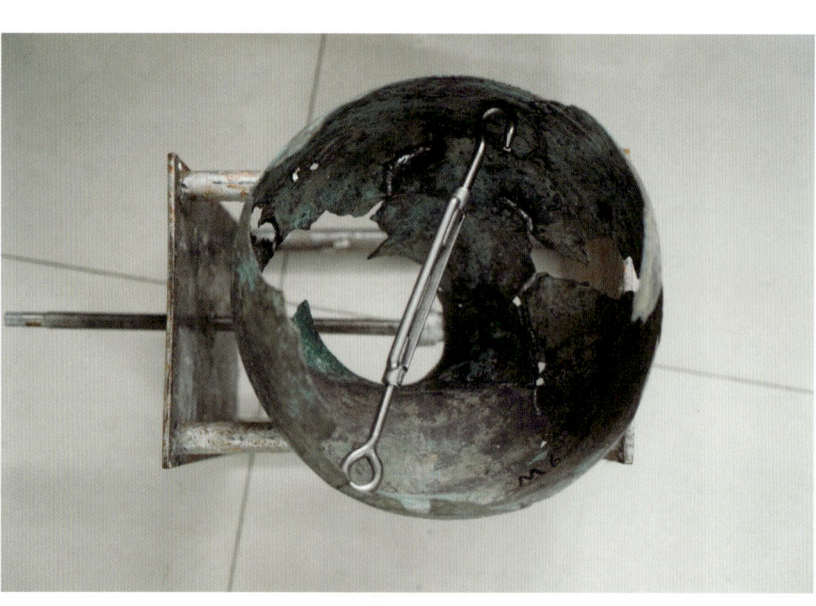

## 矫形焊接

## 补配

打磨

保护修复中影像资料

做旧

## 文物修复后信息表 5

| 保护后尺寸（cm）重量（g） | 通长 | 通高 | 通宽 | 耳距 | 口径 | 底径 | 重量 |
|---|---|---|---|---|---|---|---|
| | | 38 | | | 10.5 | | 3420 |

保护修复后图片

预防性保护建议

1）保护修复后的青铜器应存放温度在 15—20℃、相对湿度为 50% 以下稳定的洁净环境中。
2）文物修复后交由文博部门保管，外展时要轻拿轻放，包装合理，避免剧烈震动。
3）保管库房及展柜避免强光直接照射，尽量保持恒温、恒湿，防止有害气体入侵，达到相对化学、环境平衡，有利于文物保护。定期巡检，发现问题及时处理。

| 完成日期 | 2023 年 3 月 23 日 | 保护修复人 | 郭晓钟 | 审核人 | 赵晟伟 |
|---|---|---|---|---|---|

# 文物保护修复日志 6

## 保护修复日志

2022年6月1日—6月5日

（1）建立M6∶32铜壶的保护修复档案。使用数码照相机对器物各个面以及细节部分照相记录。对铜鼎测量直径、高度，未修复前重量，并详细记录器物未修复前原状及保存状况并拍摄照片留档。

（2）进行病害调查，描绘完成器物病害图，补充文物档案相关信息。

制定M6∶32铜壶的保护修复技术路线。

2022年6月6日—6月12日

（3）先用去离子水浸泡，用牙刷和手术刀等工具清洗表面附着物。

用去锈凝胶对铜壶腹部纹饰局部锈蚀部位进行去锈处理。

2022年6月13日—7月2日

（4）矫形。对M6∶32铜壶矫形先从腹部大块碎片开始。在变形部位的两侧用小木块垫高，再用C型钳对变形部位施加外力矫形。因为铜壶腹部碎片与其他部位相比较厚，矫形时的力度可以适当大些。相隔一到两天观察，判断是否继续加大矫形的力度。其他较薄的碎片，配合凹型铁砧和锡锤对变形部位进行捶打。

（5）焊接。因为口沿有缺失且现有的口沿碎片没有能相互连接的情况，焊接顺序是从铜壶腹部大块碎片开始，再向下腹部到铜壶底部焊接，最后是铜壶的颈部和口沿的焊接。在铜壶焊接的过程中，对出现两块相连且碎片缝隙较大者，采用的方法是在两碎片的边缘处，分别用最小的C型钳固定，再用塑料轧带绕过两个C型钳的螺栓，收紧塑料轧带。可以用钳子等工具慢慢收紧，直到两碎片缝隙合拢即可。如果出现碎片接缝处不平整，可以用尖嘴钳等工具稍作调整。

（6）补配。①铜壶的口沿有两处缺失，均采用相同的方法。先用雕塑泥制作出口沿内侧外形，用石膏制作内侧石膏模具，再用雕塑泥置于内侧石膏模具上制作口沿外侧，制作外侧石膏模具。内外石膏模具制作完成后，将模具放置烘干箱内烘干后将内外模具固定于口沿对应处，用化锡设备制备液态金属锡，浇铸至石膏模具内。液态金属锡固化后，打开石膏模具。

②M6∶32铜壶铺首衔环中的一对圆环只有一小段，相同器物内没有完整的圆环，补配参考的标准是以相同墓葬出土的另一件青铜壶M6∶34上的圆环为标准。制作硅橡胶模

### 保护修复日志

具，并制作出圆环的原子灰模型，与现有的残的圆环拼接成一个完整的圆环，再制作石膏模具。（后续步骤与铜壶口沿浇铸类似。）

③铜壶腹部纹饰带只有较少的缺失，补配：先用硅橡胶在纹饰完整区域制作模具，模具外打上石膏托底。再用原子灰涂抹于模具上。把制作出的原子灰纹饰模型裁剪出对应外形，用3A双组分胶黏接于纹饰缺失处。

较大部分缺失，用的是红铜片裁剪出缺失部位的外形，焊接于缺失处，其他部位直接用3A双组分胶掺颜料和滑石粉补缺。

④用打磨机和原子灰，把补配表面处理平整。

2023年3月12日—3月21日

（7）根据M6∶32铜壶表面锈蚀的颜色层次，采用矿物颜料、泥土，经过不同的配比调和成相近色调，进行做色。分别用抹、弹等不同的方法做旧。

（8）表面封护。使用2%的B-72丙酮溶液，对青铜壶进行涂刷封护，使用毛刷蘸B-72溶液直接涂刷于器物表面。

2023年3月22日—3月23日

对保护修复后的M6∶32铜壶进行称重、测量。在背景布下，使用数码照相机对修复后的各面进行照相记录。

（9）填写完成M6∶32铜壶保护修复档案。

# 淅川杨河与郭庄楚墓出土青铜文物保护修复项目

项目名称：淅川杨河与郭庄楚墓出土青铜文物保护修复项目

文物名称：青铜鼎

文物编号：M6∶52

修复单位：河南省文物考古研究院

2023 年 5 月 31 日

中华人民共和国国家文物局制

# 文物基本信息表 1

| 文物名称 | 青铜鼎 | | |
|---|---|---|---|
| 收藏单位 | 河南省文物考古研究院 | 文物登录号 | M6：52 |
| 文物来源 | 河南省文物考古研究院 | 文物时代 | 战国 |
| 文物材质 | 单一材质 | 文物级别 | 未定级文物 |
| 文物质地 | 铜 | | |
| 方案设计单位 | 河南省文物考古研究院 | 保护修复单位 | 河南省文物考古研究院 |
| 方案名称及编号 | 淅川杨河与郭庄楚墓出土青铜文物保护修复项目 | 批准单位及文号 | |
| 提取日期 | 2022年4月8日 | 提取经办人 | 吉鹏飞 |
| 返还日期 | 2023年3月23日 | 返还经办人 | 陈钦龙 |
| 器物纹饰形制基本信息及价值评估 | 鼎口微敛，字母口，带盖，鼎腹较深，双附耳是由双头蛇弯曲而成，鼎底略鼓，有兽面三蹄足。鼎盖中间略微隆起，有铺首衔环。随同鼎出土的还有一对鼎铉。<br>铜鼎由淅川楚墓出土，年代明确为战国时期，造型优美，工艺高超，是研究战国时期的社会政治、经济、文化、制度等具有十分重要的意义。 | | |

| 历史修复情况 | 有无历史保护修复处理 | 无 |
|---|---|---|
| | 有无原修复方案资料 | 无 |
| | 有无原修复档案资料 | 无 |

| 保护前尺寸（cm）重量（g） | 通长 | 通高 | 通宽 | 耳距 | 口径 | 底径 | 重量 |
|---|---|---|---|---|---|---|---|
| | | | | 29 | 25 | | 2960 |
| 测量单位：河南省文物考古研究院 | | | | | | | |

# 文物基本信息表 2

<table>
<tr><td colspan="3" align="center">文物出土及馆藏保存环境</td></tr>
<tr><td rowspan="9">文物馆藏保存环境</td><td>温度调控设备</td><td>无</td></tr>
<tr><td>湿度调控设备</td><td>无</td></tr>
<tr><td>温度监测设备</td><td>无</td></tr>
<tr><td>湿度监测设备</td><td>无</td></tr>
<tr><td>库房面积（m²）</td><td>100—150</td></tr>
<tr><td>库房密封程度</td><td>半密闭式</td></tr>
<tr><td>文物储放形式</td><td>开放式橱柜　　开放式金属质橱柜</td></tr>
<tr><td rowspan="2">环境现状综合评估</td><td>温度不可监测不可调控</td></tr>
<tr><td>湿度不可监测不可调控</td></tr>
<tr><td colspan="3" align="center">文物病害信息</td></tr>
<tr><td>病害描述</td><td colspan="3">铜鼎及鼎盖通体附着有绿色、浅蓝色锈蚀，鼎盖的局部有类似铁锈的黄色锈蚀。鼎盖和器身破碎严重，有一侧鼎耳脱落，三条鼎腿均有不同程度的缺失。鼎口沿变形很严重。</td></tr>
</table>

| 序号 | 常见病害 | 病害有无（√） | 病害部位 |
|---|---|---|---|
| 1 | 残缺 | √ | 鼎盖、鼎腹部 |
| 2 | 断裂 | √ | 鼎盖、鼎腹部 |
| 3 | 裂隙 | √ | 鼎盖、鼎腹部 |
| 4 | 变形 | √ | 鼎盖、鼎口沿 |
| 5 | 层状堆积 | | |
| 6 | 孔洞 | √ | 鼎盖、鼎腹部 |
| 7 | 表面硬结物 | | |
| 8 | 矿化 | | |
| 9 | 点腐蚀 | | |
| 10 | 微生物损害 | | |
| 11 | 含氯腐蚀产物 | | |

## 文物基本信息表 2

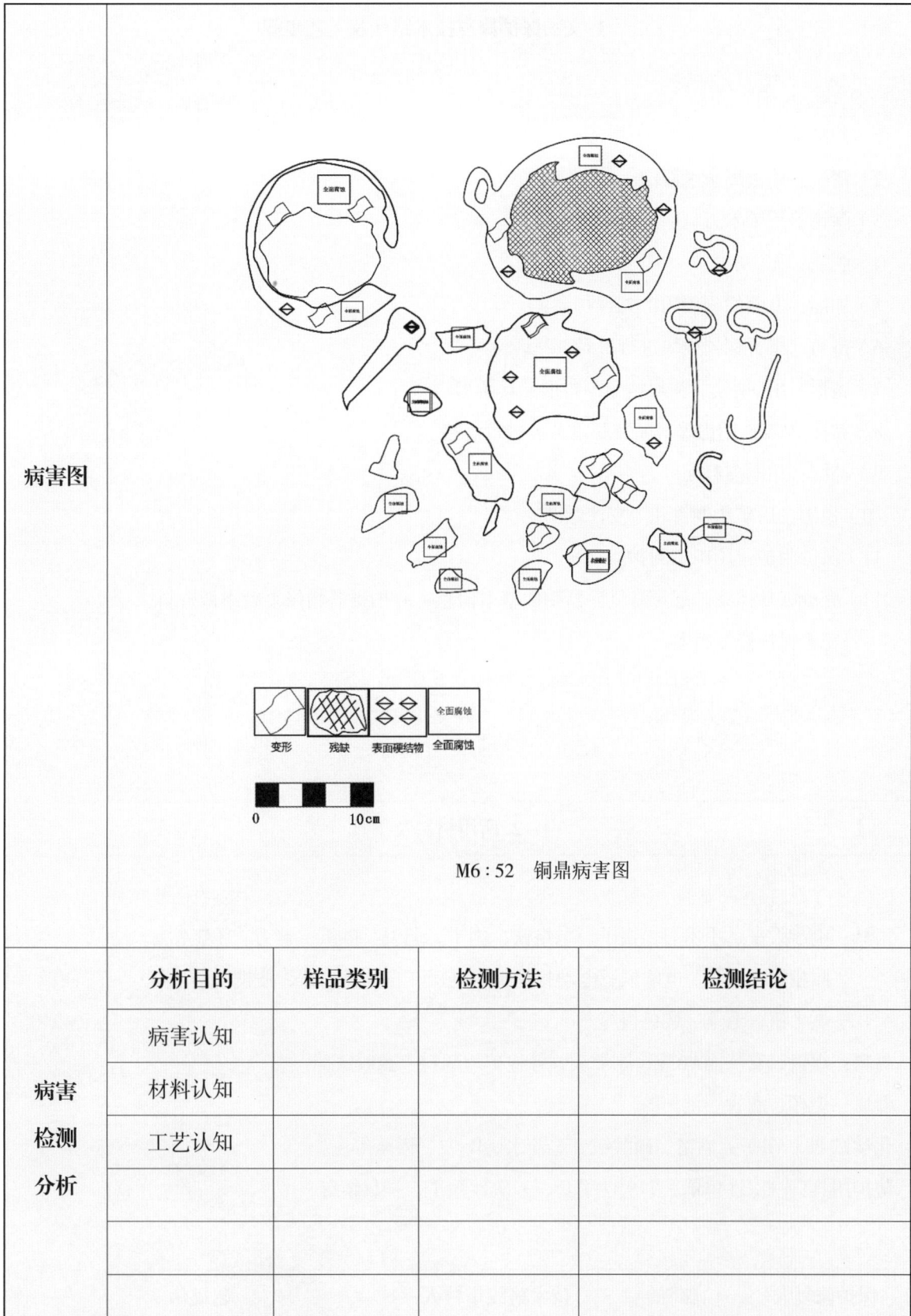

M6:52 铜鼎病害图

| | 分析目的 | 样品类别 | 检测方法 | 检测结论 |
|---|---|---|---|---|
| 病害检测分析 | 病害认知 | | | |
| | 材料认知 | | | |
| | 工艺认知 | | | |
| | | | | |
| | | | | |
| | | | | |

# 文物保护修复表 3

## 1. 文物保护修复技术路线及工艺步骤

1）信息采集建档。
2）清洗：用去离子水浸泡。
3）除锈：用手术刀剔除上面的土锈。
4）脱氯：无。
5）加固：上面的朱砂用B-72保护。
6）拼对：将青铜器残块进行拼对。
7）整形：用C型钳、圆形整形等矫形工具矫形。
8）黏接/焊接：用锡焊对断裂脱落部分进行焊接。
9）补配：用铜皮补配。
10）做旧：用矿物颜料和漆皮汁做旧。
11）缓蚀封护：用B-72封护。
12）完成修复档案。记录修复后器物的基本信息，并拍摄器物修复后影像资料，完善保护修复档案。

## 2. 所用材料及工具

工具：电子天平、手术刀、镊子、电烙铁、刷子、调刀、砂纸、锉刀、手工钻、照相机、钳子、电吹风、电动打磨机、卷尺、自制矫形器、便携式洁牙机、烘干箱、毛笔、调色板等。
材料：焊锡、安特固AB胶、原子灰、各种矿物颜料、虫胶漆等。
器皿：烧杯、滴管、纸杯等。
化学试剂（AR）：酒精、硝酸银、蒸馏水、B-72、丙酮等。
防护用具：一次性口罩、一次性手套、一次性帽子，护目镜等。

| 保护修复人 | 郭晓钟 | 技术路线审核人 | 赵晟伟 |
|---|---|---|---|

## 文物保护修复表 4

基本信息图片

局部图片

| 清洗 |
|---|
| 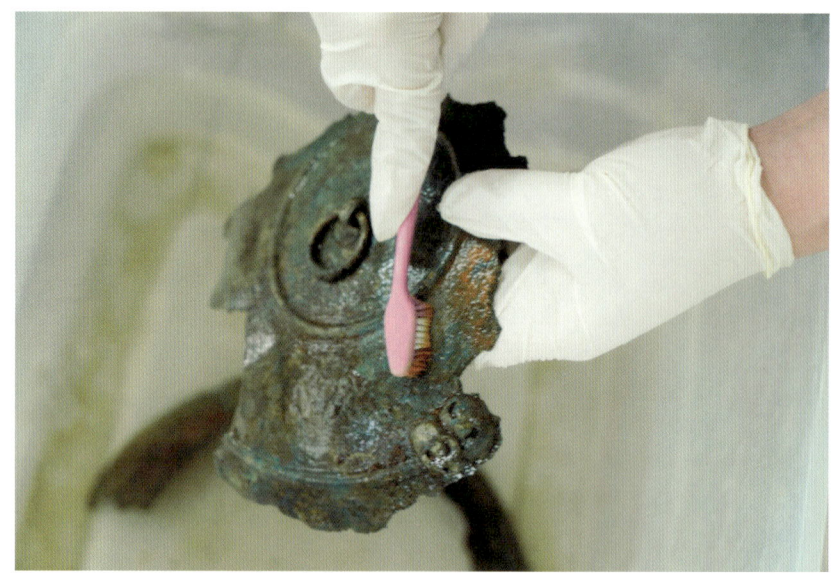 |
| 清洗 |
|  |

保护修复中影像资料

## 矫形

## 矫形

矫形

矫形焊接

保护修复中影像资料

矫形焊接

矫形

保护修复中影像资料

打磨

做旧

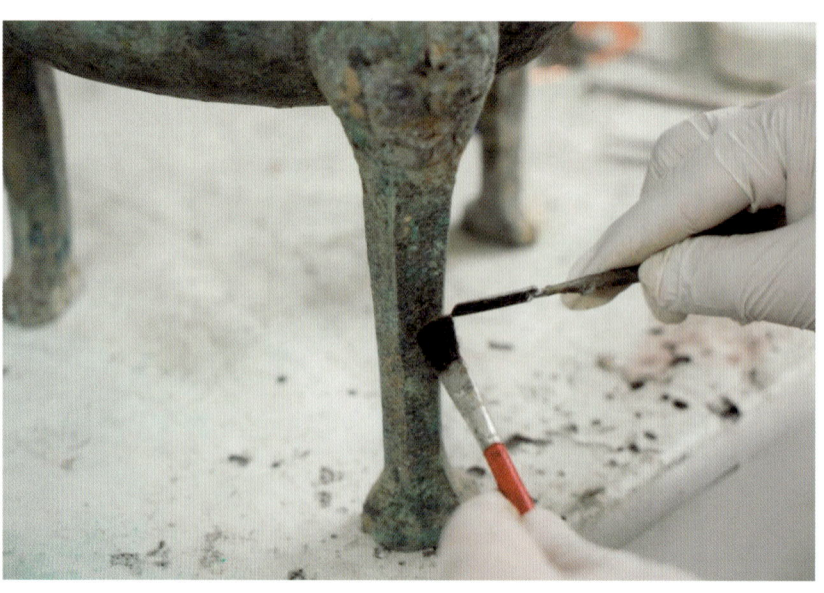

## 文物修复后信息表 5

| 保护后<br>尺寸（cm）<br>重量（g） | 通长 | 通高 | 通宽 | 耳距 | 口径 | 底径 | 重量 |
|---|---|---|---|---|---|---|---|
| | | 28.5 | | 33 | 23.5 | | 3420 |

| 保护修复后图片 |
|---|
|  |

| 预防性保护建议 |
|---|
| 1）保护修复后的青铜器应存放在 15—20℃、相对湿度为 50% 以下稳定的洁净环境中。<br>2）文物修复后交由文博部门保管，外展时要轻拿轻放，包装合理，避免剧烈震动。<br>3）保管库房及展柜避免强光直接照射，尽量保持恒温、恒湿，防止有害气体入侵，达到相对化学、环境平衡，有利于文物保护。定期巡检，发现问题及时处理。 |

| 完成日期 | 2023 年 3 月 | **保护修复人** | 郭晓钟 | **审核人** | 赵晟伟 |
|---|---|---|---|---|---|

# 文物保护修复日志 6

## 保护修复日志

2022年4月28日—4月29日

（1）建立M6：52铜鼎的保护修复档案。使用数码照相机对器物各个面以及细节部分照相记录。对铜鼎测量直径、高度，未修复前的重量，详细记录器物未修复前原状并拍摄照片留档。

（2）进行病害调查，描绘完成器物病害图，补充文物档案相关信息。

2022年4月30日—5月9日

（3）先用去离子水浸泡，然后用手术刀等工具把土锈剔除掉。

2022年5月10日—2023年3月11日

（4）铜鼎盖表面和鼎的口沿及腹部有多处严重变形。进入矫形焊接的工作程序：鼎盖矫形位置主要集中在鼎盖口沿部位以及相关的残片。鼎盖口沿的矫形主要用C型钳一段一段慢慢矫形。残片的矫形：将残片放置于凹型铁碪上，用锡锤对变形部位进行适度的敲击。

（5）对铜鼎口沿和鼎腹部较大碎片进行矫形和焊接。鼎口沿的变形主要是有一段口沿向内塌陷。先采用C型钳矫形，并用顶杆把塌陷的部位向外顶。经过矫形一段时间后，向内塌陷的口沿下方腹部有明显受力。口沿开始矫形后，再用圆形专用矫形工具对变形部位进行深度矫形。先把鼎口沿固定于矫形工具上，从变形最开始的部位选择一段，用C型钳施外力一段一段慢慢矫形。三条鼎腿都有不同程度的缺失，无法组成完整鼎腿，且无法确定鼎腿的高度，其中两段鼎腿残块，残缺处的位置有重叠。利用这个依据，我们用3D扫描建模的方法，把这两块残块扫描，把数字化的扫描结果输入电脑中。在3D软件中把残块位置重合的地方重叠，在电脑端重新数字化一个完整的鼎腿，用3D打印技术打印出一个鼎腿。对其中一块较小的残块进行硅胶翻模，将硅胶模套于较大的残块缺失部位，浇注缺失的石膏腿；再对石膏部分翻模，将石膏模套于鼎腿缺失部位，用橡皮泥敷于石膏模中。橡皮泥的厚度就是鼎腿的厚度。浇注石膏芯，取出橡皮泥，烘干石膏芯，和石膏外模，浇注锡质残块于真实残块上。其他两条鼎腿也采用类似方法，省略硅胶模的制作。

## 保护修复日志

2023年3月12日—3月21日

（6）鼎盖和铜鼎的整体矫形和焊接完成后，用工具统一把焊接补配处的焊锡打磨平整，再用原子灰把打磨处反复涂抹平整。反复多次，直至与周围平整度相同。

（7）根据铜鼎表面锈蚀的颜色层次，采用矿物颜料、泥土，经过不同的配比调成相近的色调，进行做色。分别用抹、弹等不同的技巧做旧。

（8）表面封护。使用3%的B-72丙酮溶液，对青铜鼎进行涂刷封护，使用毛刷蘸B-72溶液直接涂刷于器物表面。做旧部位用装有B-72丙酮溶液的喷壶做封护处理。

2023年3月22日—3月23日

对保护修复后的铜鼎进行称重、测量。在背景布下，使用数码照相机对修复后各面照相记录。

（9）填写完成M6∶52铜鼎保护修复档案。

# 淅川杨河与郭庄楚墓出土青铜文物保护修复项目

项目名称：淅川杨河与郭庄楚墓出土青铜文物保护修复项目

文物名称：青铜壶

文物编号：M6∶34

修复单位：河南省文物考古研究院

2024 年 4 月 21 日

中华人民共和国国家文物局制

# 文物基本信息表 1

| 文物名称 | 青铜壶 | | |
|---|---|---|---|
| 收藏单位 | 河南省文物考古研究院 | 文物登录号 | M6：34 |
| 文物来源 | 河南省文物考古研究院 | 文物时代 | 战国 |
| 文物材质 | 单一材质 | 文物级别 | 未定级文物 |
| 文物质地 | 铜 | | |
| 方案设计单位 | 河南省文物考古研究院 | 保护修复单位 | 河南省文物考古研究院 |
| 方案名称及编号 | 淅川杨河与郭庄楚墓出土青铜器文物保护修复项目 | 批准单位及文号 | |
| 提取日期 | 2022 年 12 月 12 日 | 提取经办人 | 陈钦龙 |
| 返还日期 | 2023 年 9 月 30 日 | 返还经办人 | 陈钦龙 |
| 器物纹饰形制基本信息及价值评估 | 鼓腹圈足，短颈，壶身饱满，两侧双衔环。壶盖筑有四钮，壶颈有多处垫片。此件铜壶对研究战国时期楚国墓葬的葬制、葬俗以及与各国的关系具有重要意义，对于研究战国时期楚国青铜器铸造工艺具有重要价值。铜壶造型优美，铸造技巧娴熟，制作极为精致，在中国青铜艺术发展史上占有重要地位。 | | |

| 历史修复情况 | 有无历史保护修复处理 | 无 |
|---|---|---|
| | 有无原修复方案资料 | 无 |
| | 有无原修复档案资料 | 无 |

| 保护前尺寸（cm）重量（g） | 通长 | 通高 | 宽 | 耳距 | 口径 | 底径 | 重量 |
|---|---|---|---|---|---|---|---|
| | | 40 | | | 11.5 | 15 | 2440 |
| 测量单位：河南省文物考古研究院 | | | | | | | |

# 文物基本信息表 2

| 文物出土及馆藏保存环境 |||
|---|---|---|
| 文物馆藏保存环境 | 温度调控设备 | 无 |
| | 湿度调控设备 | 无 |
| | 温度监测设备 | 无 |
| | 湿度监测设备 | 无 |
| | 库房面积（m²） | 100—150 |
| | 库房密封程度 | 半密闭式 |
| | 文物储放形式 | 开放式橱柜　　开放式金属质橱柜 |
| | 环境现状综合评估 | 温度不可监测，不可调控 |
| | | 湿度不可监测，不可调控 |

| 文物病害信息 ||||
|---|---|---|---|
| 病害描述 | 壶身壶颈部位残缺、壶腹纹饰处残缺，壶颈断裂有孔洞，断裂碎片变形，壶身变形，壶盖处有表面硬结物，壶下腹部位有点腐蚀。 |||
| 序号 | 常见病害 | 病害有无（√） | 病害部位 |
| 1 | 残缺 | √ | 壶身、圈足 |
| 2 | 断裂 | √ | 壶身 |
| 3 | 裂隙 | √ | 壶颈 |
| 4 | 变形 | √ | 壶身 |
| 5 | 层状堆积 | | |
| 6 | 孔洞 | | 壶盖 |
| 7 | 表面硬结物 | √ | 表面 |
| 8 | 矿化 | | |
| 9 | 点腐蚀 | √ | 表面 |
| 10 | 微生物损害 | | |
| 11 | 含氯腐蚀产物 | | |

## 文物基本信息表 2

| 病害图 | 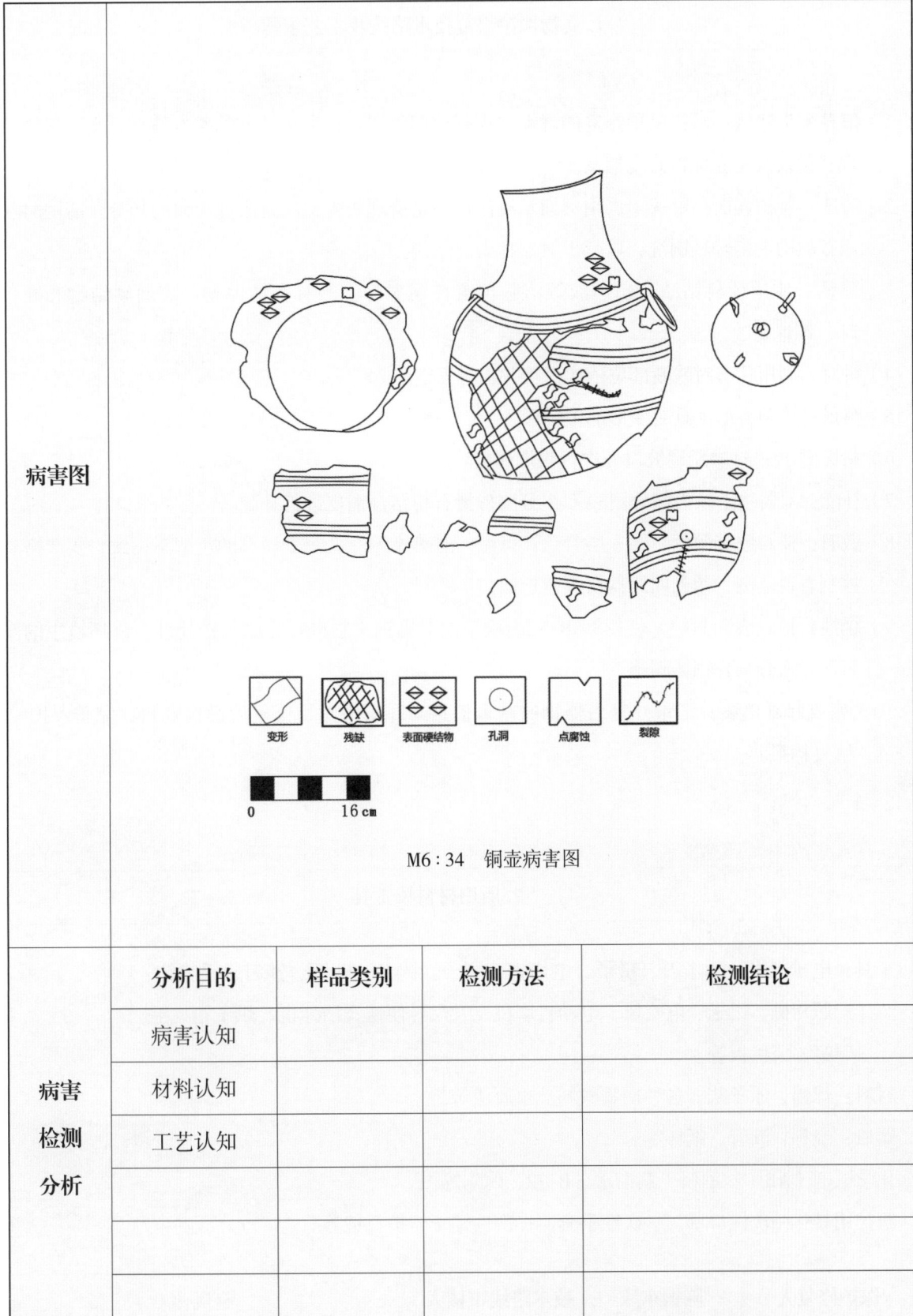<br>M6:34 铜壶病害图 |||||
|---|---|---|---|---|---|
| 病害<br>检测<br>分析 | 分析目的 | 样品类别 | 检测方法 | 检测结论 ||
| | 病害认知 | | | ||
| | 材料认知 | | | ||
| | 工艺认知 | | | ||
| | | | | ||
| | | | | ||
| | | | | ||

# 文物保护修复表 3

## 1. 文物保护修复技术路线及工艺步骤

1）信息采集建档：对待保护修复的青铜器进行前期影像资料采集，文物基本信息、文物保护现状记录及建立保护修复档案。

2）清洗：器物表面存留灰尘，用蒸馏水浸泡：一是清理灰尘，二是去除存留的盐分。清洗时用较软的毛刷轻轻刷洗，以减少对器物表面划伤。

3）除锈：使用牙科钻结合超声波等清除覆盖在铜壶身上的有害锈蚀物、表面硬结物和断口、茬口锈蚀。

4）拼对：利用茬口对残断部位依次拼接并临时固定。

5）整形：使用整形工具对变形部位矫形。

6）黏接/焊接：打磨断裂坡口处进行锡焊焊接。

7）补配：对器物上缺失部分用3A双组分胶掺滑石粉结合铜皮进行补配。

8）做旧：按照原有颜色一层一层着色，每做一层喷涂泥汁。每个局部的色调不一致，要严格控制着色范围，达到同原器物颜色近似。

9）缓蚀封护：表面封护，使用3%B-72丙酮溶液对青铜文物进行涂刷封护处理，将环境中的氧气、水分与青铜器隔绝。

10）完成修复档案：记录修复后器物的基本信息，并拍摄器物修复后影像资料，完善保护修复档案。

## 2. 所用材料及工具

工具：电子天平、手术刀、镊子、电烙铁、刷子、调刀、砂纸、锉刀、手工钻、照相机、钳子、电吹风、电动打磨机、卷尺、便携式洁牙机、烘干箱、毛笔、调色板等。

材料：焊锡、原子灰、各种矿物颜料、虫胶漆等。

器皿：烧杯、滴管、纸杯等。

化学试剂（AR）：酒精、蒸馏水、B-72、丙酮等。

防护用具：一次性口罩、一次性手套、一次性帽子，护目镜等。

| 保护修复人 | 陈振东 | 技术路线审核人 | 赵晟伟 |
|---|---|---|---|

## 文物保护修复表 4

| 保护修复前影像资料 | 修复前图片 |
| --- | --- |
| |  |
| | 清洗 |
| |  |

## 除锈

## 拼接

保护修复中影像资料

保护修复中影像资料

矫形

矫形

保护修复中影像资料

焊接

打磨

保护修复中影像资料

| 补配 |
|---|

| 做旧 |
|---|

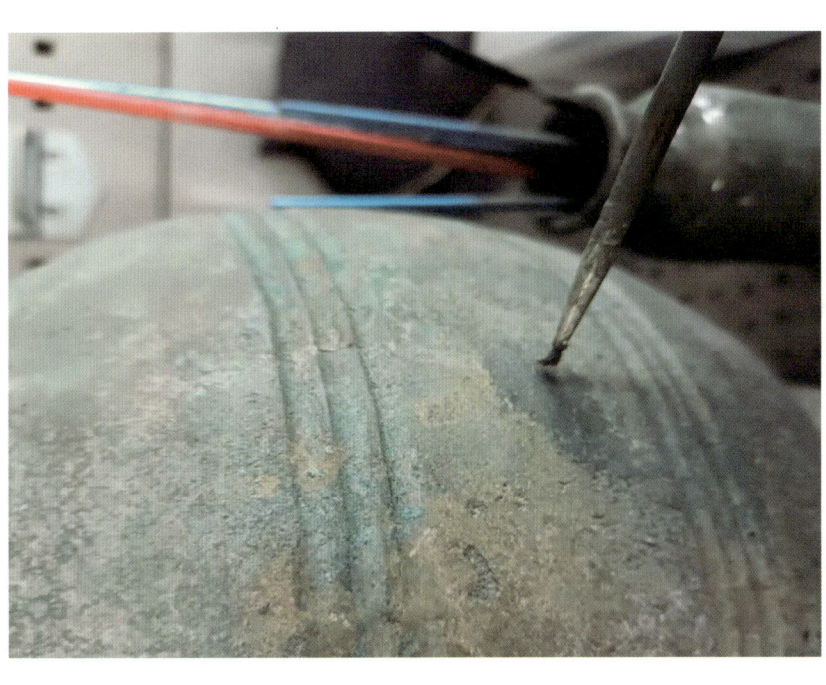

附录 — 文物保护修复档案

保护修复中影像资料

封护

测量

## 文物修复后信息表 5

| 保护后<br>尺寸（cm）<br>重量（g） | 通长 | 通高 | 宽 | 耳距 | 口径 | 底径 | 重量 |
|---|---|---|---|---|---|---|---|
| | 40 | | | | 11. | 15 | 2840 |

| 保护修复后图片 |  |
|---|---|
| 预防性保护建议 | 1）保护修复后的青铜器应存放于温度 15—20℃、相对湿度为 50% 以下稳定的洁净环境中。<br>2）文物修复后交由文博部门保管，外展时要轻拿轻放，包装合理，避免剧烈震动。<br>3）保管库房及展柜避免强光直接照射，尽量保持恒温、恒湿，防止有害气体入侵，达到相对化学、环境平衡，有利于文物保护。定期巡检，发现问题及时处理。 |
| **完成日期** | 2023 年 9 月 30 日 | **保护修复人** | 陈振东 | **审核人** | 赵晟伟 |

# 文物保护修复日志 6

## 保护修复步骤

2022年12月12日

（1）对待保护修复的青铜壶进行前期影像资料采集，文物基本信息、文物保护现状记录及建立保护修复档案。

2022年12月13日—2022年12月23日

（2）清洗：器物表面存留灰尘，用蒸馏水浸泡，清洗时用较软的毛刷轻轻刷洗，以减少对器物表面的划伤。

2023年1月3日—2023年1月22日

（3）除锈：依次使用手术刀、钢签、牙科钻等工具清除覆盖在器物表面的土锈、表面硬结物和断口、茬口的锈蚀层。土锈和易清除掉的锈蚀用手术刀和钢签清理，表面硬结物和较难清理的锈蚀可用牙科钻清理。

2023年1月29日—2023年4月15日

（4）整形：器铜壶颈部、腹部、圈足变形。先使用台钳结合G型钳将铜壶残断的上半部固定在桌面上，再使用木工夹夹住壶颈两侧缓步用力，每隔3—5天对木工夹上紧一次，直至壶颈的弧度与壶口沿一致。壶腹部位变形。使用两个G型钳分别夹住变形断片的两侧，上紧后将G型钳的上端使用铁丝捆扎牢固，再使用一个小号G型钳夹住中间部位，将G型钳的下端垫上一块厚度约1厘米的木块压紧，每隔3—5天增加一块木块，直至弧度变为正常弧度。圈足部位变形内凹，使用G型钳夹在内凹的部位上紧即可。用G型钳和矫形器时为防止对器物造成伤害，需在整形工具与器物接触部位垫上木板和皮垫。

2023年5月12日—2023年6月29日

（5）拼对焊接：将器物底部等断裂部位拼对起来，要求茬口对应，用打磨机将拼接部位打出坡口，漏出铜质，将助焊剂均匀地涂抹在坡口处，之后用电烙铁锡焊，将断裂部位焊接起来。用打磨机打坡口时，应注意避免对器物的伤害。

2023年7月1日—2023年8月2日

（6）补配：铜壶缺失部位主要用铜皮和胶相互配合补缺。壶颈、壶腹部位补缺。先使用锤子和钳子将铜皮敲打成需要的弧度和大小，再使用锡焊将铜皮焊接到缺失部位。由于焊接部位弧度不一，用去离子水清洗掉助焊剂后，使用3A双组分胶掺滑石粉和矿物颜料补配到焊接接口处。待其固化后，使用电动打磨机和砂纸打出需要的弧度。壶腹与

## 保护修复步骤

圈足之间的残缺，由于面积较大，剪出四片大小合适的铜皮，分四段进行补配。使用锤子和钳子，将四片铜皮分别敲打出需要的弧度，依次进行焊接。焊接一片，拆除一根事先焊接好的铁丝，直至焊接补配完成。焊接补配后的部位，由于弧度厚度不一，使用3A双组分胶掺滑石粉和矿物颜料进行补配出合适的厚度和弧度。壶盖、壶腹、圈足部位的孔洞补配，使用3A双组分胶掺滑石粉和矿物颜料进行。

2023年8月5日—2023年8月10日

（7）打磨：将补配部位进行打磨。依次使用100目、300目、800目、1500目砂纸对补配部位打磨，直至将补配部位打磨到需要的光滑度。对于补配质地较硬的部位，先用打磨机将表面打磨平整后，再边喷水边用砂纸打磨。

2023年8月16日—2023年9月24日

（8）做旧：根据铜壶表面锈蚀的颜色层次，采用化学颜料、矿物颜料、漆片汁，经过不同的配比调成相近色调，进行做色。分别用抹、弹、拨、画、描、点、喷等不同的技巧做色，每做一层颜色后喷涂一层泥汁。要严格控制着色范围，达到与原器物颜色相近似。

2023年9月26日

（9）表面封护：使用3%的B-72丙酮溶液，对青铜壶涂刷封护，使用毛刷直接蘸B-72轻轻刷在器物表面。为避免溶液改变做旧的颜色，做旧部位用喷壶喷出B-72进行封护，将环境中的氧气、水分与器物隔绝，最大限度降低有害成分对器物的侵害。

2023年9月30日

（10）建立档案：修复保护工作完成后，对器物进行修复后的拍照、称重等，建立完整的修复方案。

# 淅川杨河与郭庄楚墓出土青铜文物保护修复项目

项目名称：淅川杨河与郭庄楚墓出土青铜文物保护修复项目

文物名称：青铜敦

文物编号：M6∶58

修复单位：河南省文物考古研究院

2024 年 6 月 21 日

中华人民共和国国家文物局制

# 文物基本信息表 1

| 文物名称 | 青铜敦 | | |
|---|---|---|---|
| 收藏单位 | 河南省文物考古研究院 | 文物登录号 | M6∶58 |
| 文物来源 | 发掘 | 文物时代 | 战国 |
| 文物材质 | 单一材质 | 文物级别 | 未定级文物 |
| 文物质地 | 铜器 | | |
| 方案设计单位 | 河南省文物考古研究院 | 保护修复单位 | 河南省文物考古研究院 |
| 方案名称及编号 | 淅川杨河与郭庄楚墓保护修复项目 | 批准单位及文号 | |
| 提取日期 | 2023年10月12日 | 提取经办人 | 吉鹏飞 |
| 返还日期 | 2024年6月17日 | 返还经办人 | 陈钦龙 |
| 器物纹饰形制基本信息及价值评估 | 青铜敦是由鼎和簋相结合演变而成。根据周代礼仪的规定，敦是专门盛黍、稷、稻、粱等粮食作物制成品的盛食具。敦的形态是由鼎和簋相结合演变而成的，呈一个浑圆的球状或椭圆状，由上下两个完全相同的三足深腹钵扣合而成。上体为盖，倒置后也可盛食。敦产生于春秋中期，盛行于春秋晚期至战国后期。 | | |

| 历史修复情况 | 有无历史保护修复处理 | 无 |
|---|---|---|
| | 有无原修复方案资料 | 无 |
| | 有无原修复档案资料 | 无 |

| 保护前尺寸（cm）重量（g） | 通长 | 通高 | 底腹深 | 盖腹深 | 盖口径 | 底口径 | 重量 |
|---|---|---|---|---|---|---|---|
| | 26 | 11.5 | 10 | 20 | 18.5 | | 2540 |
| | 测量单位：河南省文物考古研究院 | | | | | | |

# 文物基本信息表 2

| 文物出土及馆藏保存环境 | | | |
|---|---|---|---|
| 文物馆藏保存环境 | 温度调控设备 | 无 | |
| | 湿度调控设备 | 无 | |
| | 温度监测设备 | 无 | |
| | 湿度监测设备 | 无 | |
| | 库房面积（m²） | 100—150 | |
| | 库房密封程度 | 半密闭式 | |
| | 文物储放形式 | 开放式橱柜 | 开放式金属质橱柜 |
| | 环境现状综合评估 | 温度不可监测，不可调控 | |
| | | 湿度不可监测，不可调控 | |
| 文物病害信息 | | | |
| 病害描述 | 铜鼎变形严重，需要整形。腹部缺失，需要补配。锈蚀严重，需要除锈处理。 | | |
| 序号 | 常见病害 | 病害有无（√） | 病害部位 |
| 1 | 残缺 | （√） | 腹部 |
| 2 | 断裂 | （√） | 底部 |
| 3 | 裂隙 | （√） | 底部 |
| 4 | 变形 | （√） | 口沿及腹部 |
| 5 | 层状堆积 | | |
| 6 | 孔洞 | | |
| 7 | 表面硬结物 | （√） | 全身 |
| 8 | 矿化 | | |
| 9 | 点腐蚀 | | |
| 10 | 微生物损害 | | |
| 11 | 含氯腐蚀产物 | | |

# 文物基本信息表 2

| 病害图 | <br><br>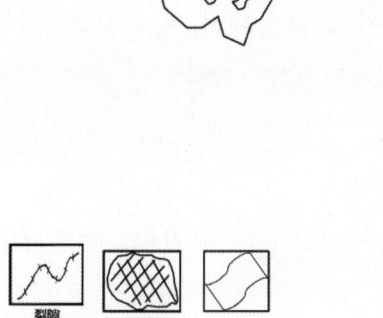<br><br>M6∶58 青铜敦病害图 |
|---|---|

| 病害检测分析 | 分析目的 | 样品类别 | 检测方法 | 检测结论 |
|---|---|---|---|---|
| | 病害认知 | | | |
| | 材料认知 | | | |
| | 工艺认知 | | | |
| | | | | |
| | | | | |
| | | | | |

# 文物保护修复表 3

## 1. 文物保护修复技术路线及工艺步骤

1）信息采集建档：对待保护修复的青铜器进行前期影像资料采集，文物基本信息、文物保护现状记录及建立保护修复档案。

2）清洗：器物表面存留灰尘，用蒸馏水浸泡：一是清理灰尘，二是去除存留的盐分。清洗时用较软的毛刷轻轻刷洗，以减少对器物表面划伤。

3）除锈：使用手术刀、钢签、牙科钻结合超声波等清除覆盖在青铜花纹上的有害锈蚀物、表面硬结物和断口、茬口锈蚀。

4）脱氯：用倍半碳酸钠对器物进行脱氯处理。

5）拼对：对器物进行拼对处理。

6）整形：用整形器对器物进行整形。

7）黏接/焊接：对器物进行拼对、焊接、黏接、补配，修整复原。

8）补配：对器物进行拼对、焊接、黏接、补配，修整复原。

9）做旧：按照原有颜色一层一层着色，每做一层喷涂泥汁。每个局部的色调不一致，要严格控制着色范围，达到同原器物颜色近似。

10）缓蚀封护：表面封护，使用3%B-72丙酮溶液对青铜文物进行涂刷封护处理，将环境中的氧气、水分与青铜器隔绝。

11）完成修复档案：记录修复后器物的基本信息，并进行拍摄器物修复后影像资料，完善保护修复档案。

## 2. 所用材料及工具

工具：电子天平、手术刀、镊子、电烙铁、刷子、砂纸、锉刀、手工钻等；
　　　钳子、电吹风、电动打磨机、卷尺、自制矫形器、便携式洁牙机、
　　　烘干箱、毛笔、调色板等。

材料：焊锡、914快速黏接剂、原子灰、各种矿物颜料、虫胶漆等。

器皿：烧杯、滴管、纸杯等。

化学试剂（AR）：酒精、硝酸银、蒸馏水、B-72、丙酮等。

防护用具：一次性口罩、一次性手套、一次性帽子，护目镜等。

| 保护修复人 | 黄海军 | 技术路线审核人 | 赵晟伟 |
|---|---|---|---|

# 文物保护修复表 4

## 基本信息图片

## 取样分析

保护修复前影像资料

保护修复中影像资料

浸泡

清洗

保护修复中影像资料

去锈

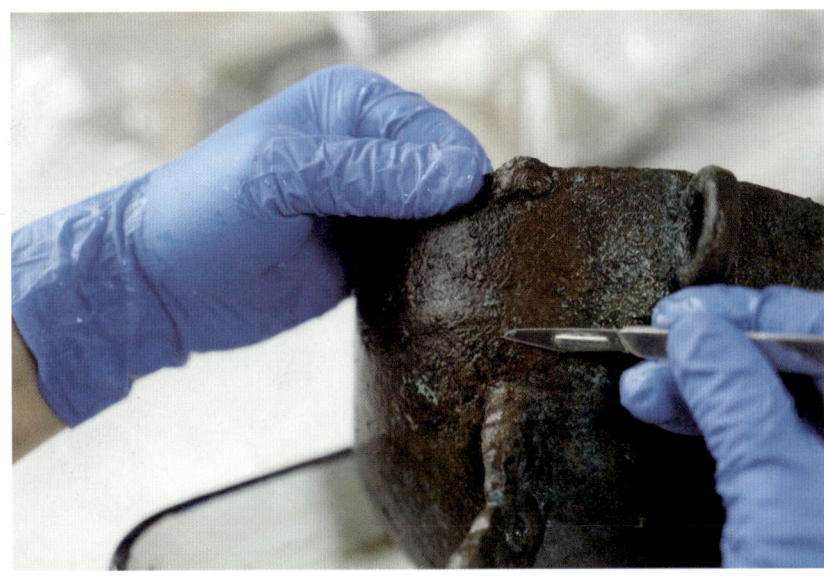

整形

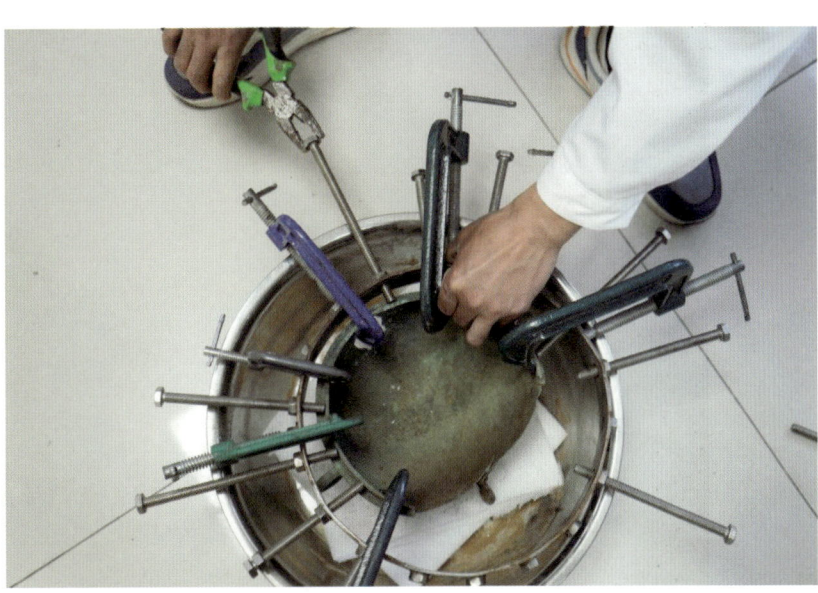

青铜文物保护修复报告——淅川杨河与郭庄楚墓出土

保护修复中影像资料

整形

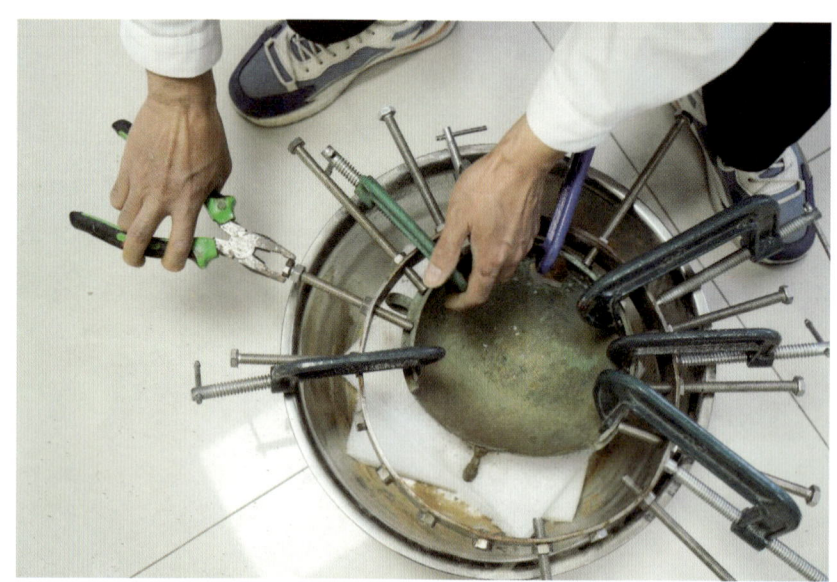

焊接

保护修复中影像资料

做色

封护

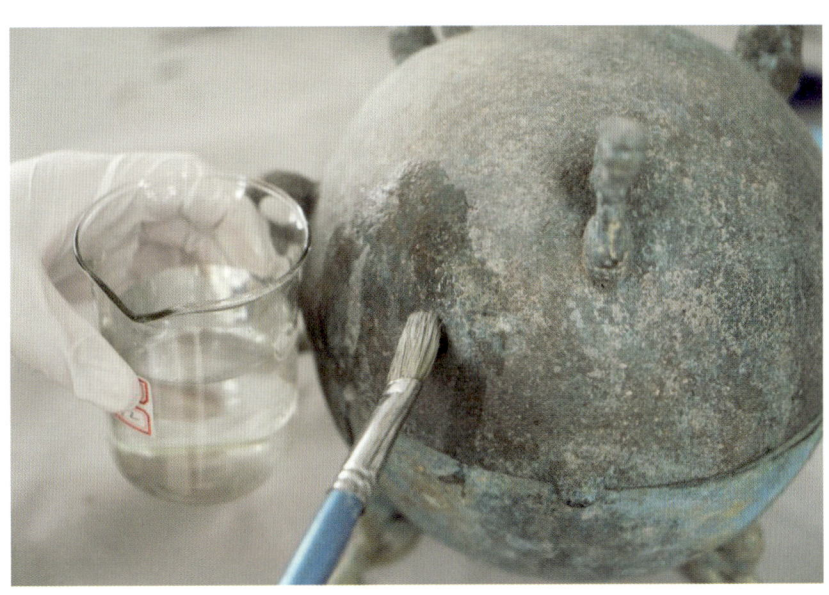

附录 文物保护修复档案

## 文物修复后信息表 5

| 保护后<br>尺寸（cm）<br>重量（g） | 通长 | 通高 | 盖腹深 | 底腹深 | 盖口径 | 底口径 | 重量 |
|---|---|---|---|---|---|---|---|
| | | 26 | 10 | 11.5 | 20 | 18.5 | 2620 |

| 保护修复后图片 |  |
|---|---|
| 预防性保护建议 | 1）保护修复后的青铜器应存放于温度 15—20℃、相对湿度为 50% 以下稳定的洁净环境中。<br>2）文物修复后交由文博部门保管，外展时要轻拿轻放，包装合理，避免剧烈震动。<br>3）保管库房及展柜避免强光直接照射，尽量保持恒温、恒湿，防止有害气体入侵，达到相对化学、环境平衡，有利于文物保护。定期巡检，发现问题及时处理。 |
| **完成日期** | 2024 年 6 月 17 日 | **保护修复人** | 黄海军 | **审核人** | 赵晟伟 |

# 文物保护修复日志 6

## 保护修复日志

2023年10月12日—2023年11月28日

建立器物的保护修复档案，填写文物基本信息表，使用数码照相机对器物各个面以及细节部分照相记录。

2023年11月29日—2023年12月24日

现状调查。首先对器物病害调查，描绘器物病害线图，补充文物档案相关信息。

2023年12月25日—2024年1月18日

取样分析。从器物的不同部位分别取样进行分析检测，获得不同的数据和分析结果，为后续修复工作做好准备。

2024年1月19日—2024年1月27日

用去离子水对器物浸泡和清洗，除去灰尘和浮土。

2024年1月28日—2024年2月22日

去除器物表面的硬结物和有害锈蚀。

2024年2月23日—2024年4月20日

分别用不同的整形工具，对器物进行整形，掌握好力度。

2024年4月21日—2024年5月14日

以锡块、铜皮为材料，使用电烙铁，分别对器物破损处进行焊接。焊接块和原器物角度一定要拼对好。

2024年5月15日—2024年5月26日

对所修补的部位进行打磨修整，用三氯化铁进行咬旧。

2024年5月27日—2024年6月5日

根据器物表面锈蚀的颜色层次，采用矿物颜料，经过不同的配比调成相近色调，进行做色，分别采用抹、弹、拨、画、描、拓、点、喷等不同的方法做旧。

2024年6月6日—2024年6月14日

选用2%的丙烯酸树脂B-72防护剂作为对器物进行表面封护。

2024年6月15日—2024年6月18日

对保护修复后的青铜敦称重、测量。在背景布下，使用数码照相机对修复后器物各面进行照相记录。

2024年6月19日—2024年6月21日

填写完成器物的保护修复档案。

# 淅川杨河与郭庄楚墓出土青铜文物保护修复项目

项目名称：淅川杨河与郭庄楚墓出土青铜文物保护修复项目

文物名称：铜鼎

文物编号：M6∶51

修复单位：河南省文物考古研究院

2023 年 11 月 9 日

中华人民共和国国家文物局制

# 文物基本信息表 1

| 文物名称 | 铜鼎 | | |
|---|---|---|---|
| 收藏单位 | 河南省文物考古研究院 | 文物登录号 | M6∶51 |
| 文物来源 | 发掘 | 文物时代 | 周代 |
| 文物材质 | 单一材质 | 文物级别 | 未定级文物 |
| 文物质地 | 铜器 | | |
| 方案设计单位 | 河南省文物考古研究院 | 保护修复单位 | 河南省文物考古研究院 |
| 方案名称及编号 | 淅川杨河与郭庄楚墓保护修复项目 | 批准单位及文号 | |
| 提取日期 | 2022 年 4 月 8 日 | 提取经办人 | 吉鹏飞 |
| 返还日期 | 2023 年 9 月 26 日 | 返还经办人 | 陈钦龙 |
| 器物纹饰形制基本信息及价值评估 | 本件铜鼎纹饰精美，工艺讲究。铜鼎是古人盛酒或盛水的大型容器。是商代晚期至春秋中期祈祷上天赐予人类风调雨顺、五谷丰登，祈祷战争能百战百胜或祭拜祖先等祭祀活动中的重要的礼器之一。研究青铜器对了解当时社会、艺术、生活，弘扬中华民族的灿烂文化，提升现代审美价值有着重要意义。 | | |
| 历史修复情况 | 有无历史保护修复处理 | 无 | |
| | 有无原修复方案资料 | 无 | |
| | 有无原修复档案资料 | 无 | |

| 保护前尺寸（cm）重量（g） | 通长 | 通高 | 通宽 | 耳距 | 口径 | 底径 | 重量 |
|---|---|---|---|---|---|---|---|
| | | 32.5 | | 27 | 23 | | 3002 |
| 测量单位：河南省文物考古研究院 | | | | | | | |

# 文物基本信息表 2

| 文物出土及馆藏保存环境 |||||
|---|---|---|---|---|
| 文物馆藏保存环境 | 温度调控设备 | 无 |||
| | 湿度调控设备 | 无 |||
| | 温度监测设备 | 无 |||
| | 湿度监测设备 | 无 |||
| | 库房面积（m²） | 100—150 |||
| | 库房密封程度 | 半密闭式 |||
| | 文物储放形式 | 开放式橱柜 || 开放式金属质橱柜 |
| | 环境现状综合评估 | 温度不可监测，不可调控 |||
| | | 湿度不可监测，不可调控 |||

| 文物病害信息 ||||
|---|---|---|---|
| 病害描述 | 铜鼎变形严重，需要整形。腹部缺失，需要补配。锈蚀严重，需要除锈处理。 |||
| 序号 | 常见病害 | 病害有无（√） | 病害部位 |
| 1 | 残缺 | （√） | 腹部 |
| 2 | 断裂 | （√） | 底部 |
| 3 | 裂隙 | （√） | 底部 |
| 4 | 变形 | （√） | 口沿及腹部 |
| 5 | 层状堆积 | | |
| 6 | 孔洞 | | |
| 7 | 表面硬结物 | （√） | 全身 |
| 8 | 矿化 | | |
| 9 | 点腐蚀 | | |
| 10 | 微生物损害 | | |
| 11 | 含氯腐蚀产物 | | |

# 文物基本信息表 2

| 病害图 | 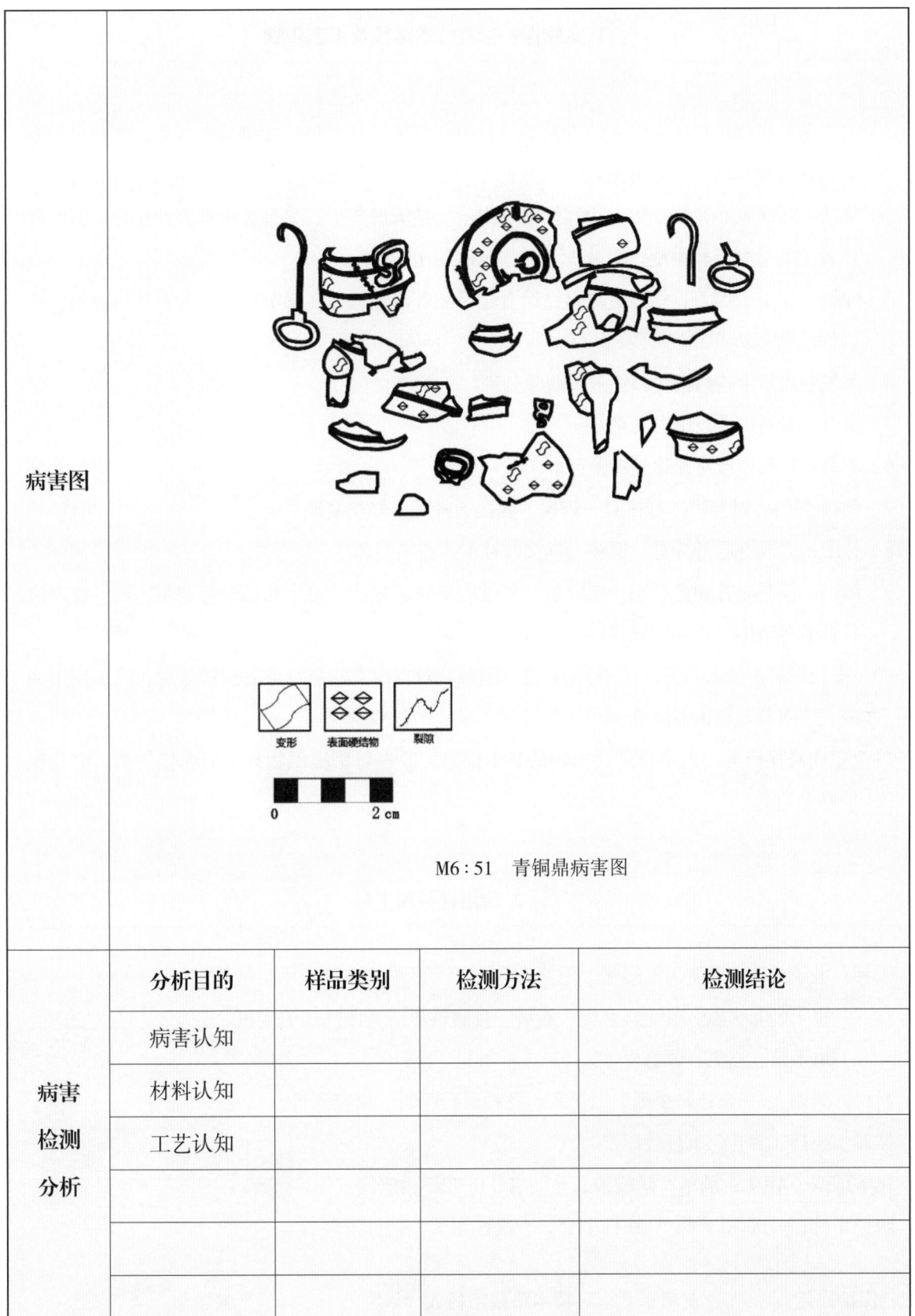  M6∶51 青铜鼎病害图 | | | |
|---|---|---|---|---|
| 病害检测分析 | 分析目的 | 样品类别 | 检测方法 | 检测结论 |
| | 病害认知 | | | |
| | 材料认知 | | | |
| | 工艺认知 | | | |
| | | | | |
| | | | | |
| | | | | |

# 文物保护修复表 3

## 1. 文物保护修复技术路线及工艺步骤

1）信息采集建档：对保护修复的青铜器进行前期影像资料采集，文物基本信息、文物保护现状记录及建立保护修复档案。

2）清洗：器物表面存留灰尘，用蒸馏水浸泡：一是清理灰尘，二是去除存留的盐分。清洗时用较软的毛刷轻轻刷洗，以减少对器物表面划伤。

3）除锈：使用手术刀、钢签、牙科钻结合超声波等清除覆盖在青铜花纹上的有害锈蚀物、表面硬结物和断口、茬口锈蚀。

4）脱氯：用倍半碳酸钠对器物进行脱氯处理。

5）拼对：对器物进行拼对处理。

6）整形：用整形器对器物进行整形。

7）黏接/焊接：对器物进行拼对、焊接、黏接、补配，修整复原。

8）补配：对器物进行拼对、焊接、黏接、补配，修整复原。

9）做旧：按照原有颜色一层一层着色，每做一层喷涂泥汁。每个局部的色调不一致，要严格控制着色范围，达到同原器物颜色近似。

10）缓蚀封护：表面封护，使用3%B-72丙酮溶液对青铜文物进行涂刷封护处理，将环境中的氧气、水分与青铜器隔绝。

11）完成修复档案：记录修复后器物的基本信息，并进行拍摄器物修复后影像资料，完善保护修复档案。

## 2. 所用材料及工具

工具：电子天平、手术刀、镊子、电烙铁、刷子、砂纸、锉刀、手工钻等；
　　　钳子、电吹风、电动打磨机、卷尺、自制矫形器、便携式洁牙机、
　　　烘干箱、毛笔、调色板等。

材料：焊锡、914快速黏接剂、原子灰、各种矿物颜料、虫胶漆等。

器皿：烧杯、滴管、纸杯等。

化学试剂（AR）：酒精、硝酸银、蒸馏水、B-72、丙酮等。

防护用具：一次性口罩、一次性手套、一次性帽子，护目镜等。

| 保护修复人 | 黄海军 | 技术路线审核人 | 赵晟伟 |
|---|---|---|---|

# 文物保护修复表 4

| 基本信息图片 |
|:---:|
|  |
| 取样分析 |
|  |

保护修复前影像资料

保护修复中影像资料

清洗

整形

保护修复中影像资料

焊接

焊接

附录 — 文物保护修复档案

## 补配

## 做色

**保护修复中影像资料**

# 文物修复后信息表 5

| 保护后<br>尺寸（cm）<br>重量（g） | 通长 | 通高 | 通宽 | 耳距 | 口径 | 底径 | 重量 |
|---|---|---|---|---|---|---|---|
| | | 32.5 | | 27 | 23 | | 3760 |

| 保护修复后图片 |  |
|---|---|
| 预防性保护建议 | 1）保护修复后的青铜器应存放于温度 15—20℃、相对湿度为 50% 以下稳定的洁净环境中。<br>2）文物修复后交由文博部门保管，外展时要轻拿轻放，包装合理，避免剧烈震动。<br>3）保管库房及展柜避免强光直接照射，尽量保持恒温、恒湿，防止有害气体入侵，达到相对化学、环境平衡，有利于文物保护。定期巡检，发现问题及时处理。 |
| 完成日期 | 2023 年 9 月 26 日 | 保护修复人 | 黄海军 | 审核人 | 赵晟伟 |

# 文物保护修复日志 6

| 保护修复日志 |
|---|

2022年4月9日—2022年4月20日

建立器物的保护修复档案，填写文物基本信息表，使用数码照相机对器物各个面以及细节部分照相记录。

2022年4月21日—2022年5月8日

现状调查。首先对器物根据器物病害调查，描绘器物病害线图，补充文物档案相关信息。

2022年5月9日—2022年6月7日

取样分析。从器物的不同部位分别取样进行分析检测，获得不同的数据和分析结果，为后续修复工作做好准备。

2022年6月8日—2022年6月29日

用去离子水对器物浸泡和清洗，除去灰尘和浮土。

2022年6月28日—2022年7月20日

去除器物表面的硬结物和有害锈蚀。

2022年7月21日—2022年12月18日

分别使用不同的整形工具，对器物进行整形，掌握好力度。

2022年12月19日—2023年3月9日

选用锡块、铜皮为材料，使用电烙铁分别对器物破损处进行焊接。焊接块和原器物角度一定要拼对好。

2023年3月10日—2023年4月28日

对所修补的部位打磨修整，用三氯化铁进行咬旧。

2023年5月7日—2023年7月28日

根据器物表面锈蚀的颜色层次，采用矿物颜料，经过不同的配比调出相近色调，进行做色，分别采用抹、弹、拨、画、描、拓、点、喷等不同的方法做旧。

2023年7月29日—2023年8月20日

选用2%的丙烯酸树脂B-72作为防护剂，对器物进行表面封护。

2023年8月21日—9月8日

对保护修复后的青铜鼎称重、测量。在背景布下，使用数码照相机对修复后各面进行照相记录。

2023年9月9日—2023年9月26日

填写完成器物的保护修复档案。

# 淅川杨河与郭庄楚墓出土青铜文物保护修复项目

项目名称：淅川杨河与郭庄楚墓出土青铜文物保护修复项目

文物名称：铜豆

文物编号：M6∶59

修复单位：河南省文物考古研究院

2023 年 5 月 31 日

中华人民共和国国家文物局制

## 文物基本信息表 1

| 文物名称 | 铜豆 | | |
|---|---|---|---|
| 收藏单位 | 河南省文物考古研究院 | 文物登录号 | M6：59 |
| 文物来源 | 馆藏 | 文物时代 | 战国 |
| 文物材质 | 单一材质 | 文物级别 | 未定级文物 |
| 文物质地 | 铜 | | |
| 方案设计单位 | 河南省文物考古研究院 | 保护修复单位 | 河南省文物考古研究院 |
| 方案名称及编号 | 淅川杨河与郭庄楚墓青铜文物保护修复方案 | 批准单位及文号 | |
| 提取日期 | 2023 年 10 月 12 日 | 提取经办人 | 吉鹏飞 |
| 返还日期 | 2023 年 11 月 8 日 | 返还经办人 | 吉鹏飞 |
| 器物纹饰形制基本信息及价值评估 | 铜豆盖整体呈圆形，盖面微隆，弧腹，平沿，由四组文饰带、三个卷状龙形钮和两个圆形钮组成。其中正中间饰圆弧状涡形纹，由上向下一圈饰变形勾连纹，再向下饰一圈天禄纹。天禄纹每组之间各饰棱形纹，最后是一圈为几何形纹饰。其中三个龙形钮各置于三组天禄纹之间，龙形钮上面均有细小形纹饰，两个圆形钮分别置于两侧，两个圆形钮正侧两面各饰三圈凹形纹。<br>豆盘平沿直壁，弧形，深腹，上下分别饰有两圈几何形纹和一圈天禄纹。有两个圆形钮，置于豆盘腹部两侧，豆盘和圈足之间有豆柱连接，豆柱上部有突起箍状，下部有一圈菱形纹饰与一圈天禄纹圈足。 | | |
| 历史修复情况 | 有无历史保护修复处理 | 无 | |
| | 有无原修复方案资料 | 无 | |
| | 有无原修复档案资料 | 无 | |

| 保护前尺寸（cm）重量（g） | 通长 | 通高 | 通宽 | 耳距 | 口径 | 底径 | 重量 |
|---|---|---|---|---|---|---|---|
| | | 29.3 | | | 17.3 | | 3740 |
| 测量单位：河南省文物考古研究院 | | | | | | | |

# 文物基本信息表 2

| 文物出土及馆藏保存环境 |||
|---|---|---|
| 文物馆藏保存环境 | 温度调控设备 | 无 |
| | 湿度调控设备 | 无 |
| | 温度监测设备 | 无 |
| | 湿度监测设备 | 无 |
| | 库房面积（m²） | 100—150 |
| | 库房密封程度 | 半密闭式 |
| | 文物储放形式 | 开放式橱柜　　　开放式金属质橱柜 |
| | 环境现状综合评估 | 温度不可监测，不可调控 |
| | | 湿度不可监测，不可调控 |

| 文物病害信息 ||||
|---|---|---|---|
| 病害描述 | 豆盖腹部花纹处和豆圈足附着蓝色锈蚀和绿色锈蚀，豆盘底部与豆柱连接处缺失和断裂。||||
| 序号 | 常见病害 | 病害有无（√） | 病害部位 |
| 1 | 残缺 |  | 豆盘底部 |
| 2 | 断裂 |  | 豆盘底部与豆柱连接处 |
| 3 | 裂隙 |  |  |
| 4 | 变形 |  |  |
| 5 | 层状堆积 | √ | 豆盖腹部 |
| 6 | 孔洞 |  |  |
| 7 | 表面硬结物 | √ | 豆身腹部 |
| 8 | 矿化 |  |  |
| 9 | 点腐蚀 | √ |  |
| 10 | 微生物损害 |  |  |
| 11 | 含氯腐蚀产物 |  |  |

# 文物基本信息表 3

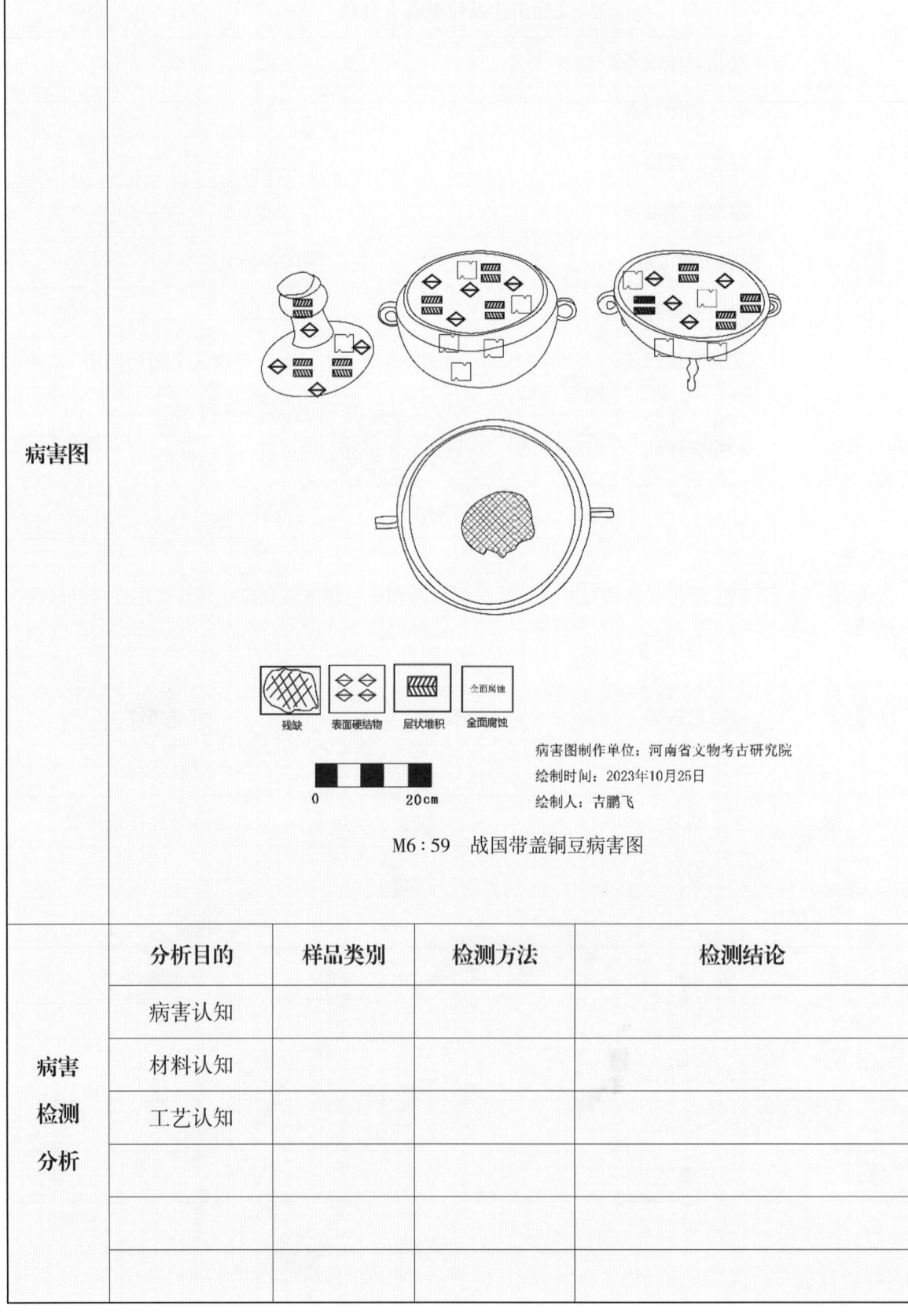

M6:59 战国带盖铜豆病害图

| | 分析目的 | 样品类别 | 检测方法 | 检测结论 |
|---|---|---|---|---|
| 病害检测分析 | 病害认知 | | | |
| | 材料认知 | | | |
| | 工艺认知 | | | |
| | | | | |
| | | | | |
| | | | | |

# 文物保护修复表 4

## 1. 文物保护修复技术路线及工艺步骤

1）信息采集建档：对保护修复的青铜器进行前期影像资料采集，文物基本信息、文物保护现状记录及建立保护修复档案。

2）清洗：器物表面存留灰尘，用蒸馏水浸泡：一是清理灰尘，二是去除存留的盐分。清洗用较软的毛刷轻轻刷洗，以减少对器物表面划伤。

3）除锈：使用手术刀、钢钎、牙科钻结合超声波、除锈凝胶等清除覆盖在青铜花纹上的有害锈蚀物、表面硬结物和断口、茬口锈蚀。

4）补配：用铜皮画出缺失部位的轮廓，对缺失部位进行补配。

5）焊接：用电烙铁对缺失部位进行焊接。

6）表面封护：使用3%B-72丙酮溶液对青铜文物进行涂刷封护处理，将环境中的氧气、水分与青铜器隔绝。

7）完成修复档案：记录修复后器物的基本信息，并拍摄器物修复后的影像资料，完善保护修复档案。

## 2. 所用材料及工具

工具：手术刀、电烙铁、刷子、砂纸、照相机、电吹风、卷尺、毛笔等。
化学试剂（AR）：酒精、蒸馏水、3%B-72、丙酮等。
防护用具：一次性口罩、一次性手套等。

| 保护修复人 | 吉鹏飞 | 技术路线审核人 | 赵晟伟 |

# 文物保护修复表 5

| 基本信息图片 |
|---|
|  |
| 局部图片 |
|  |

保护修复前影像资料

# 文物保护修复表 6

保护修复中影像资料

凝胶除锈

凝胶除锈

## 文物保护修复表 7

补配

焊接

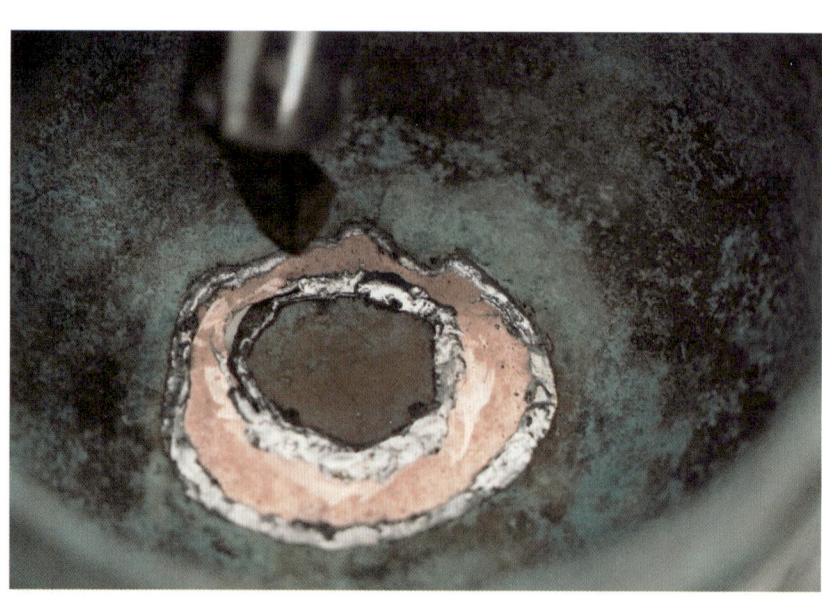

保护修复中影像资料

## 文物保护修复表 8

保护修复中影像资料

做旧

封护

## 文物修复后信息表 9

| 保护后尺寸（cm）重量（g） | 通长 | 通高 | 通宽 | 耳距 | 口径 | 底径 | 重量 |
|---|---|---|---|---|---|---|---|
| | | 29.3 | | | 17.3 | 12.3 | 3760 |

| 保护修复后图片 | |
|---|---|

| 预防性保护建议 | 1）保护修复后的青铜器应存放于温度 15—20℃、相对湿度为 50% 以下稳定的洁净环境中。<br>2）文物修复后交由文博部门保管，外展时要轻拿轻放，包装合理，避免剧烈震动。<br>3）保管库房及展柜避免强光直接照射，尽量保持恒温、恒湿，防止有害气体入侵，达到相对化学、环境平衡，有利于文物保护。定期巡检，发现问题及时处理。 |
|---|---|

| 完成日期 | 2023 年 11 月 8 日 | 保护修复人 | 吉鹏飞 | 审核人 | 赵晟伟 |
|---|---|---|---|---|---|

# 文物保护修复日志 10

## 保护修复日志

2023年10月12日

前期信息采集。对保护修复的青铜器进行前期影像资料采集，文物基本信息、文物保护现状记录及建立保护修复档案。

清洗。铜豆出土时器物表面有大量附着物及土垢，先用去离子水对器物进行浸泡及软化，再用毛刷对表面附着物进行清洗，清洗完成以后用吹风机将其表面吹干。对部分比较顽固的土垢，用2A进行贴敷软化，用手术刀轻轻地进行剔除。

2023年10月16日

除锈。铜豆表面部分花纹被蓝色和绿色铜锈遮挡，考虑到后期要进行绘图，所以对其除锈，使其花纹处全部露出。除锈前期，选用了三种去锈方法：物理去锈法，氢氧化钠、酒石酸钾钠混合溶液去锈法，除锈凝胶去锈法。经过前期试验效果对比，选用了除锈凝胶法对器物除锈。先取出除锈凝胶，按除锈部位的大小，用剪子剪出锈蚀部位，将其贴敷。凝胶是透明的，随着时间的推移，凝胶的表面会有绿色的或蓝色的颜色出现，这说明除锈凝胶里面的银离子与铜锈发生了化学反应。经过数小时，凝胶里面的银离子流失，凝胶会逐渐变干。凝胶表面边缘处会有微微卷起，说明凝胶已经干燥，再把凝胶清除，使其表面花纹露出。

焊接。铜豆由于出土时，受到墓葬坍塌的外力作用，铜豆豆盘底部部分和铜豆柱之间连接处部位断裂和缺失，用打磨机对缺失部位和豆柱的断裂处打出新茬，再用电烙铁把锡熔化，对缺失部位豆盘和豆柱的连接处打出新茬进行镀锡和焊接。焊接处理之后，焊接过的地方要用去离子水浸泡，把焊接材料里面的氯离子置换出来，再用吹风机吹干。

2023年10月23日

补配。用铜皮垫在铜豆豆盘底部，沿着缺失部位的边缘，用铅笔画出缺失部位的轮廓，把画好的铜皮从缺失部位拿下，再用剪刀顺着铅笔画出来的边缘线剪下来，这样缺失部位的空缺处就呈现出来了。再把裁剪好的铜皮放在空缺处进行比对，如果大小不对，加以修整，把空缺处补配完整。再用十字定位的方法进行定位。位置定好以后，再把豆柱连接处放于补配好的地方，在铜皮上用铅笔画出轮廓线，顺着边缘进行裁剪。裁剪完成后，露出豆柱和豆盘连接处的大小相当的空缺，予以焊接。考虑到承重问题，又

## 保护修复日志

在表面涂上一层胶，使其更加牢固。

打磨。对铜豆盘的底部和豆柱的连接之处焊接补配完之后，在其焊接之处用打磨机对多余出来的锡疙瘩进行打磨。打磨以后，对凸凹不平之处，批上一层原子灰进行填平。待原子灰凝固之后，再用砂纸打磨，打磨平整后，使补配部位与原有的部位保持一致。

做旧。对补配好、打磨平整的地方，使用画笔点上三氯化铁进行涂刷。涂刷之后，焊接过的地方表面会发黑，说明三氯化铁和锡发生了化学反应，这是为了和器物的底色接近，为后面做色打好基础。接下来根据补配过的颜色，用画笔调和出不同的颜色，采用点、喷、抹、涂等方法对补配地方不同的颜色进行着色处理，使之有层次感，使其与其他部位颜色接近即可。

2023年11月8日

封护。修复完成之后选用2%的B-72溶液，用毛刷对整件器物进行涂刷，这样器物表面会形成一层保护膜，与氧气进行隔绝。这样不仅会减少外界不利于器物保存环境的有害因素，还可以更好地使器物长期保存下去。

最后，完善建立修复档案。

附图

修复小组观察青铜样品显微形貌结构

摄影师后培帅拍摄青铜器照片

修复师胡柯言对青铜器进行采样

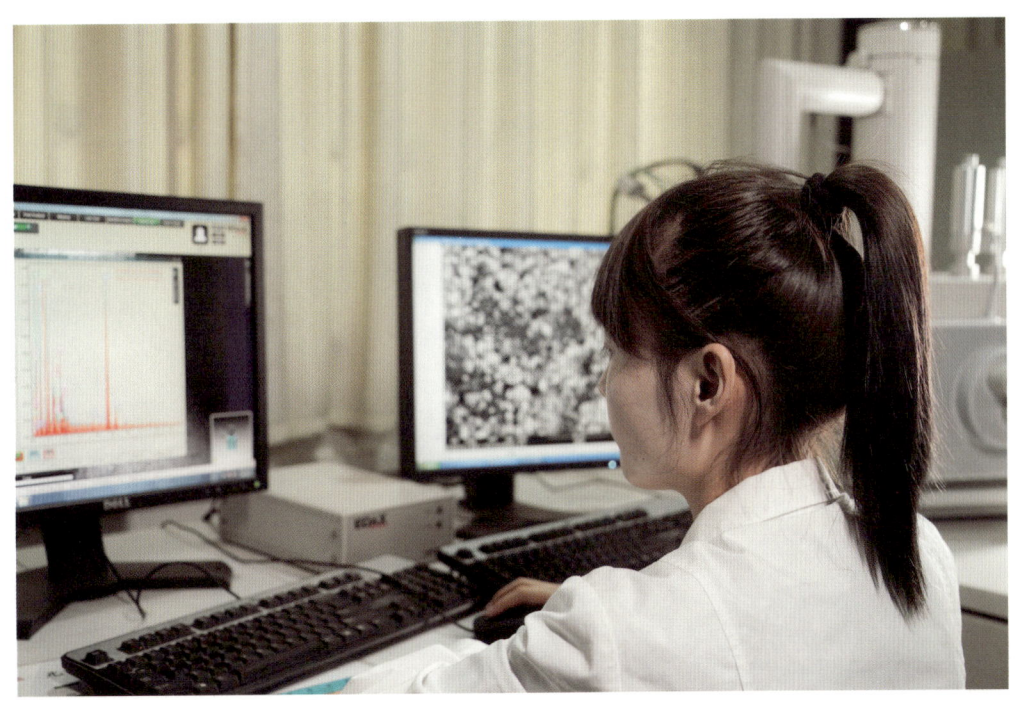

实验员迟铭对青铜样品进行显微分析

修复小组讨论修复技术路线

修复师陈振东对青铜器进行清理

修复师常青海对青铜器进行除锈

修复师付森对青铜器进行矫形

修复师黄海军对青铜器进行拼接

项目负责人赵晟伟对青铜器进行焊接

修复师吉鹏飞对青铜器进行打磨

修复师陈钦龙对青铜器进行封护

修复师郭晓钟对青铜器进行做旧

修复师李国响建立青铜器档案

铜鼎 M3：49

修复前

修复后

## 铜鼎 M6:36

修复前

修复后

## 铜鼎 M6:37

修复前

修复后

## 铜鼎 M6:39

修复前

修复后

铜鼎 M6：51

修复前

修复后

## 铜鼎 M6∶52

修复前

修复后

铜豆 M6:59

修复前

修复后

## 铜敦 M6:58

修复前

修复后

## 铜簠 M6∶56

修复前

修复后

## 铜壶 M3:52

修复前

修复后

铜壶 M6:31

修复前

修复后

## 铜壶 M6∶32

修复前

修复后

铜壶 M6:34

修复前

修复后

## 铜鐎壶 M6:43

修复前

修复后

铜卣 M6:48

修复前

修复后

## 铜浴缶 M6:45

修复前

修复后

## ◎ 后记

"淅川杨河与郭庄楚墓出土青铜文物保护修复"项目于2022年获得河南省文物局批复并拨付文物保护专项经费，河南省文物科技保护中心对淅川杨河与郭庄楚墓出土242件（套）青铜文物进行保护修复，历时近20个月，完成了项目任务。本书将此次项目的工作过程及成果进行了梳理总结，并选取了其中17件有代表性的文物，详细记录其保护修复全过程。在全书的最后附有文物保护修复档案，可供参考。

各级单位和领导对本次保护修复项目予以高度重视，河南省文物局科技与对外交流处处长王瑞琴、孟洋，河南省文物考古研究院领导均对本项目进行指导并提供了帮助和支持，国内行业专家和行业同仁也在项目开展过程中对保护修复工作予以指导并对工作成果表示充分肯定，特此深表感谢。

在本次淅川杨河与郭庄楚墓青铜文物保护修复过程中，由赵晟伟担任技术负责人，王鑫光、吉鹏飞、郭晓钟、陈钦龙、陈振东、常青海、黄海军、马军民、李彤、胡柯言、付森、李国响等参与了本次项目的保护修复工作，韩朝会、程媛倩提供墓葬材料，后培帅参与文物照片拍摄，在此一并表示感谢。

本书由赵晟伟担任主编，刘欣、陈阵担任副主编，共同完成本书的编写工作。

报告编辑过程中得到了河南省文物考古研究院院长李琴、党委书记刘海旺、副院长梁法伟、副院长陈家昌的指导和大力支持，并提出宝贵意见，在此表示感谢。

值此完书之际，向工作中给予我们指导、帮助和关心的各单位与诸位老师表示深切的谢意，并谨以此报告献给广大从事文物科技保护事业的同人。

宁在一思进，莫在一思停，新时代文物保护修复事业任重而道远。面向未来，我们将会继续兼顾传承与创新，坚持学习与实践，总结经验和教训，不断开创文物保护修复工作新局面。